KiWi 251

Über das Buch

Die Reise begann voller Hoffnungen. Anfang Oktober '89 flog Landolf Scherzer in die Sowjetunion, um die Veränderungen der Perestroika an der Basis zu studieren. Seine Erfahrungen sollten der Erneuerung im eigenen Land dienen. Die politische Wirkung seines Bestsellers *Der Erste* hatte ihn zuversichtlich gemacht.

Was er in den sechs Wochen an der Wolga erlebt, wird jedoch zu einem schmerzhaften Erkenntnisprozeß. In der Kleinstadt Kamyschin, wo er als Mitglied einer DDR-Delegation schnell Kontakte findet, kann er tief in die Struktur des Landes und die Psyche der Menschen schauen. Und mit dem scharfen Blick des an DDR-Verhältnissen geschulten Autors sieht er, wie der Versuch, neue Freiheiten aus den zentralistischen, von der Partei kontrollierten Strukturen zu entwickeln, immer wieder scheitert. So schwankt er zwischen Hoffnung und Enttäuschung, wenn er Arbeiterdemokratie studiert, ein Freund des Popen wird, Zugang zum Kreis der alten und neuen Mächtigen erhält, verfolgte Bürger und Juden kennenlernt und das Schicksal der Wolgadeutschen sich ihm als das aktuelle Problem der nationalen Minderheiten in der Sowjetunion erschließt.

Als Scherzer zurückkehrt, kommt er zu spät – die »neue Welt« in der DDR ist schon entstanden. Ein Jahr später bricht er von neuem an die Wolga auf, diesmal als »neuer Bundesbürger«, der einen Lebensmittel-Hilfstransport nach Kaluga bringt.

Über den Autor

Landolf Scherzer, geboren 1941, lebt in Thüringen. Veröffentlichte mehrere Reportagebände, zuletzt *Der Erste*, eine kritische Bestandsaufnahme der politischen Arbeit eines DDR-Funktionärs.

Weiterer Titel bei k & w

Der Erste. Eine Reportage aus der DDR, KiWi 204, 1989.

Landolf Scherzer

Auf Hoffnungssuche an der Wolga

Kiepenheuer & Witsch

Umschlag: Manfred Schulz, Köln
Satz: Fotosatz Froitzheim, Bonn
Druck und Bindearbeiten: Clausen & Bosse, Leck
ISBN 3-462-02144-3

Bevor ich die Klinke der schweren Eisentür drücke, schaue ich wie in einem schlechten Kriminalfilm unauffällig nach links an den Nobelgeschäften Unter den Linden vorbei bis zur Friedrichstraße und nach rechts zum verschlossenen Tor mit der DDR-Fahne auf der Quadriga. Aber der Uniformierte im zehn Schritt entfernten Schilderhäuschen döst, die Touristen schwatzen und fotografieren, die Einheimischen hasten blicklos. Offenbar beobachtet mich keiner. Neben der Tür steht in goldenen Buchstaben: »Botschaft der Union der Sozialistischen Sowjetrepubliken«.

Ich öffne. Die Wache. »Zum Kulturattaché, dem Genossen Iwanow.« Warten im Besucherzimmer. Ich stecke mir ein gutes Dutzend der ausliegenden Broschüren mit Gorbatschow-Reden und Artikeln zur Perestroika ein. Das in der DDR verbotene sowjetische Digest »Sputnik« finde ich auch hier nicht.

Ein sehr schnell und fast akzentfrei sprechender junger Mann im dunklen Anzug stellt sich mir als 1. Sekretär der Botschaft vor. Der Kulturattaché warte schon ... Dicke braune Ledersessel. Kleines Tischchen mit Tee und Konfekt. Ein fast lebensgroßes Leninbild an der Wand. Der Attaché ist älter als der 1. Sekretär. Auch er trägt einen Anzug aus dunklem Stoff. Wir reden über das kühle Juniwetter in der DDR, die Kurorte an der sowjetischen Schwarzmeerküste, über Pelmenirezepte ... und übergangslos sagt Genosse Iwanow: »Ich habe Ihren Brief mit der Bitte, in die UdSSR fahren zu können und ein Buch darüber zu schreiben, mit Interesse gelesen. Inzwischen habe ich mich bei Ihrem Schriftstellerverband informiert ...«

Das weiß ich, denn im Verband war man »erstaunt«, »brüskiert« und »empört«, daß ich mich, ohne offizielle Stellen vorher zu informieren, eigenmächtig an die Sowjetische Botschaft gewandt hatte.
Wohin ich in die Sowjetunion reisen möchte, fragte der Kulturattaché. Vielleicht einige der schönsten Landschaften besichtigen oder alte Städte, oder auf den Spuren bekannter Schriftsteller wie Kisch und Weißkopf reisen?
»Nein«, sage ich, »ich will beschreiben, was in Ihrem Land geschieht: Offenheit und Umbau, all das, was zur Zeit in der DDR verschwiegen und von den Männern im Politbüro gefürchtet wird.« Ich fühle, daß ich nun viel erklären muß, aber ich weiß nicht, ob man mit einem sowjetischen Diplomaten im Klartext reden kann. Und statt wohlgeformter Argumente kommen nur hastige bruchstückhafte Formulierungen: Die Jahrhundertlosung der deutschen Kommunisten »Von der Sowjetunion lernen, heißt siegen lernen« ist keine Staatslosung mehr, sondern nur noch die Hoffnung der Staatsgegner in der DDR. Verbot sowjetischer Filme und Zeitschriften in der DDR, Stop jeder Information über die demokratischen Veränderungen in der Sowjetunion, statt dessen Hiobsmeldungen über Millionen unter dem Existenzminimum lebender Sowjetbürger, über Drogentote, Anstieg der sowjetischen Kriminalität, genüßliche Schilderung der blutigen Nationalitätenkonflikte. Wer einen Gorbatschow-Sticker trage, werde observiert wie seinerzeit die »Schwerter zu Pflugscharen«-Jünger. Es müsse doch im Interesse der sowjetischen Botschaft sein, daß in der DDR sehr schnell ein Buch über die wahrhaftige Entwicklung der Perestroika in der Sowjetunion erscheine. Und außerdem gehe es um die Entwicklung hier in der DDR ...
Der Diplomat schweigt.
Ich erinnere ihn an die in den hiesigen Zeitungen groß aufgemachte Meldung:

»Leningrad: Bombenanschläge
Moskau (ADN) ... die erste Bombe detonierte in der Nähe des Winterpalais. Dabei wurde ein Passant schwer verletzt, dem beide Füße amputiert werden mußten. Die Täter konnten fliehen. Beim zweiten Anschlag, bei dem Sachschaden entstand, wurden drei der Bombenleger festgenommen ...«
Als die sowjetische Nachrichtenagentur TASS diese Meldung am nächsten Tag dementierte, weil es sich nicht um Bombenterroristen, sondern um Feuerwerkskörperbastelei gehandelt hatte, verbot man in der DDR den Abdruck des Dementis.
Der Diplomat bestätigt den Fakt, aber er kommentiert ihn nicht.
Ich erinnere an das geplante Verbot der Zeitschrift *Freie Welt,* einer der Gesellschaft für Deutsch-Sowjetische Freundschaft nahestehenden Illustrierten. Und dann sage ich: »Es geht doch nicht nur um die Wahrheit über die Sowjetunion, sondern auch um die Hoffnung, durch solch ein Buch zu helfen, die alten stalinistischen Strukturen in der DDR zu beseitigen.«
Da sagt der Diplomat: »Sie haben recht, aber wir können keine instabile DDR gebrauchen, eine stabile DDR ist die Voraussetzung für einen stabilen Warschauer Vertrag.« Natürlich sei es im Interesse der politischen Führung der Sowjetunion, daß auch in der DDR der Sozialismus endlich reformiert werde, die Perestroika begänne. »Aber das kann ich Ihnen hier privat sagen, nicht offiziell.« Und deshalb sei es auch unmöglich, daß Herr Scherzer sozusagen im Auftrag der Sowjetischen Botschaft reise, um ein Buch über die Perestroika zu schreiben. Dafür müßte ich erst eine Organisation in der DDR finden, die den sowjetischen Botschafter diesbezüglich »anschreibe«. Der Kulturattaché dürfe sich nicht einmischen, und er selbst habe erst neulich einen strengen Rüffel bekommen. »Ein Maler aus der DDR, der Name ist

unwichtig, er malt solche dunklen, mystischen Bilder, überreichte uns einige seiner Bilder und bat, sie an den Genossen Gorbatschow zu schicken. Nun, ich habe die Bilder nach Moskau geschickt, und von dort bekam ich den Auftrag, dem Künstler dafür zu danken. Ich wollte anrufen, fand aber seine Telefonnummer nicht, und ich schrieb ihm einen Brief, daß die Bilder mit großer Freude entgegengenommen worden seien usw. Wochen später erschien im *Spiegel* ein Artikel über oppositionelle Künstler in der DDR. Auch über diesen Maler wurde berichtet. Er sei einer der Verbotenen, könne seine Bilder nur in Kirchen ausstellen. Aber in der Sowjetunion, so hätte es ihm der Kulturattaché der Botschaft in der DDR geschrieben, wären seine Bilder geschätzt und beachtet.
Sie müssen deshalb bitte verstehen, daß eine DDR-Institution eine Petition für Ihre Reise an uns schicken muß.«
Der 1. Sekretär bringt mich zum Ausgang. Es scheint mir, als mustere mich der Posten im Schilderhäuschen nun doch sehr aufmerksam, jedenfalls länger als nötig ...
Ich konnte den gewünschten Brief besorgen. Ich schrieb an die Abteilung Kultur des Zentralkomitees der SED, daß ich anläßlich »des 45. Jahrestages der Befreiung durch die Sowjetarmee im Jahre 1990 die ruhmreiche Freundschaft zwischen Sowjetunion und DDR darstellen wolle, das bewährte Kampfbündnis ...« Ich vermied die Worte Perestroika, Glasnost und Gorbatschow. Daraufhin verwendete sich die Abteilung Kultur für meine Reise beim Botschafter. Und der wiederum bat den Kulturattaché Iwanow, sie zu organisieren. Und Kulturattaché Iwanow wußte, was ich wirklich in der Sowjetunion wollte. Wir vereinbarten, daß ich Anfang Oktober für sechs Wochen in die tiefste russische Provinz, nach Kamyschin, eine Kleinstadt, am Mütterchen Wolga gelegen, fahren sollte.
Begleiten wird mich mein Freund Gerd Aderhold, Doktor

an der Akademie für Gesellschaftswissenschaften in Berlin. Gerd und ich hatten uns in Mosambik kennengelernt, dort arbeitete er als Dolmetscher und Berater. Zuvor hatte er in der Sowjetunion studiert, die schöne Moskauerin Lidija geheiratet und sie mitgenommen. Ihre drei Kinder erziehen sie zweisprachig. Gerd spricht, denkt und fühlt immer noch russisch und deutsch.

Vor der gemeinsamen Reise von Moskau über Wolgograd nach Kamyschin will er für einige Tage die Schwiegereltern besuchen, und ich werde in dieser Zeit nach Kaluga, 180 km südlich von Moskau gelegen, fahren. Ich bin »Mitglied der offiziellen Kulturdelegation des Bezirkes Suhl«, die zum 40. Jahrestag der DDR in den sowjetische Partnerbezirk eingeladen ist. Zu dieser Delegation gehören: Schlagersänger, Country-Musiker, Bibliothekarinnen, Blechbläser, Erotik-Tänzerinnen, Schriftsteller, Kulturfunktionäre.

Der vorgesehene Leiter der Delegation, der Kulturchef der SED-Bezirksleitung, bekam jedoch über Nacht von der Parteizentrale in Berlin Reiseverbot. »Wegen dringender Angelegenheit im Land unabkömmlich«, begründet der neue Delegationschef, Ernst Lehmann, der »Kulturminister« des Bezirkes Suhl.

Im Flugzeug nach Moskau studiere ich die letzten Tageszeitungen vom Montag, dem 9., und Dienstag, dem 10. Oktober, suche zwischen den Zeilen nach Zeichen für eine Veränderung der unerträglichen Starrheit des politischen Systems. Im 16seitigen *Neuen Deutschland* vom Montag ist Erich Honecker auf 28 verschiedenen Fotos abgebildet, auch im freundschaftlichen Gespräch mit Ceausescu. Überschriften: »Die DDR heute ist ein Grundpfeiler der Stabilität und Sicherheit in Europa«. »Fackelzug von über 1000 FDJlern Unter den Linden in Berlin«. »Armee des Volkes demonstrierte sicheren Schutz unseres Vaterlandes«. »Unsere Probleme lösen wir mit unseren sozialistischen Mitteln«. Auf

Seite neun eine versteckte kleine Meldung: »Störung der Volksfeste verhindert. Berlin (ADN). In den Abendstunden des 7. Oktober versuchten in Berlin Randalierer, die Volksfeste zum 40. Jahrestag der DDR zu stören. Im Zusammenspiel mit westlichen Medien rotteten sie sich am Alexanderplatz und Umgebung zusammen und riefen republikfeindliche Parolen. Der Besonnenheit der Schutz- und Sicherheitsorgane sowie der Teilnehmer an den Volksfesten ist es zu verdanken, daß beabsichtigte Provokationen nicht zur Entfaltung kamen. Die Rädelsführer wurden festgenommen.« Auf der nächsten Seite Grüße aus aller Welt zum Nationalfeiertag. »DDR als ein Staat der friedlichen Arbeit international hoch geachtet.«
Hilflos stecke ich die Zeitung in das am Vordersitz angebrachte Netz neben die Kotztüte. Ich schaue nicht aus dem Fenster, als wir unsere Flughöhe erreicht haben und die DDR in Richtung Polen überfliegen. Apathisch verbringe ich die Zeit bis zur Landung in Moskau.
Im Bus werden wir nach Kaluga gefahren. Ich drücke meine Nase an die Scheibe. Ich erkläre mir die Unmengen Papier auf den Moskauer Straßen, die bei meinen früheren Besuchen immer peinlichst sauber waren, mit Flugblättern und Zeitungen der neuen Bürgerbewegungen. Mehr Glasnost, das ist wohl auch mehr Papier. Felder, auf denen das Futter grüner und saftiger steht als auf anderen, mache ich für mich zu Beispielen, wie private Pächter schon neues Eigentümerbewußtsein entwickeln. Teestuben, die auch nach Einsetzen der Dunkelheit noch geöffnet haben, verwandle ich in neue Kooperativläden, die schon nach marktwirtschaftlichen Prinzipien arbeiten.
Als wir in Kaluga, der »Heimstadt der Kosmonauten« (hier lebte der Vater der russischen Raumfahrt, Konstantin Ziolkowski) ankommen, ist es neun Uhr abends, das Hotel begrüßungshell erleuchtet. Schon viermal war ich in dieser

Stadt, in diesem Hotel, immer mit einer Delegation, Privatreisen waren wegen »militärischer Objekte« verboten. Vor dem Hotel kein großer Bahnhof, denn die Leiter unserer Delegation schlafen im Gästehaus, und im Hotel bleiben nur das Fußvolk und einige mittlere Funktionäre. Ich möchte die Angestellten des Hotels fragen, ob sie zufrieden sind mit der neuen Politik, möchte hören, daß sie nun effektiver und freier arbeiten können. Aber wen fragen? Der Fahrstuhlführer, er ist mit seinem Fahrstuhl alt geworden, sitzt neben der Tür im ratternden Gefährt und schweigt. Er hatte mir früher einmal gesagt, es sei verboten, mit ausländischen Gästen zu sprechen. Und auch die allgewaltige Schlüsselmutter, die über die Moral jedes Zimmers ihrer Etage zu wachen hat, gibt mir nur wortlos den Schlüssel. Wortlos, aber mit einem Blick, daß ich sofort an die Verbrechen meiner Kindheit, verbotene Doktorspiele und Onanie, erinnert werde.
Ein Nachtessen soll im Nebenraum des schon dunklen Restaurants serviert werden. Ich beeile mich nicht, und als ich nach unten komme, ist die Tür verschlossen. Ich poche, höre drinnen Tellerklappern, poche wieder, frage den Fahrstuhlführer. Jawohl, in diesem Raum gäbe es das Essen für die Njemzi, die Deutschen, ich poche noch einmal. Als ich dann wie ein Milizionär an die Tür hämmere, öffnet mir eine dicke, böse aussehende Frau. Es ist wahrhaftig noch dieselbe, die an der Restauranttür schon seit Jahren die Gäste aussucht und entscheidet, ob und wen sie hereinläßt.
Eigentlich wollte ich nach dem Essen noch durch die vertrauten Gassen mit den alten Holzhäuschen laufen, aber ich lege mich ins Bett, nehme noch einen Schluck aus der Flasche mit Nordhäuser Korn und versuche zu schlafen.
Am Morgen haben die sowjetischen Genossen schon Blumen für das Protokoll besorgt. Ernst Lehmann legt die roten Chrysanthemen vor einem der Lenindenkmäler der Stadt nieder. Ich ertappe mich, daß ich nicht wie sonst bei solchen

Ritualen auf meine Schuhspitzen schaue, sondern hinauf zu Lenin, ihm ins Gesicht. Traurig und trotzig. Von Lenin gehen wir direkt in das riesige, kastenförmige neugebaute Haus der Gebietsparteileitung und des Gebietsexekutivkomitees. Gespenstisch große, menschenleere Empfangshallen. Garderobenfrauen erscheinen. Pawel, der hiesige Kulturminister, wie Ernst Lehmann auch schon über 20 Jahre im Amt, bringt uns zum Vorsitzenden des Gebietsexekutivkomitees, einer Frau mittleren Alters mit freundlichen Augen. Alte Bekannte, Kulturfunktionäre des Gebietes, werden uns vorgestellt.

Früher begann dieses Freundschaftszeremoniell mit Begrüßungsworten, und danach folgten stolze enthusiastische Zahlen. Heute folgt nach der Begrüßung die Bestätigung, daß Perestroika und Glasnost das Leben hier gründlich verändert hätten. Alles sei jetzt offener, demokratischer, anders. Dann erst die Zahlen über Ernteerträge, Bibliotheken, Kulturhäuser. Auf dem Regal hinter mir, wir sitzen alle am langen Konferenztisch, liegen alte Zeitungen. Auf einer der Titelseiten erkenne ich Fotos von verfallenen Kalugaer Holzhäusern und die Überschrift: »Wie lange will der unfähige selbstgefällige Bürokratenapparat noch mit der Rettung warten? Mit den Häusern mordet Ihr unsere Stadt und ihre Menschen!«

Ich erinnere mich an das Jahr 1978, mein erster Besuch in dieser Stadt. Ludmilla, eine schwarzhaarige zwanzigjährige Studentin des Pädagogischen Instituts, spazierte mit mir Hand in Hand eine Nacht lang an dem Fluß Oka entlang, sagte mir auf deutsch und russisch unentwegt Gedichte auf. Als wir bei Sonnenaufgang in die Stadt zurückkamen, zeigte sie mir die schlichten alten Holzhäuser mit ihrem filigranen Schmuck um die Fenster. Fest und unerschütterlich schienen sie mir. Damals beschlossen wir zwei, ein Komitee zur Rettung der alten russischen Holzhäuser in Kaluga zu gründen.

Wir beide waren die ersten und einzigen Mitglieder. Nach dieser Reise und einer zweiten nach Mittelasien und Sibirien schrieb ich ein Buch über dieses Land. Es sollte »Ergänzung zu einem Wunder« heißen. Der Titel wurde nicht genehmigt, man wandelte ihn um in »Nahaufnahmen«. Trotzdem entging es nur knapp einem Verbot, weil, wie der damalige Kultursekretär der SED-Bezirksleitung behauptete, ich mit diesem Buch die Sowjetunion beleidigt hätte. Und er zählte mir Sätze des Buches auf, die eine Verunglimpfung der Sowjetunion wären: »... aber dann sehen sie auch Holzbaracken-Wohnungen, treffen Betrunkene, die von der Miliz aus dem Straßengraben aufgelesen werden; fahren durch alte Dörfer, in denen die Abwässer noch am Wege entlangfließen ...« Das seien alles Lügen!
Im Jahr 1988 dienten die gleichen Sätze dem SED-Kultursekretär des Bezirkes als Beweis, daß wir nichts, aber auch gar nichts von der Reformpolitik übernehmen könnten, denn wie weit sie zurück seien, sich unterschiedlich von uns entwickelt hätten, das würde doch sichtbar durch das Buch *Nahaufnahmen*.
Die Holzhäuser. Mit einer nostalgischen Verklärung denke ich an sie. Durch die meterhohen Fenster des Parteigebäudes kann ich ringsum in gebührlicher Entfernung zum Lenindenkmal noch einige dieser Holzhäuser sehen. Wie geistesabwesend frage ich die Gebietschefin in eine der Zahlenpausen hinein: »Wie viele der alten russischen Holzhäuser haben sie abgerissen, um diesen Palast hier bauen zu können?« Ernst Lehmann schaut mich entsetzt und strafend an, die Gebietschefin redet weiter: Also ein Beispiel für die Perestroika im Kulturbereich: Früher hätten sie ein Ministerium für Kultur und eines für das Kinowesen gehabt, nun wären diese Ministerien vereinigt worden ...
Am nächsten Tag Besichtigungen von Obninsk, der Stadt, in der das erste Atomkraftwerk der Welt steht. Ich war schon

dreimal dort, aber auch im Zeitalter der Perestroika: Programm ist Programm. Ins Atomkraftwerk dürfen wir nicht hinein, dafür freundlicher Empfang im Kulturhaus. Die Leiterin, eine Frau von fünfzig: »Noch vor vier Jahren waren wir alle stolz auf Obninsk. Aber nach Tschernobyl begann ein moralischer Verschleiß, viele sind jetzt gegen die Atomkraft, auch in Obninsk arbeiten einige nichtformelle Gruppierungen (d.h. soviel wie nichtoffizielle, nicht eingetragene Bürgerbewegung). Sie arbeiten gegen unser Atomkraftwerk. Aber alle Menschen in Obninsk leben von der Atomwurzel, man würde sich also selbst die Arbeit und der Stadt die Zukunft nehmen. Trotzdem haben sich Ingenieure aus dem Atomkraftwerk diesen Gruppen angeschlossen ...«
Anschließend besuchen wir die Probe des Balalaika-Orchesters. Für uns gibt es Extraständchen: »Kalinka« und »Oh Abendklang« und »Suchte ich das Grab meiner Liebsten«. Ich werde wehmütig, bin in Versuchung mitzusingen. Wir haben diese russischen Volkslieder in der Schule gesungen, in Pionierversammlungen, am Lagerfeuer im Ferienlager. Ich liebte diese Lieder und die Heimat dieser Lieder. Aber das war nicht genug. Über die Lieder und ihre Heimat erzog man uns auch, diesen Staat zu lieben. »Sag mir, ob du ›Kalinka‹ singst und ich sage dir, ob du Stalin und den Sowjetstaat liebst.« Sie haben sie zu Huren gemacht, diese Lieder... Pawel erklärt dem Genossen Lehman inzwischen die Versuche der Kulturreform in der Sowjetunion. Man wolle Ökonomie und Kultur miteinander vereinen, Theatergruppen sollen sich wieder selbst finanzieren, Kulturmitarbeiter nach ihren Leistungen bezahlt werden. »Nein, nein«, sagt Lehmann, »nein, wir haben solche Reformen nicht nötig. Das haben wir alles längst vor euch gemacht ...«
Der Rundgang durch die in den 60er Jahren gebauten Kulturpaläste von Obninsk gleicht einem Spaziergang durch die Moskauer Metrostationen. Spiegel an den Wänden und

goldglänzende Geländer, dicke Säulen und Stuck an den meterhohen Decken. Und Marmor, Marmor, Marmor! Marmortreppen, Marmorplatten in allen Nuancen, Marmorsäulen. Wie viele Male habe ich hier gestanden und gestaunt über diesen Reichtum für das Volk, über die prächtigen Ballettsäle und Musikzimmer. Marmor für die Bauern wie früher für die Zaren! Einer der Schriftsteller aus Obninsk, der uns beim Rundgang begleitet, nimmt mich zur Seite und sagt: »Wissen Sie, diese Marmorpaläste sind der größte Betrug am Volk, den man sich denken kann. Einmal im Jahr ist der Bauer aus seinem Dorf oder aus der Kleinstadt, aus seinem Schlamm und Dreck und seiner Armut in die Paläste geschickt worden. Und dort stand er ehrfürchtig wie in der Kirche, ja in diesen Kirchen des lichten Kommunismus, und glaubte, daß diese Zukunft auch seine Zukunft sei.«
Ich verstehe nicht gleich, er fragt: »Wo werden Sie hinfahren?« »An die Wolga, nach Kamyschin«, sage ich. »Da schauen Sie sich gut um, und dann werden Sie es verstehen.«
Am nächsten Tag beim Treffen mit den Schriftstellern in Kaluga ist er nicht dabei. Er hat kein Auto, und niemand bezahlt ihm die Fahrt bis in die Gebietsstadt. An die 30 Schriftsteller, Verleger und andere Kulturschaffende haben sich zu ihrer turnusmäßigen Versammlung zusammengefunden. Der Vorsitzende begrüßt die Kollegen aus der DDR. Nun ja, es sei keine Tagesordnung vorgesehen, man solle einfach reden. Tee und Plätzchen, er hält sich an beides, sagt anschließend kein Wort mehr. Vielleicht wäre er auch nicht zu Wort gekommen.
Wladimir, einen Russophilen aus Überzeugung, hatte ich gestern im Gespräch mit einer Dolmetscherin erlebt, einer Jüdin. Sie heulte danach, fand keine Argumente gegen sein hysterisches »die Juden sind an allem Elend Rußlands schuld«. Heute spricht er davon, daß die Russen in ihrem russischen Schriftstellerverband nur Russen dulden sollten. Keine Us-

beken oder Litauer, keine Kirgisen oder Kasachen. Ein anderer Schriftsteller zeigt der Runde einen Packen Briefe. Lagerbriefe. Briefe von Insassen aus Stalins Lagern. »Wißt ihr, was hier noch unsere einzige Aufgabe ist: diese Briefe veröffentlichen und danach schweigen oder sich erschießen!«
Ich versuche, zu Wort zu kommen, frage, was sie jetzt schreiben. »Nichts. Alles, was wir schreiben wollten, schreibt jetzt die Presse.« Wassiliwitsch, er hatte mir vorher seine Visitenkarte gegeben, auf der steht: »Schriftsteller und Teilnehmer am Großen Vaterländischen Krieg«, behauptet, daß trotz aller Verbrechen der Sozialismus in der Welt doch eines erreicht hätte: »Daß sich der Kapitalismus wegen der Existenz des anderen Systems schneller und sozialer entwikkelt hat.« Der Kollege, der immer noch die Lagerbriefe in der Hand hält, schreit: »Ja, der Kapitalismus hat sich zusammengeschlossen gegen den Sozialismus. Aber dieser Zusammenschluß war doch derart, als hätte man sich gegen eine Verbrecherbande zusammengeschlossen.« Da stehen einige auf und gehen. Der Vorsitzende trinkt Tee und knabbert an seinen Plätzchen. Ich stelle verlegen eine Flasche Korn auf den Tisch. Und nach dem dritten Schnaps entwickeln die Kalugaer Kollegen die Idee, daß es nicht auf den Namen Sozialismus oder Kapitalismus ankomme, das System müsse nur gut für das Volk sein. So paradiesisch wie in Finnland oder Kanada beispielsweise.
Abends im Hotel läuft einer der mittleren Suhler Kulturfunktionäre von einem zum anderen und schreibt Zahlen auf. Wie viele Leute bei den einzelnen Veranstaltungen erschienen seien, welche Probleme die sowjetischen Menschen diskutiert hätten. Man brauche es für den Abschlußbericht zu Hause. Für den Rechenschaftsbericht. Ich lasse ihn stehen.
Und dann die Festveranstaltung im mäßig gefüllten Festsaal von Kaluga. Ernst Lehmann hält eine Rede. Er spricht ohne

Leidenschaft, liest gleichförmig Wort für Wort. »Der 40. Jahrestag war ein Ereignis von historischer Bedeutung. Auch wenn von der Bundesrepublik versucht wird, das Rad der Geschichte zurückzudrehen, erweist sich die DDR als ein stabiler Faktor. Wir haben sehr würdig gefeiert.«

Gerd Aderhold hat mir vor dem Abflug am Telefon von der Staatsfeier im Palast der Republik in Berlin erzählt. Er war als Dolmetscher von Generalmajor Mariano de Aranjo Matshina, Mitglied des Politbüros der FRELIMO-Partei und Leiter der offiziellen mosambikanischen Regierungsdelegation, dabei, als sich Gorbatschow und Honecker und alle anderen Repräsentanten im Festsaal versammelten. »Ich kann es dir am Telefon nicht erzählen, es war gespenstisch. Honecker redete kürzer als gewollt, er sah aus wie sein eigener Geist. Er lächelte gequält, wenn ihm Gorbatschow etwas sagte. Und immer wieder sah ich, wie Krenz in unbeobachteten Momenten die Gardine zur Seite schob und nach unten schaute, wo das Volk ›Gorbatschow‹ und ›Freiheit‹ rief. Kaviar und alle Genüsse der Welt. Sekt und Musik. Der Palast, der Palast hell erleuchtet. Er muß von draußen in der Dunkelheit ausgesehen haben wie die ›Titanic‹ ...«

Als ich aus meinem kleinen Dorf Dietzhausen am 9. Oktober abreisen wollte, kam die Bürgermeisterin mit dem Fahrrad vorbeigefahren. Sie hätte soeben Instruktionen vom Kreisrat bekommen. Sie solle nachts immer zwei Männer im Dorf Wache laufen lassen. Von der Feuerwehr vielleicht, jeder zwei Stunden. »Aber die müssen doch am nächsten Tag zur Arbeit, und weshalb sollen sie nutzlos nachts durch unser Dorf latschen?«

Und Lehmann redet: »... würdig gefeiert. Unsere Entwicklung verläuft programmgemäß.« Und dann: »Es lebe unsere unverbrüchliche Freundschaft zur Sowjetunion.« Und ein Lied: »Drushba – Freundschaft.« Und alle singen mit und klatschen mit. Ich sitze und kann nicht mitmachen.

Nach der Festveranstaltung Treffen der Delegationsleitungen im Gästehaus. Auch ich werde eingeladen. Hier im Restaurant des Gästehauses stehen entgegen den antialkoholischen Anweisungen sogar Sekt und Cognac offen auf dem Tisch. Und Lachs und Kaviar trotz leerer Geschäfte. Und auch hier mit vom Alkohol befreiter Zunge kein Wort der Wahrheit, nichts an Offenheit, wie es unter Freunden nötig ist. Wieder nur Phrasen, wie erfolgreich wir in der DDR den Sozialismus aufbauen. Toast darauf! Ich kann nicht mehr. Ich sage, daß ich eher als die Delegation abreisen werde. Nein, ich könne das nicht, ich sei Mitglied der Delegation. Doch, sage ich, ich werde morgen früh fahren. Pawel fragt, ob man mich im Auto nach Moskau bringen solle. Nein, sage ich, ich werde mit dem Zug fahren. Und ich möchte ihm noch sagen, daß ich nicht wegen ihm wegfahre, sondern daß ich aus der DDR fliehe.
Der Vorortzug braucht über drei Stunden bis nach Moskau. Drei Stunden sitze ich auf harten Holzbänken und esse vom Brot, das die mitreisenden Russen mir anbieten, und trinke von ihrer klebrigen süßen Limonade. Ich frage sie nach der Perestroika. Einer sagt: »Wir haben jetzt genug zu reden, aber zu wenig zu essen.« »Trotz alledem«, sage ich, »ihr werdet es schaffen, einen neuen Sozialismus zu machen. Und danach werden auch wir ihn machen können.« Ich bin, obwohl oder gerade weil ich ihr schwarzes Brot esse und ihre klebrige Limonade trinke, hoffnungsvoll. Ich brauche diese Hoffnung.
Gerd holt mich vom Zug ab. Er staunt nicht, daß ich schon früher gekommen bin.
Im Bus fahren wir zur Wohnung der Schwiegereltern. Auch hier ungewöhnlich viel Papier auf den Straßen. Passanten knüllen es zusammen, schmeißen es achtlos weg. Ein Maler schiebt an der Kreuzung sein Fahrrad, an dem viele Eimer und Töpfe hängen. Als einer davon herunterfällt, schaut sich

der Maler um, sieht, daß die Farbe ausgelaufen ist, und läuft weiter, als würde es ihn nichts angehen. Eine alte Frau im Bus schimpft: »Bei Stalin wäre er dafür 20 Jahre nach Sibirien geschickt worden.«

Gerds Schwiegereltern wohnen in einem der älteren Neubaugebiete Moskaus. Im Hof schon Sträucher und Rasen und Blumen. Und vor dem Haus eine Bank, auf der alte Frauen sitzen und stricken, uns freundlich mustern und begrüßen. Das Treppenhaus aber ist kalt und dreckig. Vor dem Fahrstuhl liegen Haufen von Ketten und Drähten und Schrauben. »Seit Wochen reparieren sie den großen Fahrstuhl«, sagt Gerd. Wir zwängen unser Gepäck in den kleinen, für vier Personen zugelassenen Aufzug.

Schwiegermutter Diema deckt nach der Begrüßung den Tisch in der Küche mit Sakuski: Fisch, Kartoffeln und Butter, saure Gurken, rote eingelegte Tomaten, Gemüsesalat, Wurst, Brot, Zwiebeln und Begrüßungsschnaps. Der Schwiegervater Wladimir Pawlowitsch, ein schwergewichtiger Riese, der kaum durch die Küchentür paßt und mit seinen tolpatschigen Bewegungen einem russischen Bären ähnelt, schaut die Fischbüchsen, die seine Frau geöffnet hat, kritisch an, mault unzufrieden, geht zum Kühlschrank und öffnet noch drei andere Sorten. Dann studiert er das Etikett auf der Schnapsflasche, scheint zufrieden zu sein. Der Begrüßungstoast. Die Schwiegermutter trinkt Wodka, der Schwiegervater Wasser. »Er hat das Quantum für drei Leben schon ausgetrunken«, sagt die Frau. Ich frage Wladimir Pawlowitsch, als was er früher gearbeitet hat. »In der Verteidigungsindustrie«, sagt er barsch und wechselt sofort das Thema. Diese Arbeit hat der Familie wohl auch diese für Moskauer Verhältnisse große Wohnung eingebracht. Eine Küche, eine Stube, wo die Schwiegermutter schläft, und das Zimmer von Wladimir Pawlowitsch.

Früher schlief Tochter Lidija, Gerds Frau, hier. Sie studierte damals in Moskau Textilchemie und Gerd Außenpolitik. Er erzählt mir vom Feldbett, das nach Monaten endlich für ihn in der Küche aufgeschlagen wurde und das den kleinen Raum derart versperrte, daß keiner dort mehr treten konnte und er (genau wie ich in dieser Nacht) mit dem Kopf fast in der Backröhre des Herdes lag. Zwischen Lidijas Zimmer und Gerds Küchenbett befindet sich ein Flur, dessen Dielen erbärmlich knarren, und außerdem die offene Tür der elterlichen Stube. »Du kannst es probieren«, sagt er, und ich balanciere wie eine Ballettänzerin. Aber die Dielen knarren so sehr, daß die Schwiegereltern in der Stube sogar vom Fernseher hochschauen. »Und die Wachsamkeit war groß: die einzige Tochter und dann noch ein Deutscher. Ein Deutscher!« Gerd zeigt mir die schwarze Anzugjacke des Schwiegervaters. Der Rotbannerorden. Und 20 Medaillen vom Vaterländischen Krieg.

Wir werden zum abendlichen Familienfernsehen gerufen. Wremja, die sowjetische abendliche Tagesschau, läuft. Neue Häuser in einem litauischen Dorf. Danach die Einweihung einer riesengroßen Waschmittelfabrik in Moskau. Tausende Tonnen Waschpulver täglich. Die Frau fragt: »Aber wo gehen sie hin? Seit Wochen habe ich in den Geschäften keins mehr kaufen können.« Anschließend Bilder mit unüberschaubaren Staus von Güterwaggons an Eisenbahnknotenpunkten. Zehntausende Waggons täglich, die nicht entladen werden. Die Plomben sind aufgerissen, Schuhe aus der ČSSR, Früchte aus Italien, Seife aus Frankreich. Alles ist geklaut oder schon vergammelt, seit Wochen steht es hier und wird nicht entladen.

Der Schwiegervater brüllt: »Einsperren müßte man die Verantwortlichen, diese Verbrecher, diese neuen Verbrecher!« Damals während der Leningrader Blockade im Vaterländischen Krieg hätte Stalin, um sich an den Leningrader Arbeitern (die ihn nicht liebten) zu rächen, die Brotzüge für die

Stadt umleiten und stoppen lassen. Aber diese neuen Verbrecher heute seien nicht weniger schlimm.

Nach der Tagesschau kündigt der Regierungssprecher des Außenministeriums eine Internationale Pressekonferenz mit dem Hypnotiseur Schumak an. Die Mutter rennt in die Küche und kommt in Windeseile mit einem Dreiliter-Gurkenglas zurück, das sie mit Wasser gefüllt hat. Sie stellt es in Blickrichtung zum Fernsehschirm, setzt sich und ermahnt uns, daß wir mucksmäuschenstill sein müssen. »Jetzt halten alle Fernsehzuschauer in der Sowjetunion den Atem an«, sagt sie.

Schumak ist klein, unauffällig, die Augen nicht stechend, die Handbewegungen wie bei einem Guru. Er zählt seine Erfolge auf: Bis nach Australien habe er durch Gedankenübertragung eine schwerkranke Frau heilen können. Er habe das Arbeitsklima in vielen sowjetischen Betrieben verbessert. Eine lungenkranke Frau in Sibirien geheilt. (Wie die Röntgenaufnahme zeigt, sie wird eingeblendet, sei die Lunge nun völlig sauber.) Einen fast blinden Jungen wieder sehend gemacht. (Der Junge ist im Saal und liest aus einem Buch vor.) Einer Schauspielerin aus der Bundesrepublik mit totalem Haarausfall neue Haare wachsen lassen. Der Schwiegervater knurrt: »Hätte er lieber die Apparatschiki in unseren Büros menschlicher gemacht.« Diema knufft ihm ärgerlich in die Seite.

Die Hypnose beginnt. Schumak redet monoton, aber eindringlich. Die Zuschauer im Saal schließen die Augen, die Schwiegermutter schaut noch einmal zum Wasser, dann schließt auch sie die Augen. Ich frage Gerd leise, als was die Schwiegermutter gearbeitet hat. »Sie war in der zentralen Plankommission. Und Mitglied in der KPdSU ist sie immer noch.« Der Schwiegervater schimpft: »Alle, die hier sitzen und die Augen zumachen, sollten besser die 10 000 herumstehenden Güterwaggons entladen.« Als Schumak fertig ist, trägt die Schwiegermutter das Glas mit dem nun heilkräftig gewordenen Wasser in die Küche. Vor dem Schlafengehen wird sie davon trinken. Wie Millionen anderer Sowjetbürger, die auf ein Wunder hoffen, auf ein Wunder. Nicht auf die Perestroika? Mit vorwurfsvollem Blick auf Gerd und mich sagt die Schwiegermutter: »Wenn ihr aus Kamyschin zurückkommt, werdet ihr auch an Schumak glauben!« Wir würden dort unten in Kamyschin in der Provinz wahrscheinlich verhungern, völlig vom Fleisch fallen. Tee sollten wir unbedingt mitnehmen, Brot, soviel wir schleppen könnten, Seife ...

Ich muß dabei an den Brief des befreundeten amerikanischen Umweltschützers Jeffry Michel denken, der vor zwei Monaten in der Sowjetunion war und mir in einem Eilbrief geraten hatte: »Ich wünsche gelungene Vorbereitungen für die Reise und möchte dazu die Mitnahme eines Weckers, eines Mehrzwecktaschenmessers, etwas Seife und einer Rolle Klopapier für alle Fälle empfehlen.«

Wladimir Pawlowitsch beteiligt sich nicht am Einpacken der Vorräte. Er holt dafür aus seiner Schreibtischschublade einen kleinen, mit Draht und Heftpflaster umwickelten Tauchsieder. Er sei zwar winzig, sagt er, aber er funktioniere, denn er habe ihn selbst gebastelt. Nach dem Krieg, erzählt Wladimir Pawlowitsch, habe er in der sowjetischen Raketenentwicklung gearbeitet. »Im Durchschnitt mußte man für eine Rakete mit drei Millionen Mark rechnen. Auch die SS 20 habe ich mit entwickelt. Und 50 Proberaketen braucht man etwa, bis ein Modell ausgereift ist. Das waren manchmal sieben Jahre Versuchszeit. Unsere besten Ingenieure und Wissenschaftler haben wir jahrzehntelang für diesen Wahnsinn mißbraucht. Heute weiß ich, ein Tauchsieder, um überall auf der Welt Tee kochen zu können, ist wichtiger als Raketen in Asien und Europa.« Die besorgte Diema mahnt vor der Abreise: »Wenn ihr eine Frau um

Hilfe rufen hört, dann rennt nicht hin, um zu helfen. Das ist nur ein Lock-Köder für hilfsbereite Ausländer. Sie werden dann überfallen und ausgeraubt.«

Die russische Zeremonie vor dem Abschied: Gespornt und gestiefelt setzen wir uns alle noch einmal in die Küche. Einen Schluck auf den Weg und stille Besinnung, damit man auch wieder gesund zurückkehrt.

Der Fahrstuhl arbeitet noch nicht. Die Reparateure hätten immer noch keinen Handschlag gemacht, nur im Haus herumgesessen und Karten gespielt, flucht Diema. Nirgends gäbe es mehr Disziplin. Wahrscheinlich funktioniere der Sozialismus nur mit Zwang, sobald man den Menschen ihre Freiheit gäbe, würden sie aufhören zu arbeiten.

Wir wollen ein Taxi nehmen. Aber Diema sagt, Ausländer seien im Taxi schon ausgeraubt worden. Außerdem würde man Schwarzmarktpreise bis zu 100 Dollar für eine Fahrt zum Flughafen nehmen. Sie bringt uns bis zum Linienbus. Und wartet, bis er abgefahren ist. Von Moskau fliegen wir in zwei Stunden bis Wolgograd. 200 Kilometer nördlich davon liegt die zum Gebiet Wolgograd gehörende Kreisstadt Kamyschin.

Zwei Tage wollen wir in der Heldenstadt Wolgograd bleiben. Sie ist herbstfarben bunt, und die Sonne tanzt in Millionen glitzernder Kristalle auf der breiten ruhigen Wolga. Weiße Triumphbögen aus Marmor stehen auf der breiten Treppe, die vom Fluß hinauf zur Stadt führt. Im Zentrum verziert Stalins Zuckerbäckerei die großen pompösen Gebäude, aber hier stört mich diese Architektur nicht wie in Berlin oder in Sofia, wo sie sich protzig und kitschig aus den alten historischen Bauten hervordrängelt. In diesem Teil der ehemaligen Stadt Stalingrad gibt es nichts Altes mehr. Kein Stein blieb auf dem anderen. Am Ufer der Wolga steht eines der letzten Häuserskelette. Ohne Dach, die Fenster und die Einschußlöcher der Granaten sind inzwischen kaum noch zu unterscheiden. Rote zerschossene Ziegelwände, aus denen Birken wachsen.

Manche Häuser wurden tagelang umkämpft. Dieses hier steht keine 50 Meter vom Ufer der Wolga entfernt. Es war eines der letzten Hindernisse für die deutsche Armee, über die Wolga zu kommen und dahinter das weite russische Land zu überschwemmen wie die Flut nach dem Dammbruch.

Ich setze mich in den Trümmerschutt vor das zerschossene Haus. Blauer Wegwart wächst hier und gelber Rainfarn. Ich berühre die zerschossenen Ziegel des Hauses fast andächtig. Neben der Ruine steht ein großer moderner Rundbau: das Panorama zum Gedenken an die Stalingrader Schlacht. Im Erdgeschoß hängen Schautafeln, auf denen die Touristen mit Lichtschaltern den Schlachtverlauf, rote Flammen an den einzelnen Frontabschnitten, anknipsen können.

»Matroschkas habe ich keine gesehen, aber kleine Samoware gibt es hier billiger als in Berlin zu kaufen«, sagt eine der Touristinnen aus der DDR.

Gerd und ich laufen kilometerweit an der Wolga entlang in Richtung zum Mamajhügel. Zu verfehlen ist er nicht, denn auf ihm steht das größte Denkmal, das ich bisher gesehen habe. Eine anmutige Frau. Den linken Arm hat sie, als wolle sie uns einladen, ausgestreckt, den Kopf stolz erhoben, und in der rechten Hand trägt sie ein Schwert wie eine Fackel vor sich her. Von allen Seiten der Stadt aus ist sie zu sehen: die Mutter Heimat.

Ich liebe keine monumentale Kunst. Je näher wir dem Mamajhügel kommen, um so größer und unerreichbarer wächst diese Mutterfigur vor mir auf. Ich schlucke, spreche kaum noch. Vor dem Mamajhügel kaufen wir Blumen. Blaue Herbstastern. Ich weiß nicht, wie viele Hunderte Treppen wir anschließend steigen. Rechts und links von uns in Stein gehauen Mütter, die ihre toten Kinder umklammern. Ich habe gelesen, daß jede Krume Erde dieses kilometerweiten Hügels mit Blut getränkt worden ist. Das Gras ist von der langen Trockenheit dieses Jahres braun. Keiner der vor uns Hinaufgehenden spricht …

Mein Vater war als Soldat in diesem Land. Ich habe ihn als Kind danach gefragt. Er antwortete mir nicht. Später, als ich schon ein Pionier war, fragte ich noch zweimal. Er schrie mich an, ich erschrak und fragte nie mehr danach. Später hörte ich oft, wie er über seine Kriegserlebnisse in Frankreich erzählte, sogar über seine Verwundung. Nie aber sprach er über die Zeit in der Sowjetunion.

Ich steige die Treppe hinauf, die steinerne Frau ist immer noch hoch über mir. Grabplatten von Soldaten und Generälen rechts und links des Weges. Eine junge Frau kniet und betet, bevor sie ihre Blumen zu den übrigen legt. Ich halte den Asternstrauß so krampfhaft in der Hand, als wolle ihn mir jemand entreißen.

Weshalb hat der Vater nie über diese Zeit gesprochen? 29 Jahre war er alt, als dieser Krieg mit einer Niederlage endete. Wieviel Schuld hätte er büßen müssen, seine eigene Schuld, die ihm niemand abnehmen konnte? Doch es gab eine andere, eine schnellere Möglichkeit, diese Schuld erlassen zu bekommen: Man mußte sich bedingungslos dem Neuen zur Verfügung stellen, dem Land, in dem man sich schuldig gemacht hatte. Mein Vater wurde Mitglied der Partei und Funktionär, er, der Tischler von Beruf, studierte an der Hochschule für Staats- und Rechtswissenschaften, danach arbeitete er als Kreisstaatsanwalt. Und nie erlaubte er einen Zweifel am neuen System. Denn nur durch bedingungslose Hingabe, durch lautes, leidenschaftliches Agitieren, um andere, ›noch Gestrige‹ zu überreden, konnte man sich davor schützen, doch noch nach eigener Schuld in der Vergangenheit suchen zu müssen. Ich weiß nicht einmal, ob er bis Stalingrad gekommen ist.

Auf den letzten Stufen erschrecke ich vor der Größe der steinernen Frau, der Mutter Heimat. Die Menschen, die neben ihr stehen, sind so groß wie ihr Zehnagel. Ich halte mich hilflos am Blumenstrauß fest. Und merke, daß ich immer häufiger schlucken muß, um die Tränen zurückzuhalten. Damals, als 12jähriger Pionier, nachdem der Lehrer uns aus der Schule wieder nach Hause geschickt hatte, einfach weil Stalin gestorben war, damals konnte ich auch nicht losheulen. Denn nur Opa und Oma waren zu Hause, und sie waren damals schon zu alt, um das Alte zu vergessen, indem sie bedingungslos das Neue liebten. Sie waren gegen die Kommunisten und gegen die Sowjetunion und gegen Vater Stalin. Und damit sie es nicht sahen, schlich ich mich in den Stall, umarmte die alte treue Milchziege und heulte mich an ihrem Hals aus ... Ich halte die Blumen in der Hand, schaue hinunter zur Wolga, zur Stadt. Wie hinter einem weißen Schleier sehe ich das Feuer, den Rauch, die Leichen in den Erdwunden. Ich wische mir die Augen mit dem Hemdsärmel, und ich weiß nicht, ob ich nur um die Toten weine oder auch um die am Leben Gebliebenen, die nicht fähig waren, ihre eigene Schuld der Vergangenheit zu erkennen, und deshalb in neue Schuld verstrickt wurden.

Als ich endlich die Blumen zu den anderen lege, sind ihre Köpfe welk und die Stiele wie von einer Presse zerdrückt.

Sergej Bondarjew, der Verfasser weltbekannter Romane über den Großen Vaterländischen Krieg, kandidierte im Frühjahr 1989 in Wolgograd für die Wahl zum Obersten Sowjet. In seiner Wahlplattform forderte er die Rückbenennung der Stadt in Stalingrad. Bondarjew wurde nicht gewählt, er verlor gegen einen unbekannten jungen Mann, den 2. Komsomolsekretär von Wolgograd, Sergej Kisiljow.

Der APN-Korrespondent, der uns in Wolgograd Gespräche vermitteln soll, sagt, daß Kisiljow zur Zeit in Moskau sei, aber wir könnten mit Tatjana, seiner Chefin, sprechen.

Tatjana sitzt in einem unaufgeräumten Büro unter einem großen Leninbild, ihre Jeansjacke hängt über dem Stuhl. Tatjana ist Mitte Zwanzig, hat kastanienrotes Haar und freundliche Augen. Sie trägt einen groben, großkarierten, selbstgestrickten Pullover und könnte ihrem Aussehen nach auch Mitglied einer westlichen alternativen Jugendgruppe sein. Aber sie wurde vor zwei Jahren als 1. Sekretär des Komsomols im Gebiet von Wolgograd gewählt.

Mein erstes Interview dieser Reise. Ich denke, daß es besser gewesen wäre, wenn ich vorher mit einfachen Komsomolmitgliedern gesprochen hätte. Bei Funktionären bin ich, was die Wahrheit betrifft, vorsichtig ...

Bist du eine Berufsfunktionärin?

Nein, ich arbeitete bis 1987 als Lehrerin.

Was reizte dich an der neuen Aufgabe?

Das Geld auf keinen Fall. 220 Rubel im Monat oder 15 Kilo Fleisch auf dem freien Markt, halb soviel wie ein Dreher im Wolgograder Traktorenwerk. Aber ich dachte mir, es wird interessant sein, täglich mit vielen neuen jungen Leuten zu sprechen.

Du bist zufrieden mit deiner Arbeit?

Nein, ich bin verzweifelt. Die Karre steckt zu tief im Dreck. Kaum ein Jugendlicher gibt noch eine Kopeke für den Komsomol, sie sagen mir: Wozu brauchen wir den Komsomol, wir haben schon Partei und Gewerkschaft, die erzählen uns dieselben Phrasen. Es ist wirklich so, wie Gorbatschow es gesagt hat: Auf der einen Seite der Straße gehen die Komsomolfunktionäre, und auf der anderen Seite gehen die Jugendlichen – und sie gehen auch noch in verschiedene Richtungen.

Und die Ursachen?

Der Komsomol war immer nur die Kampfreserve der Partei. Die Ideologie, die Struktur und die Rubel – alles bekommen wir von der Partei. Die Abtrennung von der Partei, die wir

jetzt versuchen, die ist so schwierig, als würde ein 70jähriger Junggeselle, dem die für alles sorgende Mutter gestorben ist, heiraten wollen.
Und wie versucht ihr, euch »abzunabeln«?
Wir müssen, ähnlich wie bei dem Verhältnis zwischen den nationalen Republiken und der Sojus, erst einmal ökonomisch unabhängig werden. Nur wenn wir ökonomisch frei sind, können wir ideologisch frei sein. Wir gründen Jugendkooperativen, dort arbeiten junge Leute als Maler, Fliesenleger, Computerspezialisten. Einen Teil ihres Gewinns bekommt der Komsomol. Ohne diese ökonomische Unabhängigkeit hätte Kisiljow nie ernsthaft gegen den berühmten Bondarjew antreten dürfen. Man hätte mich ins Gebietskomitee der Partei bestellt und nur mit dem Daumen nach unten gezeigt ...
Ein junger Mann stürmt, ohne anzuklopfen, ins Zimmer. »Dieser unpatriotische Dorf-Komsomolsekretär aus Kamyschin hat wieder angerufen. Er weigert sich, zur Armee zu gehen, wir sollen ihm dabei helfen. Der muß doch blöd sein, dieser Pazifist.«
Tatjana: »So etwas erledige ich nicht am Telefon. Sag ihm, ich komme in der nächsten Woche selbst nach Kamyschin.«
Als wir wieder allein sind: »Mein Mann arbeitet als Chef der Fußballmannschaft ›Textilkombinat Kamyschin‹. Und der 1. Sekretär der Partei von Kamyschin, Michail Haridonow, ist ein Fußballnarr. Wenn nicht ich ab und an nach Kamyschin fahre, mein Mann bekommt nicht frei ...«
Und dienstliche Probleme in Kamyschin?
»Drei junge Leute einer Jugendkooperative sind bei der Explosion von Feuerwerkskörpern, die sie für das Jubiläum des Kamyschiner Glaswerkes bauen sollten, getötet worden. Es bilden sich, nachdem die ersten im Frühjahr entwaffnet werden konnten, wieder neue Jugendbanden.«
Sie merkt, daß ich fast nichts begreife. Winkt ab. In Kamy-

schin sei es nicht halb so schlimm wie in Wolgograd, wo die Jugendbanden sich das Territorium nach Mafiaart bereits aufgeteilt hätten, es bei den Kämpfen untereinander Tote gäbe.
Ich bin betroffen: »So schlimm habe ich es mir nicht vorgestellt.«
Tatjana: »Wie konntest du auch, wir haben uns jahrelang angelogen und nur das Beste voneinander erzählt.«
Leise, schüchtern will ich wissen, ob sie glaubt, daß die Perestroika eine Chance habe, ob die Jugend der Sojus noch einmal für einen neuen, ehrlichen und demokratischen Sozialismus zu begeistern sei.
»Solange wir unser Land zugeschlossen lassen, die Jugend den westlichen Konsum nur von Bildern kennt, können wir Zeit gewinnen, um den Sozialismus zu verändern. Aber wenn sie die Wirklichkeit des Westens selbst erleben, ist der Sozialismus hier verloren ... die Lage hoffnungslos ...«
Ich sage ihr nicht, daß die Perestroika meine einzige Hoffnung ist, will nicht gleich am Beginn der Reise hoffnungslos sein und erwähne das Beispiel der neuen Demokratie: Nicht Bondarjew sitzt als Vertreter von Wolgograd im Obersten Sowjet, sondern dieser Kisiljow.
»Aber es war ein harter Kampf, denn als die alten Männer im Gebietskomitee merkten, daß Kisiljow nicht nur der demokratischen Form halber angetreten war, sondern ernst machte, da wurden sie böse. Sie bestellten erst mich, dann befahlen sie dem Chefredakteur der *Wolgogradskaja Prawda*, in jeder Ausgabe über Bondarjew zu schreiben. Und der Chefredakteur gehorchte ...«
Der APN-Korrespondent besorgt uns auch einen Termin beim Chefredakteur.
Zuerst Teeplauderei. Dann allgemeine Redensarten über die neue Offenheit. Und anschließend der Punkt der »ab-

soluten Wahrheit«, wie es der knapp 60jährige Chefredakteur formuliert.

»Eines gilt immer, nämlich Lenins Lehre, daß es für Journalisten und Schriftsteller zwei Wahrheiten gibt, eine Wahrheit mit großen Buchstaben geschrieben und eine Wahrheit mit kleinen Buchstaben geschrieben. Die großgeschriebene Wahrheit ist alles Typische, Progressive, dem Sozialismus Nützliche. Die kleingeschriebene Wahrheit, das sind Einzelheiten, von Journalisten aufgepickt, die zwar für sich auch stimmen, aber dem Sozialismus nichts nützen. Diese Wahrheit ist unwichtig, man kann sagen, auch unmoralisch, denn moralisch ist nur das, was dem Sozialismus dient.«

Gerd fragt: »Wer entscheidet, was die Wahrheit mit den großen Buchstaben ist und was die mit den kleinen?«

Die Partei, sagt der Chefredakteur.

Und hier?

Das Redaktionskollegium.

Und wenn es sich irrt?

Dann wird die Partei helfen.

Ich frage ihn, weshalb seine Zeitung den Staatsdichter Bondarjew im Wahlkampf unterstützt hat und nicht den unbekannten Komsomolzen Kisiljow.

»Weil das Gebietskomitee der Partei gesagt hat: Bondarjew als Deputierter nützt der Sache mehr.«

Letzte Frage von Gerd: »Angenommen, die KPdSU würde das Vertrauen im Volk immer mehr verlieren, vielleicht sogar vom Volk abgewählt werden. Würden Sie als Parteizeitung gestatten, diese Volksmeinung zu veröffentlichen?«

»Solange ich Chefredakteur bin, in meiner Zeitung nicht.«

»Glauben Sie denn, daß in der Sowjetunion jemals solch eine Situation eintreten wird?«

»Nein, der Sozialismus ist unbesiegbar, weil er die fortschrittlichste Gesellschaftsordnung ist, weil er die Gesell-

schaftsordnung der progressivsten Klasse, der Arbeiterklasse, ist. Das hat Lenin gesagt.«
Er schenkt Tee nach. Er hat freundliche Augen unter den buschigen Breshnew-Brauen, denke ich. Und seine Stimme ist warm und leise, als er von der Wolga spricht, von Mütterchen Rußland. Wir sollten, so oft wir Zeit hätten, an ihrem Ufer spazierengehen, sagt er uns zum Abschied.
Stundenlang laufen wir danach an der Wolga entlang. Wir schauen schweigend ins Wasser. Erst als wir Hunger bekommen, gehen wir zurück ins Stadtzentrum. In unserem Hotel verkauft man wieder keinen Wodka, aber an diesem Abend wenigstens Bier. Wir stellen uns in die Schlange, lassen den Wasserkrug füllen und nehmen das Bier mit hinauf auf das Zimmer. Es schmeckt schal. Gerd liest mir Leninzitate vor, die er sich vor der Reise notiert hat. »Unsere Stärke hat darin bestanden und wird darin bestehen, daß wir die schweren Niederlagen völlig nüchtern beurteilen und aus der Erfahrung solcher Niederlagen lernen, was in unserer Tätigkeit geändert werden muß. Deshalb muß man frei und offen sprechen ... Ein korrigierter Fehler ist keiner mehr. Ein nicht korrigierter Fehler wird zu einer schmerzenden Wunde. In solchen Fällen muß man den Mut haben, sofort zu operieren.«
Während wir das dünne schaumlose Bier aus Teegläsern trinken und über Lenin – was wäre, wenn er heute leben würde – philosophieren, klingelt das Telefon. Sascha, der APN-Korrespondent, meldet sich, sagt aufgeregt und zusammenhanglos: »Sofort! Sofort! Television ... Erich Honecker Konjez ...« Gerd schaltet die altertümliche Kiste an, doch bevor sie warm wird, sehen wir nur noch das verblassende grinsende Porträt von Krenz und den Nachsatz » ... einstimmig gewählt«.
Mir sackt auf einmal der Magen weg, ich weiß nicht, ob es das Bier ist. Meine Hände schwitzen wie bei der Abiturprü-

fung. Es gelingt mir nicht, die Gedanken zu ordnen. Gerd hat sich schneller gefaßt. Er wählt die internationale Wolgograder Telefonvermittlung und flucht die schlimmsten russischen Flüche, flötet die charmantesten Komplimente, erklärt, daß es eine lebenswichtige Sache sei, und hat nach drei Minuten wirklich Berlin, Lidija am Telefon. Sie bestätigt es, Erich Honecker sei abgesetzt, einstimmig. Auch Joachim Herrmann und Günter Mittag. Zur Zeit spreche Egon Krenz im Fernsehen.

Dann fragt Lidija: »Kommt ihr zurück?«

Gerd zögert, dann sagt er: »Nein, wir fahren morgen nach Kamyschin.«

Fast 200 Kilometer mit dem Tragflächenboot die Wolga hinauf. Nicht einmal ein Dutzend Fahrgäste steigen in Wolgograd auf das Schiff. Die Stadt liegt am linken Ufer, sie hat sich nicht nach rechts ausgebreitet, dort ducken sich zwischen Sanddünen kleine russische Dörfer. Aber der Fluß selber wird, je weiter wir stromaufwärts fahren, nicht schmaler, sondern breiter. »Mutter Wolga leidet an Fettsucht«, sagt ein mitfahrender alter Mann in einer schon winterlichen Pelzmütze, als wir die Staumauer des Wolgograder Kraftwerks umschifft haben und das rechte Ufer des Flusses nicht mehr sehen. Wir sind im Meer von Wolgograd. Großbaustelle des Kommunismus – ich habe irgendwann in der Schule gelernt, das wievielt größte Wasserkraftwerk der Welt es ist, wieviel Millionen Kilowattstunden ... Es ist windstill, trotzdem Wellen wie auf der Ostsee.

»Kommunismus, das ist Sowjetmacht plus Elektrifizierung.« Lenin. Die Elektrifizierung haben sie geschafft, denke ich.

Gerd sagt unvermittelt: »Wenn ich daran denke, wie dieser Krenz die Gardine im Republikpalast zur Seite schob und hinunter schaute auf das Volk, ängstlich und grinsend. Der meint es nicht ehrlich ...«

Vielleicht sollten wir jetzt nicht nach Kamyschin fahren?

Doch ich glaube, daß der Sozialismus, wenn überhaupt, dann nur so verändert werden kann, wie es Gorbatschow versucht. »Wir werden die Erfahrung der Russen mit ihrer Perestroika und ihrer neuen Offenheit in den nächsten Jahren bei uns bitternötig brauchen. Wahrscheinlich ist es die letzte Chance«, sagt Gerd.

Der Mann mit der Pelzmütze zeigt auf das Meer der Wolga. »Sehr schön«, schwärme ich. »Nein, schon zu Tode krank«, sagt er. Durch die Staudämme sei die Wolga so träge geworden, daß sich immer mehr Algen bildeten. Im Sommer wäre es hier grün wie auf einer Wiese. »Das ist nicht mehr die Wolga. Rußland muß sich schämen, was die Kommunisten aus seiner Mutter gemacht haben.«

Fünf Stunden dauert die Fahrt. Die längsten Aufenthalte haben wir in den gigantischen Schleusen. Höhenunterschiede von 10 bis 20 Metern. Tore halten die Wassermeere zurück, die von 100 m dicken Mauern gestaut werden. Elektromotore öffnen und schließen die Tore. Aber nur für Schiffe. Die Könige der Wolga, die Edelfische, für sie gibt es keine Schleusen. Ihrem Trieb gehorchend, ziehen sie jährlich zu Millionen vom Kaspischen Meer die Wolga stromaufwärts zu ihren alten Laichplätzen. Vor den Staumauern, so erzählt der Mann mit der Pelzmütze, hätten Taucher meterdicke Schichten von noch lebenden und toten Stören, den edelsten Fischen, von denen man den teuersten Kaviar der Welt bekommt, gefunden. Tagelang würden die Weibchen gegen die ihren natürlichen Laichweg versperrenden Betonmauern springen, bis auch die stärksten sterben. Mit einem Fahrstuhl, an dem ein Fischkorb angebracht ist, versuche man, den Fischen zu helfen, die Staumauern zu überwinden, aber das sei, als ob man ein Meer mit einem Eimer ausschöpfen wolle. »Der jährliche Verlust an Kaviar steigt schon auf viele Millionen Dollar Devisen. Dafür könnte man ein halbes Kraftwerk abschalten.«

Als die Wolga wieder schmaler wird, ist das Ufer nicht mehr meterhoch vom Fluß ausgefressen und unterhöhlt, sondern freundlich und flach. Wiesen reichen wieder bis zum Wasser. Und vereinzelt sehe ich Schilf. Kamyschin bedeutet auf deutsch ›Schilfstadt‹. Aber an der Anlegestelle nur Sand und Schlamm. Geteerte Holzpfähle stehen im Wasser, darauf ist ein wackliger Steg gelegt. Wir balancieren vorsichtig mit unseren Koffern darüber.

Nicht einmal eine Handvoll Leute sind mit uns in Kamyschin ausgestiegen. Ein schwarzer Wolga steht an der Anlegestelle und ein vielleicht fünfzigjähriger Mann mit schmalem Gesicht und winzigen Lachfältchen um die Augen begrüßt uns. Schon nach seinen ersten Worten merkt man, daß er sehr leise, zurückhaltend und unaufdringlich ist. »Ich heiße Wladimir Filtschikow und arbeite im Kreiskomitee der Partei. Sie können sich mit all Ihren Problemen an mich wenden. Der 1. Sekretär, Genosse Haridonow, läßt sich entschuldigen. Aber Sie haben ja viele Wochen Zeit, um mit ihm zu sprechen, und vielleicht treffen wir ihn heute abend schon im Fußballstadion. Sie mögen doch Fußball?«

Erste Höflichkeitslüge. Ich nicke. Wir würden bestimmt hungrig sein, sagt Wladimir. Im Restaurant »Raketa« sind Plätze bestellt.

Während der Fahrt im schwarzen Wolga versuche ich, die Stadt zu erkennen. Eine Liebe auf den ersten Blick wird es nicht. Die Straße ist schmutzig, die kleinen Häuser verfallen, die neuen großen sind ungepflegt. In den Auslagen der wenigen Lebensmittelläden liegen vergilbte 1. Mai-Losungen und Papierblumen.

Ich frage Wladimir, ob es in Kamyschin Brot, Fleisch und Milch zu kaufen gibt. »Butter auf Marken. Auch das Fleisch ist rationiert. Aber in den staatlichen Läden bekommt man kein Fleisch, und auf dem freien Bauernmarkt kostet es dreimal mehr.«

Das Restaurant »Raketa« entpuppt sich wie die meisten russischen Restaurants als ein großer Saal, in dem Tische aufgestellt sind. Gerd sagt: »Wenn die Russen feiern, dann haben sie genug mit sich selbst, ihren Geschichten, ihren Liedern und ihrer Fröhlichkeit zu tun. Da ist es völlig gleich, was an den Wänden hängt und ob die Gardinen zu den Lampen passen.«

Wladimir sucht die Deschurnaja, die Diensthabende des Restaurants. Dann spricht er sehr leise und unterwürfig mit ihr. Alle Tische sind leer, einer ist gedeckt, der für uns bestellte. Als wir sitzen, versuchen es noch zwei, drei Russen mit der Deschurnaja. Nein, es sei kein Tisch frei!

»Ein ordentlicher Russe geht in so einer kleinen Stadt nicht zum Essen ins Restaurant«, sagt Gerd.

Und wozu dann das Restaurant?

»Für Hochzeitsfeiern, Geburtstage, Delegationen.«

Wir sind eine Delegation. Zwei Kellnerinnen servieren uns Suppe und Fleisch und Kartoffeln und Gemüse und eine kalte Platte mit Wurst, gekochtem Fleisch, geräuchertem Lachs, Eiern und roten und schwarzen Kaviar. Ausreichend für eine zehnköpfige Delegation.

Wir schaffen nicht einmal ein Viertel des Aufgetischten.

Als wir zum Hotel fahren, ist es schon dunkel. Wir halten nach der Fahrt durch die gespenstische Altstadt (keine Straßenlaterne brennt und nur schummriges Licht hinter den kleinen Fensterchen der einstöckigen Holzhäuser) vor einem großen hellerleuchteten Neubau, dem Hotel ›Opawa‹. Der Fahrer kurvt wie ein Flugzeug ohne Landeerlaubnis lange drumherum, findet aber anscheinend keine geeignete Aussteigestelle. Überall tiefe Pfützen und Schlamm. Irgendwo sollen Bretter liegen, um von der Straße zur Tür des Hotels zu gelangen, aber Wladimir findet keines dieser Bretter. Wir laufen durch den Schlamm. »Es hat sehr lange geregnet«, sagt Wladimir entschuldigend. Wir versuchen, im Hoteleingang die Schuhe zu säubern, aber das ist zwecklos. Eine Reinemachefrau gibt uns die Schlüssel und steigt mit uns die Treppen hinauf. Ihre Hände sind groß und rissig. Sie sagt, daß sie 30 Jahre auf dem Bau gearbeitet habe. »Als am 1. Mai 1989 dieses Hotel eröffnet wurde, begann ich dann im Hotel.« Ich frage: »Was denken Sie über die Perestroika, die neue Politik?« Die Frau sagt: »Für uns kleine, immer arbeitende Leute ist die Perestroika nicht gut, denn wir bekommen immer weniger zu kaufen und zu essen. Die Perestroika ist nur für die gut, die nicht arbeiten, aber immerzu reden und reden und diskutieren wollen.«

Wir bekommen zwei Einzelzimmer. Bei Gerd ist es pudelwarm, bei mir eiskalt. Koffer abstellen. Waschen. Danach Gespräch beim Bürgermeister von Kamyschin und mündlicher Steckbrief der Stadt: 124000 Einwohner. Die Stadt sei zusammen mit einer Festung zum Schutze der Kaufleute, die von Ost nach West die Wolga überquerten, gebaut worden. Kosaken habe es hier gegeben. Stepan Rasin und Pugatschow. Und vom Zaren Verbannte: Altgläubige und Revolutionäre. Scholochow habe während des Zweiten Weltkrieges im nicht besetzten Kamyschin gelebt, und Boris Polewoi sei hier geboren. Ich erinnere mich an sein Buch *Der wahre Mensch*. Es gehörte zur Pflichtlektüre meiner Schulzeit. Ein sowjetischer Flieger, der von den Deutschen über der Front abgeschossen wurde, schleppte sich wochenlang mit gebrochenen Beinen durch Schnee und Eis. Beine und Hände erfroren ihm, aber er gab nicht auf, schaffte es, durch besetztes Gebiet bis zu den Seinen zu kriechen. Die Beine wurden amputiert, doch er steuerte wieder ein Flugzeug. So unerreichbar in seiner Willensstärke und Moral stand der wahre Sowjetmensch seit meiner Kindheit vor mir. Noch als Journalist scheute ich mich, ein anderes als dieses Bild vom Sowjetmenschen zu beschreiben. Und als ich in Sibirien die ersten sowjetischen ›Fahnenflüchtigen‹ traf, die vor den harten Arbeitsbedingungen an der BAM kapituliert hatten, wollte ich sie zu feigen Ausnahmen abstempeln.

Nach dem Krieg, erzählt der Bürgermeister, sei in Kamyschin einer der größten Textilbetriebe Europas gebaut worden. Außerdem gäbe es weitere 18 große Betriebe in der Stadt, darunter ein Walzwerk, ein Werk zum Bau von Autokränen, einen Glasbetrieb. Der jährliche Gewinn der Betriebe betrage 350 Millionen Rubel.

Eine reiche Stadt?

Er schüttelt den Kopf. »Uns fehlen die Rubel an allen Ecken und Enden. Wir haben zwar theoretisch als Stadtsowjet die Macht in der Stadt. Aber was sollen wir mit der Losung ›Alle Macht den Sowjets‹, wenn wir kaum eine Kopeke bekommen, um diese Macht auch ausüben zu können, denn die Betriebe müssen den größten Teil der Gewinne an die Staatsbürokratie in Moskau abführen. Die in der Zentrale haben das Geld, und wir hier an der Basis haben nur die schönen Sprüche von der Erneuerung.«

Um halb sieben beendet der Bürgermeister das Gespräch. Wir fahren in einer schwarzen Limousine zum Fußballstadion. Neben dem Bürgermeister sitzt der Chef der Kreismiliz. Wir halten am Hintereingang. Eine kleine Pforte im Bretterzaun. Ein Milizionär steht davor. Er salutiert. Das Flutlicht ist schon eingeschaltet, die Zuschauer trampeln sich warm. Wir werden zur überdachten Tribüne geleitet. Die Repräsentanten der Stadt, der Partei und der wichtigsten Betriebe sitzen auf der Tribüne wie zur Abnahme der Maidemonstration. Aber es ist kalt und naß, und die Repräsentanten wirken mit eingezogenen Köpfen nicht sehr repräsentativ. Gegner der Fußballer aus Kamyschin ist das grusinische Kommando von Tbilisi. Die kleinen schnauzbärtigen Grusinier sind auf dem nassen Boden wendiger, fallen nicht so oft,

stehen auch schneller auf. Sie führen bald 0:1. Keine rechte Stimmung auf der Tribüne. Nur einmal Erregung, als ein junger Mann, der auf der Tribünentreppe hockt und wahrscheinlich nicht hierher gehört, sich hinstellt und die Repräsentanten nichts sehen können. Die Repräsentanten sagen, er solle sich gefälligst wieder setzen. Doch der junge Mann bleibt stehen und flucht: »Bumst doch eure Mutter; ich fick euch alle ins Maul!«
Da winkt einer der Tribünengäste, und sofort erscheint ein Milizionär. Der nimmt den Fluchenden am Arm, zerrt ihn von der Tribüne zum Ausgang. Ich frage Gerd: »Wegen der schweinischen Flüche?« »Nein, weil er hier steht, wo er nichts zu suchen hat. Ich kenne aus meiner Moskauer Studentenzeit übrigens noch viel schlimmere Flüche. Wichtig ist für den Russen nicht der Inhalt des Fluches, sondern allein die Melodie und der Rhythmus.«
Zur Pause steht es immer noch 0:1 gegen Kamyschin. Das ist ein schlechtes Omen, denn Kamyschin hat in dieser Saison kein einziges Mal zu Hause verloren. Wenn sie also ausgerechnet heute bei unserer Ankunft verlieren sollten ... Wladimir stellt uns dem 1. Sekretär, dem Genossen Haridonow, vor. Er sitzt zwei Reihen vor uns und dreht sich wie aufs Stichwort um. Er hat dicke schwarze Augenbrauen, schwarze Haare, hervorstehende Backenknochen, er könnte ein Nachfolger von Stepan Rain sein, denke ich. Begrüßung. Er freue sich, daß wir über Kamyschin schreiben werden. »Es ist alles vorbereitet, ihr könnt sehen, was ihr wollt, und sprechen, mit wem ihr wollt.« Und ohne Überleitung fragt Haridonow: »Weshalb habt ihr den verdienstvollen Genossen Erich Honecker abgesetzt, diesen alten Kommunisten, der unter Hitler im Zuchthaus war?« Gerd sagt: »Auch Stalin war unter dem Zaren in der Verbannung. Was ihn später nicht gehindert hat, seine Landsleute selbst in Lager zu stekken.« Genosse Michail Haridonow entschuldigt sich, er

müsse in der Halbzeit noch mit dem Trainer sprechen. Er zieht den Kragen des schwarzen Ledermantels hoch und geht.

Kurz vor Spielende schießen die Spieler aus Kamyschin das 1:1. Wir werden wieder zum Hintereingang gebracht. Haridonow sagt, er müsse mit den Fußballern das Saisonende feiern. Vielleicht würden wir uns morgen in seinem Büro treffen.

Im Hotel wischen die Reinemachefrauen die Treppen.

Gerds Zimmer ist wieder pudelwarm, meines eiskalt. Eine halbe Stunde versuchen wir, dem Fernseher Bild und Ton gleichzeitig abzulisten. Es ist vergebens.

Am nächsten Morgen sind die Sträucher vor der Wolga mit Rauhreif bedeckt. Meine Heizung ist immer noch kalt, auch die Dusche spendet kein warmes Wasser. Die Fliesen im Bad hat man einfach zerhämmert, um noch zusätzliche Leitungen und den Toilettenspülkasten montieren zu können. Der allerdings ist nur recht und schlecht mit einer Schraube angebracht. Das Waschbecken hängt fast genau über dem Klo, so daß man sich nur in akrobatischer Schräglage waschen kann. Aber wahrscheinlich stört all das nur Ausländer. Wegen der immer noch kalten Heizung gehe ich zu den Zimmerfrauen. Sie wissen es. Das sei schon immer so. Sie könnten mir noch eine elektrische Heizung dazustellen oder zwei Decken geben oder vielleicht das Zimmer nebenan. Ich sage: Bitte das Zimmer nebenan.

Die Frau, die gestern erzählt hatte, daß sie 30 Jahre auf dem Bau gearbeitet hat, nimmt die Schlüssel und bringt mich in das andere Zimmer. Ich frage vorsichtig, weshalb beim Bau dieses Hotels so gepfuscht worden sei. Sie sagt, daß hier genau wie anderswo gebaut worden sei. »Wenn wir in den Neubaublocks ein Bad montiert haben, war es unwichtig, wie das Duschbecken aussah. Wichtig war nur, daß das Bad irgendwann an die Wohnungsverwaltung übergeben werden konnte. Dann bekam der Direktor unseres Bautrusts eine Prämie und der Direktor der Wohnungsverwaltung eine Prämie. Die stritten sich nicht darüber, daß der Spülkasten schief angeschraubt war. Überhaupt – die Funktionäre oben halten immer zusammen. Ich kenne den Parteisekretär vom Bautrust. Valentin Wtscheraschni. Er geht zusammen mit dem 1. Sekretär Haridonow zur Sauna. Er organisiert alles Erdenkliche für die Fußballmannschaft. Das interessiert ihn, damit sammelt er Pluspunkte – nicht mit Duschbecken. Die interessieren ihn so wenig wie wir Frauen, die in seinem Betrieb den Beton mit der Hand mischen mußten. Irgendwann haben wir trotzdem einen elektrischen Mischer bekommen. Aber die Schubkarren! Wissen Sie, wie schwer eine Schubkarre Mörtel ist? Und davon Hunderte am Tag ...«

Die Reinemachefrau (»Wir wischen das 10stöckige Hotel zweimal am Tag und einmal in der Nacht«) borgt uns Gläser und einen Wassertopf. Mit Wladimir Pawlowitschs Geheimwaffe, dem kleinen Tauchsieder, kochen wir uns Tee. In der Stolowaja (ein Restaurant gibt es im Hotel noch nicht) bekommen wir Brot und saure Sahne.

Heute morgen finden wir die Bretter über dem Schlamm, aber an manchen Stellen fehlen sie, und damit sind auch die anderen überflüssig. Auf einigen Nebenstraßen versinken die Autos bis an die Achsen. Kleine zerfallene Häuschen stehen in gebührendem Abstand zu dem neuen Hotel. Das größte Nachbarhaus ist ein altes zweistöckiges Gebäude. In ihm sitzt die Kreisverwaltung des sowjetischen Staatssicherheitsdienstes.

Wladimir holt uns im schwarzen Wolga ab.

»Habt ihr schon gegessen?« Wir nicken. Die gleiche Frage stellt uns auch Haridonow, als er uns in seinem Büro begrüßt. Und wo wir gefrühstückt hätten? Nun, in der Stolowaja des Hotels. Der Erste scheint über die Versorgungssituation genau informiert zu sein, denn er sagt Wladimir sehr leise, aber eindringlich, es sei nicht die Art russischer Gastfreundschaft, uns in der Stolowaja verköstigen zu lassen. Als wir abends in unser Hotel zurückkommen, sagt die Frau an der Administration, wir hätten Besuch gehabt. Der Kühlschrank in Gerds Zimmer ist bis oben hin gefüllt mit Wurst, gekochtem Fleisch, eingelegten Tomaten, Keksen und Konfekt.

Haridonow empfiehlt uns, heute das Glaswerk zu besuchen, ein Werk, das die Arbeiter gepachtet hätten.

»Und morgen abend lädt euch meine Frau zu uns nach Hause ein.«

Als wir uns von Haridonow verabschieden, erscheint der Staatsanwalt des Kreises. Er hebt die Hände und beteuert, daß er keine andere Möglichkeit mehr hätte, er müsse jetzt wegen der drei toten Kinder beim Feuerwerk für das Betriebsjubiläum Anklage gegen das Glaswerk erheben. Haridonow lehnt ab. »Du kannst nicht nur Gerüchten glauben, recherchiert endlich ordentlich – das Glaswerk ist unser bester Betrieb, die Perestroika dort am weitesten vorangekommen. Das ist eine Machenschaft der Gegner unserer Perestroika.«

Die Straße zum Glaswerk gleicht einer Motorcrossstrecke. »Wir hatten gehofft, daß sie zum 50. Betriebsjubiläum – es wurden viele hohe Gäste aus Moskau angemeldet – erneuert werden würde. Aber wahrscheinlich hat der entscheidende Gast gefehlt«, sagt Wladimir, unser Begleiter.

»Wann war das Jubiläum?«

»Im vergangenen Monat.«

Tausende seien trotz starken Regens zur Beerdigung der drei jungen Leute gekommen. »Das Wichtigste im Leben sind für den Russen immer die Kinder gewesen. Wenn es einem Erwachsenen schlecht geht, so hat er die Hoffnung, daß es seinen Kindern besser gehen wird. Unsere Ideologen haben diese Hoffnung als Opium für das Volk mißbraucht. Die

Zaren und die Popen konnten nur das Paradies nach dem Tode im Himmel versprechen, die Kommunisten jedoch versprachen das Paradies auf Erden. Und wenn schon nicht für die ältere Generation, so doch für die Kinder und Kindeskinder. Und für dieses versprochene irdische Paradies ihrer Kinder und Enkel haben die sowjetischen Menschen gelitten und gearbeitet wie nie zuvor, sind sie millionenfach in den Tod gegangen ...«

Eine kleine, unauffällig gekleidete Frau um die Fünfzig und ein hochaufgewachsener Mann mit kantigem, faltigem Gesicht begrüßt uns am Werktor. Er trägt Schlips, weißes Hemd und Sakko und sieht so aus, wie unsere Maler die Arbeitshelden porträtieren: die großen Hände linkisch haltend, nicht wissend, wohin damit, aber mit Siegerblick in die Zukunft schauend. Die kleine Frau stellt ihn als »unser Vorsitzender des Arbeiterrates« vor. Sie selbst sei Planungschefin in diesem Betrieb.

Von sozialistischer Planung weiß ich mehr, als mir lieb ist, vom Arbeiterrat dagegen, von wirklicher Mitverantwortung der Arbeiter, davon, daß sie Eigentümer eines Betriebes sind, weiß ich fast nichts. Also vergesse ich alle Höflichkeitsformen, die kleine Frau bleibt ungefragt, der beschlipste Arbeiterratsvorsitzende (er hat wahrhaftig große schwielige Hände) aber fühlt sich ob meiner vielen Fragen geschmeichelt und erzählt und erzählt.

48 Mitglieder hätte der Arbeiterrat. Sie wären in den Brigaden geheim gewählt worden und würden nun über alle wichtigen Fragen des Glaswerkes von der Schweinemast für die Betriebsküche bis zur neuen Technologie entscheiden. Die Betriebsangehörigen hätten die Fabrik für jährlich eine Million Rubel vom Staat gepachtet, den Gewinn, den sie erwirtschaften würden, könnten sie nun selbst verteilen. Und zwar geschähe das nach folgendem System: Wöchentlich würden Noten für die Arbeit jedes Beschäftigten verteilt. Fünf sehr

gut, eins sehr schlecht. Wer am Schluß die meisten Punkte erhalte, würde den größten Anteil am Gewinn bekommen.
Ich frage, wer die Noten verteilt.
»Die Arbeiter mit ihrem Arbeiterrat.«
Im Betrieb sei man nun auch bemüht, möglichst viele Leute einzusparen. »Also wenn früher 15 Mann in einer Brigade 20 000 Einweckgläser produzierten und sie nun mit zehn auskommen, erhalten die zehn Arbeiter zusätzlich den Lohn der eingesparten Kollegen.«
Ich frage, wer entscheidet, welche Kollegen eingespart werden.
»Die Arbeiter mit ihrem Arbeiterrat.«
Als wir über den Hof zur Glashütte gehen, sehe ich ordentlich gestapelte Schalbretter und Glasbruch in Behältern. Sogar der Hof ist gekehrt.
In der Hütte verstehen wir unser eigenes Wort nicht mehr. Die Schmelzwanne wird mit Gas beheizt, das infernalische Zischen wie von Tausenden Urwaldschlangen entsteht an den urtümlichen Pressen, die in jeder Minute rauchspuckend wie ein Märchendrache 50 Gläser formen – stinkend, zischend und klappernd. Die Technik stammt aus der Zeit vor dem Krieg. Aber ich sehe erstaunt, daß auf den sieben Kühlbahnen wirklich Einweckgläser und nicht nur Scherben ankommen. Frauen und Männer stehen dort, kontrollieren die Gläser aufmerksam und sondern die schadhaften aus. Der Arbeiterratsvorsitzende schreit Gerd ins Ohr: »Früher haben sich die Pressenarbeiter nicht einmal mit den Kontrolleuren unterhalten, heute beteiligen sie die Kontrolleure sogar am Brigadegewinn, denn je besser die aufpassen, umso weniger Reklamationen gibt es und damit mehr Geld für die Pressenarbeiter.«
Auch in der Kunstglasabteilung ist es nicht leiser. Hinter plastenen Schutzschilden und mit Schalldämpfern auf den Ohren arbeiten hier vor allem junge Frauen an überdimen-

sionalen Bunsenbrennern. Aus farbigen Glasstäben setzen sie bunte russische Zauberpferdchen zusammen, solche, mit denen die Zarensöhne viele Meere und Länder überfliegen konnten, um Reichtum, Glück und eine wunderschöne Zarentochter zu finden. Ich möchte die Mädchen nach ihren Prinzenträumen fragen, aber sie verstehen uns unter den dicken Ohrenschützern nicht. »Sie sind jetzt, nachdem wir den Betrieb gepachtet haben, sehr zufrieden«, schreit der Vorsitzende des Arbeiterrates. »Manchmal genügt schon eine zusätzlich bezahlte Fahrkarte für die Urlaubsreise, die sie nun bekommen. Auf diese Art und Weise spüren sie, daß sie Eigentümer des Werkes und seines Gewinnes sind. Außerdem haben wir für schwere Arbeit den Urlaub ohne Genehmigung des Ministeriums auf 24 Tage erhöht. Im Betrieb gibt es eine Sauna, ein Gewächshaus – jeder Arbeiter kann frisches Gemüse kaufen –, 200 Schweine, eine Wäscherei, 200 Hektar Land, um die Arbeiter mit Melonen und Kartoffeln versorgen zu können, einen Schuster, einen Schneider.«

Um uns verständlicher unterhalten zu können, gehen wir in einen Nebenraum der Glashütte. Als der Arbeiterratsvorsitzende die Tür öffnet, traue ich meinen Augen nicht. In der Mitte des Raumes steht eine aus großen runden Wolgasteinen gebaute Imitation eines Ziehbrunnens. An den holzverkleideten Wänden sind in leuchtenden Farben Birken und Mädchen in russischen Trachten gemalt. Nein, das sei keine Kulisse für eine Volkstanzgruppe, sondern eine »Erholungsinsel«, in der die Pressenarbeiter nach jeder zweiten Stunde Pause machen und Tee trinken können. Der Arbeiterratsvorsitzende: »Hier machen wir auch unsere Versammlungen, berichten den Vertretern anderer Betriebe über unsere Erfahrungen mit der Pacht. Arbeiter sind nun einmal die besten Ratgeber für die Perestroika.« Er macht eine Pause, trinkt hastig vom heißen Tee. »Ich achte Gorbatschow, aber

er sollte endlich seine neunmalgescheiten intellektuellen Berater entlassen und lieber zu den Arbeitern gehen.«
Ich frage: »Ihr verteilt den Gewinn, ihr entscheidet über das Urlaubsgeld – aber bestimmen die Arbeiter auch über die Produktion, über neue Technologien?«
Nun, das sei sehr einfach, sagt der Arbeiterratsvorsitzende. »Wenn wir beispielsweise kein Material bekommen, dann kümmern sich die Arbeiter selbst darum. Nimm Soda, wir kriegen oft kein Soda. Also fahren unsere Hüttenarbeiter in das Parteikomitee der Stadt, aus der Soda geliefert werden sollte, und sagen: ›Genossen, wir arbeiten in einem Betrieb, den wir gepachtet haben. Aber ihr gebt uns kein Soda, wie sollen wir unser Geld verdienen?‹ Es beeindruckt, wenn heutzutage ein Arbeiter kommt und schreit: ›Was macht ihr mit uns, ihr verdammten Bürokraten!‹ Arbeiter, die mit der Faust auf den Schreibtisch schlagen, damit sie mehr arbeiten können, das ist ein Schock für die Apparatschicki – und sie rücken das Soda raus.«
Die Planungschefin nippt am zuckersüßen Tee und entgegnet im mütterlichen Ton: »Mein lieber Pawel Iwanowitsch, es kann aber nicht Aufgabe der Glasarbeiter sein, das Soda zu beschaffen. Die Arbeiter sollten Gläser herstellen. Und die Parteifunktionäre, die sollten sich um ihre Partei und nicht um die Produktion in den Betrieben kümmern. Solange bei uns ein Betrieb, der Soda liefern sollte, nicht bankrott macht, weil er kein Soda liefert, solange wird sich nichts ändern.«
Der Arbeiterratsvorsitzende erwidert spitzbübisch lächelnd, so als ob er der Planungschefin gerade auf die Schliche gekommen sei: »Ich vermute, daß Sie am liebsten wieder die kapitalistische Marktwirtschaft einführen würden. Sie wollen dieses System, wo ein Betrieb den anderen kaputtmacht, wo die Arbeiter nicht mehr selbst entscheiden können, wen sie einsparen, sondern wo der Kapitalist sie einspart. Nein,

wir brauchen keinen Kapitalismus, wir brauchen nur einen besseren Arbeitersozialismus!«
Dann entschuldigt er sich. Er müsse sich jetzt verabschieden, er habe heute noch Nachtschicht. Der Arbeiterratsvorsitzende ist Brigadier an der Schmelzwanne.
Als wir allein sind, lobt die Planungschefin seinen Einsatz. Doch dann sagt sie fast traurig: »Aber ... aber ich denke, was der Arbeiterrat macht, das ist auf den ersten Blick hoffnungsvoll wie eine vorerst geglückte Herztransplantation, auf den zweiten fachmännischen Blick erkennt man die tödliche Unverträglichkeit. Denn was nutzt es, daß wir durch das Pachtsystem und die Beteiligung der Arbeiter jetzt wirklich mehr Gläser herstellen? Erst wenn die Grundstoffpreise freigegeben sind und nicht mehr subventioniert werden, dann erst kommt die Stunde der Wahrheit. Solange nicht das ganze Land nach marktwirtschaftlichen Prinzipien arbeitet, produzieren wir hier wie auf einer Insel in einem noch nicht völlig gefluteten Stausee. Außerdem will ich Ihnen verraten, welche Themen in den Sitzungen des Arbeiterrates bisher am heißesten diskutiert wurden. Sollen noch 10 Schweine zusätzlich gemästet werden? Wieviel Rubel Prämie gibt es für Arbeiter ohne Fehlschicht? Könnte man nicht noch mehr Arbeiterwohnungen bauen? Gestritten wurde nur über die Verteilung des Gewinns oder, anders gesagt, wie man ihn verfrißt. Kein Arbeiter hat im Arbeiterrat gefordert, daß anstelle von mehr Schweinen, mehr Prämien und mehr Wohnungen, neue Pressen und automatische Fließstraßen gekauft werden.«
Eine Küchenfrau kommt und füllt die großen Thermoskübel mit frischem Tee. Und sofort sind alle Plätze der Teestube besetzt.
Die Planungschefin erläutert uns lächelnd, daß auch sie, sollte wirklich wieder nach Angebot und Nachfrage produziert und der Gewinn in den Betrieben verteilt werden, ar-

beitslos würde. »Millionen Bürokraten wird es genauso ergehen. Und sie wehren sich mit allen Tricks dagegen. Unser Betriebsleiter muß beispielsweise täglich mindestens zwei Stunden Verordnungen, Instruktionen und Beschlüsse lesen, die die Bürokraten der Ministerien jetzt im Namen der Perestroika zur Aufhebung der alten Verordnungen, Instruktionen und Beschlüsse ausgearbeitet haben. Und nun haben sie den Plan abgeschafft, dafür den Staatsauftrag eingeführt. Der Staat bestellt 90 Prozent der von uns produzierten Gläser. Nur die restlichen 10 Prozent dürfen wir selbst mit vorteilhaften Verträgen verkaufen. Formal könnte der Arbeiterrat diese Staatsaufträge kürzen. Aber Rohstoffe bekommen wir nur für Staatsaufträge! Und solange kein freier Rohstoffmarkt existiert, müssen wir uns diesem neuen staatlichen Diktat, dieser Bürokratie beugen. Wer also entscheidet bei uns? Auf keinen Fall der Arbeiterrat ...«

Zum Abschied schenkt uns die Planungschefin zwei bunte gläserne Zauberpferde. »In den russischen Märchen siegt am Schluß immer das Gute«, sagt die kleine Frau. »Aber nur in den Märchen.«

Auf der Fahrt zum Hotel schaue ich mir das Zauberpferd genau an. Es hat eine lange rote Mähne, blaue Nüstern, gelbgrüne Augen, rote Hufe, einen orangenen Schweif. Es ist bunt wie ein – Gerd spricht es zuerst aus –, wie ein Feuerwerk. Ich habe vergessen, nach dem Unglück zu fragen ...

In der Stolowaja des Hotels kaufen wir Butter, Brot und gekochte Eier. Ein Messer, um die Butter auf das Brot zu schmieren, hat die Frau hinter dem Buffet nicht. Alle Messer seien gestohlen worden. Sie gibt uns (weil wir Ausländer sind – Privilegien!) eine Gabel, mit der könnten wir die Butter auf dem Brot zerdrücken. Dann kommen auch die Fußballspieler aus Tbilisi. Sie wollen Tee. »Das Wasser im Samowar kocht noch nicht«, sagt die Frau.

»Und weshalb kocht das verdammte Wasser im Samowar

noch nicht?« Sie zuckt die Schultern. Da sagt einer der kleinen schnauzbärtigen schwarzhaarigen Grusinier: »Keinen Tee zum Mittag! Was ist dir lieber: sieben Jahre Lager oder gleich erschießen?«
»Aber ihr könnt mich doch nicht erschießen! Wer soll sich um die Kinderchen kümmern und wer den armen Mann versorgen?«
Am Nachmittag gehen Gerd und ich in die Redaktion der Kamyschiner Kreiszeitung *Leninsche Fahne*. Im August hatten wir einen Brief an diese Zeitung geschrieben und gebeten, daß er veröffentlicht wird. »Wir suchen Bürger, die mit uns sprechen möchten, die uns über ihr Leben, über Probleme und Konflikte in Kamyschin erzählen.«
Das Haus, in dessen zweitem Stockwerk die Redaktion untergebracht ist, lehnt sich altersschwach – aller Putz bröckelt schon – an das ehemalige Hotel der Stadt, das nicht mehr bewohnt wird und mit glaslosen oder blinden ergrauten Fenstern auf seinen endgültigen Zerfall wartet. Von innen sieht die Redaktion nicht freundlicher aus. Große braune Wasserflecke an den Wänden des Flurs. Die löchrigen Dielen knarren gespenstisch. Im schmalen Zimmer der Leserbriefabteilung schauen wir jedoch nicht auf diese Äußerlichkeiten, denn hinter den Schreibtischen sitzen zwei junge hübsche Frauen. Eine schlanke mit kastanienbraunem Haar und eine etwas korpulentere blonde. Swetlana und Irina. Sie freuen sich über unseren Besuch. Der Brief sei am Tag unserer Ankunft auf der ersten Seite veröffentlicht worden. Aber bislang gäbe es noch keine Antworten. Während Swetlana, die ruhigere der beiden, geht, um uns bei der Chefredaktion anzumelden, zeigt uns Irina dicke zusammengebundene Briefbündel, die Leserpost des Jahres. Im Monat fast tausend Zuschriften. Sie schnürt ein Paket auf. Wir blättern. Kritik an Staatsfunktionären, die ihren Verwandten Sonderzuteilungen für Lebensmittel beschafft haben. Beschwerden über

ungerechte Wohnungsvergabe an Fußballer. Anklage gegen die Kamyschiner KPdSU, weil sie »immer noch allmächtig sein möchte«. Arbeiter des Textilkombinates, die das Streikrecht fordern.

Ihr veröffentlicht alle Briefe?

Wenn der Platz ausreicht, fast alle, sagt Irina.

Ich beneide sie.

Swetlana bringt uns in das große Zimmer der Chefredakteurin, einer Frau um die Fünfzig. Sie hat die Haare zu einem straffen Knoten gebunden und sieht in ihrem dunklen hochgeschlossenen Kostüm streng und gouvernantenhaft aus.

Auch sie bestätigt, daß sie in ihrer Arbeit nun »relativ« frei wären. Relativ, weil sie nach wie vor zum Rapport in das Kreisparteikomitee bestellt würden, wenn sie hochgestellte örtliche Parteifunktionäre kritisieren.

Swetlana ergänzt sehr leise, daß die neue Pressefreiheit nicht nur von den alten Partei- und Staatsdogmatikern beschnitten würde, »sondern auch durch die Zensur in unseren eigenen Köpfen. Denn heute kommen alle unsere Sünden der Vergangenheit zutage. Sie grinsen uns hämisch an, und wir stehen hilflos und nackt da. Was wir auch immer versucht haben zu verdecken, nun ist nichts mehr zu verdecken! Wir wußten von der katastrophalen Wohnungssituation – manche Familien wohnen mit fünf Kindern in zwei Zimmern –, aber geschrieben haben wir nur über die neugebauten Wohnblöcke. Wir sind jeden Tag durch den Schlamm auf den Straßen von Kamyschin gewatet, aber veröffentlicht haben wir nur Fotos mit dem wenige hundert Meter neugeteerten Fußgängerweg.« Und dann mehr zu sich als zu uns: »Und weshalb haben wir das getan? Aus Scham, ja wahrscheinlich aus Scham, weil wir das Land nicht als etwas Fremdes, sondern als unser Eigenes, als Teil unseres Ichs geliebt haben. Als wäre es unsere Familie. Und wer erzählt schon, ohne sich zu schämen, von dem Schmutz und der Faulheit und der Verderbnis in der eigenen Familie?«

»Das ist weinerliche Weiberlogik«, protestiert Serjosha, der junge stellvertretende Chefredakteur, der die Wirtschaftsberichterstattung verantwortet. »Mein Problem ist nicht die alte Schuld, sondern die neue, in die man sich jetzt sehr schnell verstricken kann, denn die Versuchung, sich zu einem ›Volkstribun‹, einem besonders ›mutigen‹ Journalisten zu mausern, ist sehr groß. Man muß nur Sensatiönchen verkünden, ständig neue Verbrechen aus der Stalin- und Breshnew-Zeit finden oder erfinden, man muß das Volk mit seiner Wut auf die Bürokraten bedienen, so wie vor kurzem mit dem Moskauer 1. Sekretär ...«

Wir verstehen nicht, worum es geht, und die Chefredakteurin erzählt, daß die Moskauer Journalisten sich wochenlang mit Meldungen über den unfähigen 1. Parteisekretär eines Stadtbezirks übertrafen. »Er sorgt nur für sich, aber die Geschäfte sind leer. Obgleich er beteuerte, daß er für die Geschäfte seines Stadtbezirks dreimal mehr Waren als in anderen Bezirken beschafft, gab es täglich neue Meldungen, daß er alles für sich beiseite bringen ließe. Als Beweis Fotos von leeren Regalen. Da hat er sich aufgehängt. Nach seinem Tode recherchierten andere Journalisten den Fall und stellten fest, daß sich in seinem Stadtbezirk die drei großen Moskauer Bahnhöfe befinden. Jeden Morgen kamen Hunderttausende Menschen von außerhalb auf diesen Bahnhöfen an und überfielen die umliegenden Geschäfte wie Ameisen ... Demagogie ist ein genauso gefährlicher Feind für unsere neue Demokratie wie der alte Dogmatismus.«

Serjosha: »Morgen werde ich in der Zeitung über die seit Wochen nicht entladenen Waggons auf unserem Rangierbahnhof schreiben. Ich werde den Beifall der Leser erhalten, weil ich die unfähigen Leiter dort kritisiere, ihre Ablösung verlange. Aber wäre es von mir nicht mutiger gewesen, den Eisenbahnern zu sagen: Schluß mit der Gammelei, ihr Faulpelze, hört auf zu diskutieren und ladet endlich die Waggons aus«?

Swetlana: »Früher gab es in unserem Land die Zone des Schweigens. Nun haben wir unsere Stimme zurückbekommen. Aber es ist nun leicht, mit dieser Stimme ständig über andere zu reden, andere zu richten, aber wieder zu schweigen, wenn es um uns, um unsere Schuld, unsere Ehrlichkeit und Verantwortung geht. Wie werden wir uns verhalten, wenn unsere Zeitung gegen die sich nun neugegründete behaupten will, aber die anderen täglich mehr Sensationen, mehr schlecht recherchierte, aber den Leser fesselnde Berichte bringen?«

Herrgott, denke ich, da habt ihr endlich die Freiheit, um die euch die Journalisten bei uns zu Hause beneiden, und ihr lamentiert wie kleinkarierte Philosophen.

Ich frage, ob sie neue Meldungen über die Ereignisse in der DDR bekommen haben.

Nein, sie erhalten nur lokale Informationen.

Auch in den wenigen Zeitungen am Kiosk und in den Nachrichten im Hotel erfahren wir nichts aus der Heimat.

Gerd sagt: »Hoffentlich ist das keine Friedhofsstille.«

Wir stehen in der Dunkelheit lange am Fenster des Hotelzimmers. Auf der Wolga schaukeln die Lichterketten und flackern einzelne Lampen wie in allen Häfen und auf allen Flüssen und Meeren. Am Tag hatten wir Lastkähne und ein Baggerschiff ankern sehen.

Ich gehe zeitig schlafen. Gerd, so erzählt er mir am anderen Morgen, legt sich erst um Mitternacht ins Bett. »Kurz danach klopfte es an meine Tür, ich dachte, du wärst es, und öffnete. Ein ordentlich gekleideter, wie ein Beamter aussehender Mann stand draußen. Er sprach abgehackt und überdeutlich, so als wenn er einem Ausländer etwas erklären wollte, gestikulierte wild. Er hätte alle seine Papiere und wichtige Akten in diesem Zimmer, in dem er vor einigen Tagen geschlafen habe, vergessen. Vielleicht im Schrank liegengelassen. Er wollte in das Zimmer gehen, stutzte aber, als er hörte, daß ich akzentfrei russisch sprach, stotterte dann verlegen, daß er Durst habe. Ich holte ihm Wasser und schaute mich nach den Papieren im Schrank um, fand natürlich nichts und verabschiedete den Mann. Er ging, und ich sah durch den Türspalt, wie er sich vorsichtig umdrehte und sehr schnell, und ohne zu suchen, zur Tür des Zimmers 211 lief und dort klopfte. Jenes Zimmer also, in dem du angemeldet warst, das du aber wegen der defekten Heizung gestern gewechselt hattest.«

Ich will es nicht glauben, aber Gerd behauptet steif und fest: »Das war ein Vorbote der hiesigen Verbrecher, der Mafia oder, wie man hier sagt, der Racketer. Die hatten sich unsere Zimmernummer besorgt ...«

Auf den Treppen des Hotels knien die Reinemachefrauen und wischen den Schmutz der nächtlichen Stadt auf. Wir grüßen freundlich. Die ehemalige Maurerin lächelt. Sie freut sich, daß heute die Sonne scheint und die größten Schlammlöcher austrocknet.

Wir stiefeln ins Kreisparteikomitee. Der Frost war schneller als die Sonne. Von den Kamyschinerinnen sind nur Mund, Nase und meist große dunkle schöne Augen zu sehen.

Im Vorzimmer von Haridonow erzählen wir Wladimir die nächtliche Story. Der ist beunruhigt, sagt, daß wir uns ein Klopfzeichen ausmachen sollten. »Es sind gefährliche Leute. Manche haben sich schon in Stalins Lager organisiert. Dann gibt es ehemalige Schwarzmarkthändler. Andere stammen aus kleinen Bürokratenkreisen, die in der Breshnew-Ära erlebt hatten, wie höhere Partei- und Staatsfunktionäre Mangelware in großem Stil verschoben haben und deshalb erpreßbar wurden.«

Haridonow hatte uns für den heutigen Sonnabendvormittag ein Gespräch versprochen. Aber nun entschuldigt er sich. Die Kamyschiner Fußballer spielen heute in Wolgograd zum ersten Mal um die Teilnahme an der russischen Meisterschaft. »Da muß man als 1. Kreissekretär der Partei aus der Provinz auf dem Platz sein, sonst pfeift der Schiedsrichter hemmungslos für die Mannschaft der Gebietshauptstadt.«

Statt das Gespräch mit Haridonow zu führen, besuchen wir die Oberschule. Im schwarzen Wolga fahren wir in die Neubaugebiete. Täler und Schluchten außerhalb der Altstadt sind durch das Ausbauen der Wolga in breite »Seen« verwandelt worden. Eine lange Brücke überquert sie. Dahinter beginnen die gleichförmigen Neubauten. Auch die Schule ist ein Typenbau, wie ich ihn von zu Hause kenne. Die Schüler auf dem Hof grüßen höflich. Die Mädchen tragen wie überall in der Sojus die obligatorische Schultracht: dunkle Röcke, weiße Blusen und dazu taubengroße weiße Schleifen im Haar. Ich mache idyllische Kinderfotos.

Der Direktor, ein Hüne von einem Mann, empfängt uns zusammen mit seiner Stellvertreterin, einer sehr schlanken, fast zerbrechlich wirkenden jungen Frau mit Madonnengesicht in seinem Dienstzimmer. Es ähnelt einer Orangerie. Auf Fensterbänken, Schränken, Regalen und dem Schreibtisch stehen Grünpflanzen mit filigranen, winzigen Blättchen, Grünpflanzen mit dicken, gummibaumartigen Blättern und Grünpflanzen mit Palmenwedeln.

Ich schwärme von den Kindern in Schulkleidung, den großen niedlichen Schleifen. Der Direktor nickt bestätigend. »Alle sind gleich angezogen, man kann an der Kleidung nicht erkennen, wieviel Rubel die Eltern verdienen, ob sie Betriebsleiter oder Reinemachefrau sind – und die Kinder müssen nicht unter sozialen Unterschieden leiden.« Seine Stellvertreterin, Tamara Resch, entgegnet sehr leise und höflich, daß die Uniform nicht nur soziale Unterschiede ver-

decke, sondern auch das uniforme Denken gefördert habe. »Wenn wir eine bunte, individuelle Kleidung zulassen würden, kämen auch bunte, individuellere Gedanken leichter in die Köpfe.«
Ja, natürlich, die Perestroika, aber alles habe auch Grenzen, sagt der Direktor. Danach schweigt die schöne Frau bis zum Ende des Gesprächs. Ab und an ein stilles Lächeln.
Und der Dirketor erläutert uns die Auswirkungen der Perestroika in seiner Schule. Zuerst große, der russischen Mentalität entlehnte Worte: Die Kinder haben »die Leibeigenschaft der Seele abgelegt«. Ein »Gefühl der menschlichen Würde«. Perestroika ist »das Wasser des Lebens«. Dann erzählt er konkreter: »Ich bin Geschichtslehrer, und im vergangenen Jahr forderten die Eltern, daß es in Geschichte, der alten vorgeschriebenen, keine Prüfungen geben darf. Wir haben also die Schüler nicht mehr geprüft und ihnen statt dessen die unterschiedlichsten Artikel zur Geschichte unseres Landes zu lesen gegeben. Für uns Lehrer war das schwer, wir mußten unsere Meinung selbst in Frage stellen lassen. Um dem gerecht zu werden, haben wir in unserem Weiterbildungskabinett neue Lehrmethoden kommentiert.«
Er führt uns in das Kabinett im 1. Stock. Die Fußböden des Treppenhauses sind blitzblank, die Fenster sorgfältig geputzt. Auf den Fensterbrettern stehen dickblättrige Grünpflanzen, und an den Wänden hängen bis zur Erde reichende Asparagusranken. In den Regalen des Weiterbildungskabinetts stehen Ordner und Mappen fein säuberlich nach Unterrichtsfächern sortiert. »Auf meine Weisung haben wir Kommissionen zur Perestroika, zur Umgestaltung des Unterrichts gebildet, und diese Kommissionen legen nun Mappen mit genauen Anweisungen und Musterstunden an.« Auf einer der Mappen steht: »Kommission für mehr Schöpfertum im Unterricht«. In ihr sind für jeden Fachlehrer Musterstunden »mit mehr Schöpfertum« entwickelt. Aufgeschrie-

ben in Schönschrift wie in einem Poesiealbum und versehen mit schematischen bunten Zeichnungen.
Im engen Raum ist alles ordentlich aufgeräumt. Karteikasten an Karteikasten und Ordner an Ordner. Sogar die vielen Blumentöpfe mit Grünpflanzen sind fast in zentimetergenauem Abstand aufgestellt. Und auf dem kleinen Schreibtisch steht für die vielen Grünpflanzen ein Gießkännchen aus Plaste.
Danach, wieder im Direktorenzimmer, Fortsetzung der Erläuterung über die Perestroika im Unterricht. »Wir probieren jetzt sogenannte politische Kampfspiele der Schüler. Dabei sollen sie sich über verschiedene gesellschaftliche Fragen streiten, zum Beispiel, ob der Rubel konvertierbar gemacht werden sollte, ob die Betriebe Aktien verkaufen sollen, ob der Präsident von dem Volk oder von den Abgeordneten gewählt wird ...«
Zwischendurch zeigt uns der Direktor die Klassenzimmer, das Spielzimmer und das Schlafzimmer der jüngsten Schüler. An den Wänden hängen von den Kindern gemalte Märchenbilder, auch das langmähnige bunte Zauberpferd, das den Zarensohn mit der geraubten Prinzessin Tausendschön durch die Lüfte trägt. Dazwischen Porträtfotos von Lenin und Gorbatschow und die Losung: »Mit der Perestroika in eine glückliche Zukunft«.
Auf den Fensterbrettern stehen Grünpflanzen. In manchen Klassenräumen nur zwei oder drei, in anderen – und da lobt der Direktor – zehn oder zwanzig. Wir finden kein Zimmer ohne diese blütenlosen Gewächse.
Ich frage den Direktor, ob die Schule schon immer so grün gewesen sei. Nein, das habe er eingeführt, als er Direktor geworden sei. Er sei ein Liebhaber dieser Gewächse.
Und die anderen Lehrer auch?
Das wisse er nicht.
Seine schöne Stellvertreterin schweigt.

Bei Tee und Konfekt lobt der Direktor dann mit freundlichem Blick auf seine Stellvertreterin den Fleiß, die Ordnung und die Disziplin der Deutschen. Er liebe diese deutschen Tugenden, denn »bei allen unterschiedlichen Meinungen, die wir jetzt akzeptieren, muß doch Ordnung und Disziplin herrschen. Beispielsweise bin ich dafür, daß auf dem Appellplatz vor der Fahne angetreten wird. Wie sollen wir die Schüler sonst zur Achtung vor dem Staat erziehen? Man muß die Schüler auch öffentlich tadeln können, obwohl dabei vielleicht die Formen erneuert werden sollten. Früher beispielsweise mußte Serjosha, wenn er in der Kaufhalle gestohlen hatte, auf dem Appellplatz vortreten, sich für seinen Disziplinverstoß schämen, und der Lehrer oder der Direktor bestrafte ihn dabei. Heute machen wir das nun nicht mehr auf dem Appellplatz, sondern im großen Saal. Dort können alle Schüler ihre Meinung zu Serjoshas Vergehen sagen. Auch das ist Perestroika.«
Im Vorzimmer des Direktors wartet schon seit unserer Ankunft geduldig ein junges Ehepaar mit ihrem vielleicht zehnjährigen Sohn. Sie stehen an die Wand gelehnt, und im Vorübergehen – er will uns beim Abschied bis zur Tür begleiten – sagt der Direktor, daß er nun Zeit für sie habe.
Dieser Junge, erzählt uns der Direktor, sei zum Gespött seiner Mitschüler geworden, weil er sich von einem Mädchen ohrfeigen ließ, ohne sich zu wehren. Die Kinder seiner Klasse weigerten sich, mit ihm zu sprechen, sie verlangten, daß er an eine andere Schule geschickt würde.
Ich frage den Direktor, ob es Probleme mit Jugendbanden an der Schule gäbe. Ja, 36 Schüler müßten sie streng beobachten lassen.
»Aber schlimme Vorkommnisse hatten wir noch keine, im Gegenteil, hier unsere Besten ...« Auf einer großen Tafel neben dem Eingang sind die Fotos der vorbildlichen Schü-

ler angebracht. Ein Tisch steht davor – und auf ihm … Töpfe mit Grünpflanzen.
Ich zeige sie Gerd. Der Direktor nickt zufrieden.
Da sagt die schöne Stellvertreterin plötzlich auf deutsch zu uns: »Ich liebe nicht diese grünen Blumen.«
»Sie sind Deutschlehrerin?« frage ich.
»Nein, ich bin eine Deutsche. Unsere Familie ist eine deutsche Familie von der Wolga, die vor 300 Jahren hierher gegangen ist. Ich heiße Resch. Tamara Resch …«
Der Direktor lächelt stolz. Und schaut seine Stellvertreterin wie ein Liebender an. Sie senkt die Augen und sagt leise: »Ich bin nicht der Meinung des Direktors, daß man einen gesellschaftlichen Auftrag erfüllt, wenn man jemanden tadelt und erzieht. Das tun wir nämlich nicht aus Nächstenliebe, sondern nur, um das Gefühl der Macht zu befriedigen, die wir über andere haben. Denn der Tadelnde ist doch immer ein besserer Mensch als derjenige, der getadelt werden muß. Und dabei schrecken wir nicht einmal vor Kindern zurück! Wenn Jesus an unserer Schule gewesen wäre, dann hätten wir auch Jesus erzogen!«
Gerd fragt, ob sie sich noch als Deutsche fühle.
Tamara schüttelt den Kopf. Sie spreche zwar noch Deutsch, aber eine ihrer Schwestern habe einen Russen, die andere einen Weißrussen geheiratet, die würde nicht einmal mehr die deutsche Sprache verstehen.
Gerd fragt: »Und Sie, Tamara, was für einen Mann haben Sie geheiratet?«
Röte überzieht ihr Gesicht. Dann sagt sie: »Ich habe nur ein Kind, es ist zwei Jahre alt. Geheiratet habe ich nicht, denn der Vater des Kindes ist ein schlechter Mensch, was soll ich mir solch einen Mann auf den Rücken laden?«
Beim Abschied rät sie uns, am Sonntag in das Kulturhaus zu gehen. »Dort treffen sich jede Woche um 15.00 Uhr die Wolgadeutschen aus Kamyschin.«

Auf dem Nachhauseweg resümiere ich. »Der Direktor ist einer von den Alten, die von neuer Offenheit reden, aber im alten Stil weiter kommandieren.«

Gerd sagt nur: »Er muß kein Gegner der Perestroika sein. Mir sind die Vorsichtigen, diejenigen, die ehrlich sagen: ›Ich bin in vielen Dingen noch orthodox‹ lieber als die charakterlosen Schreihälse, die Superperestroikisten.«

Dann keine Politik mehr. Wladimir hatte uns gesagt: »Schaut euch in der Stadt um. Die Wolgamädchen sind die schönsten in Rußland. Und von den Wolgamädchen kommen die allerschönsten aus Kamyschin.«

Wir schauen und bestätigen seine Theorie. Manchmal bekommen wir von einer Schönen sogar ein Lächeln.

Ich sage euphorisch: »Wir werden langsam heimisch in Kamyschin.«

Aber Gerd nörgelt: »Solange du dich noch über den knöcheltiefen Schlamm auf den Straßen beschwerst, bist du hier noch nicht zu Hause.«

Das Wort »zu Hause« wäre besser nicht gefallen. Denn heute veröffentlichte die Gebietszeitung eine spärliche Meldung über Demonstrationen in vielen Städten der DDR. Aber es stand nicht darin wofür oder wogegen.

Im Hotel klemmt ein abgerissener Zettel an unserer Tür. Gerd entziffert die flüchtige, fast unleserliche Schrift nur mühsam. Eine alte Frau (so deutet er die Handschrift) teilt uns mit, daß man versuche, sie zu hindern, mit uns zu sprechen und uns die Wahrheit über die politische Führung von Kamyschin zu sagen. Aber sie werde es schon schaffen, uns zu treffen, sie werde frühmorgens immer in das Hotel kommen.

Um 17 Uhr holt uns Michail Haridonow im Hotel ab. Er ist ohne Auto gekommen, aber in Schlips und Anzug. Seine Wohnung sei nur 20 Minuten entfernt, sagt der 1. Sekretär, wir könnten laufen, das sei allemal gesünder.

»Hat Kamyschin in Wolgograd gewonnen?«
»0:1 verloren.«
»Und der Schiedsrichter?«
»An dem hat es nicht gelegen.«
Wir laufen durch den Schlamm der Altstadt. Michail Haridonow scheint ihn nicht zu sehen, findet, obwohl er mit uns über das Fußballmatch spricht, fast blind die Stelle, wo die Pfützen nur wenige Zentimeter tief sind. Vor den Häusern liegt Unrat, hinter den zerfallenen Zäunen wachsen Brennesseln. Viele Fenster sind mit Brettern vernagelt. An allen Häusern ist der Putz heruntergefallen, keines ist ausgebessert. Manche stehen leer, die Risse an den Wänden sind so stark, daß die Dächer schief und undicht geworden sind.
Michail Haridonow spricht immer noch über den Fußball. Ich möchte ihn wegen dieser dreckigen Altstadt befragen, traue mich aber nicht. Aus Höflichkeit oder jenem anerzogenen Optimismus, daß der Sozialismus alles zum Wohle der Menschen ... Wie viele Kulturfunktionäre haben mich ermahnt: Nur die Feinde des Sozialismus beschreiben die wenigen verfallenen Häuser in Sibirien. Aber diese Häuser, das ist nicht das Typische des Sozialismus.
Das Typische!
Es war jenes Gesetz der »sozialistischen-realistischen Literatur«, das mehr zensiert hat als die Zensoren: Wenn du in einer sowjetischen Stadt 999 zerfallene Häuser und ein neugebautes findest, dann schreibe über das eine neugebaute. Die 999 zerfallenen sind ein untypisches Detail, weil nicht der Entwicklung des Sozialismus entsprechend. Bist du dagegen in einer kapitalistischen Stadt, und du findest 999 gut renovierte Häuser und eine Blechhütte, in der ein Obdachloser kampiert, dann schreibe über diese Blechhütte. Sie ist das Typische des Kapitalismus, denn die 999 renovierten Häuser sind nicht das Typische für das faulende abster-

bende System. Und wir haben das Typische gesucht und über das Typische geschrieben.
Ich frage so zurückhaltend wie möglich: »Ihr habt in Kamyschin große Neubauviertel, aber weshalb sorgt ihr euch so wenig um die Altstadt? Dieser Schmutz, dieser Zerfall ...« Haridonow fragt erstaunt, ob wir nicht wüßten, daß diese Häuser genau wie 100 000 andere an den Stauseen entlang der Wolga nicht mehr zu retten wären? Er bückt sich und zeigt uns das Mauerwerk eines der Häuser. Die roten Ziegelsteine lassen sich zwischen den Fingern wie Rührkuchen zerkrümeln.
»Das Wasser hat die Fundamente und Mauern porös gemacht. Früher, vor dem Bau des Wolgograder Staudammes, waren das kerngesunde und feste Häuser. Aber danach wurden nicht nur die Dörfer überschwemmt, auch das Grundwasser in den Wolgastädten stieg so hoch, daß die Häuser vieler Stadtteile sozusagen mit den Beinen plötzlich im Wasser standen. Und wie können wir die Einwohner zur Sauberkeit ermahnen, sie auffordern, ihre Häuser zu pflegen, die Straßen zu asphaltieren, wenn doch alles sinnlos ist, wenn Tag für Tag die Zerstörung unaufhaltsam fortschreitet?«
Ich frage ungläubig, ob vorher nicht ausgerechnet worden wäre, wie hoch das Grundwasser nach dem Stau der Wolga steigen würde.
»Es gab natürlich Warner, aber wer damals gegen die Großbauten des Kommunismus, wie sie genannt wurden, sprach, der war ein Feind des Sozialismus. Die Logik der Parteiargumentation war folgende: Die Staudämme sind nötig für die Elektrifizierung und den Aufbau des Sozialismus. Der Sozialismus dient dem Wohl des ganzen Volkes. Und wenn es um das Wohl des ganzen Volkes geht, da können einige hunderttausend verfallene Häuser und die Menschen, die darin leben müssen, wohl keine Rolle spie-

len. Aber Fragen sterben nicht, auch wenn man sie verbietet, nur heute, da wir sie stellen dürfen, ist alles zu spät.«
Haridonows Zweifamilienhaus, in dem er zur Miete wohnt, steht genau wie das 200 Meter entfernte braune Holzhaus, in das sich Scholochow während des Krieges geflüchtet hatte, auf einem höherliegenden Gelände. Das Treppenhaus ist sauber, aber unpersönlich wie ein Fabrikaufgang. An der Wohnungstür ein kleines Namensschild. Die Klingel funktioniert nicht. Haridonows Frau umarmt uns zur Begrüßung, sagt, daß sie sich freut, als ob ihr eigener Sohn gekommen sei. Später erfahren wir, daß derjenige, den sie immer als Sohn bezeichnet, das Kind ihrer Schwester ist, die früh starb, und den sie großgezogen haben. Danach stellt uns Michail Haridonow die schöne 21jährige Lika vor. Nein, das wäre nicht ihre eigene Tochter, die eigene studiere in Wolgograd Medizin, sondern die Tochter eines Freundes. »Sie arbeitet hier in der Molkerei und hat noch keine Wohnung.«
Die Frau bindet in der Küche die Schürze ab, sie hat ein weinrotes leuchtendes Seidenkleid an. Der Tisch ist so reichlich gefüllt, daß ich kaum die Farbe der verschiedenen Muster der Tischdecke erkennen kann. Gekochtes Fleisch. Saure Pilze. Rote Tomaten. Sülze. Hering. Rote Beete. Kartoffelsalat. Lachs. Dazu Kristallgläser. Wodkagläser. Cognacschwenker. Weingläser. Biergläser. Teegläser. Michail Haridonows Frau ist Lehrerin für Hauswirtschaft. Auch er zieht sich vor dem Essen um. Ein rotbraunes Hemd. Zum ersten Mal sehe ich ihn ohne Schlips. Dadurch wird seine Abstammung von den Kosaken noch deutlicher. Die schwarzen Augen, ein wenig schlitzartig, die breiten Bakkenknochen und die südlich wulstigen Lippen. Alle sitzen inzwischen am Tisch, nur Michail Haridonow steht am Fernseher. Er versucht, ihn schärfer zu stellen: falls Bilder aus der DDR kommen. Die Frauen sitzen und schweigen,

niemand nimmt das Besteck oder ein Glas in die Hand. Alle warten, bis er kommt. Das Familienoberhaupt!
Ein tägliches Ritual? Ja, sagt er, das hätte er von klein auf gelernt.
»Wir waren eine große Familie zu Hause auf dem Dorf. Alles, was wichtig ist, um ein guter Mensch zu werden, haben wir Kinder dort gesehen und erlebt. Die Familie und die Alten waren die Wurzeln unserer Erziehung. Wir mußten von klein auf arbeiten, Vieh hüten. Ich habe gesehen, wie sich die Eltern achteten und liebten. Und beim Mittagstisch wagte keiner zu essen, bevor nicht der Tischälteste den ersten Bissen im Mund hatte. Und wenn ein Kind es nicht mehr aushielt vor Hunger, bekam es den Löffel auf den Kopf gehauen. Das mußte man nur einmal machen. Das merkte man sich für immer.«
Er steht auf. Der erste Toast. Ich denke, daß er auf die Gäste und auf die Freundschaft trinken wird. Oder auf die Verbesserung des Lebens hier in Kamyschin. Ich sehe die Bilder der letzten Tage, die leeren Geschäfte, die zerfallenen Häuser. Ich nehme an, er wird darauf trinken, daß sie es mit der neuen Politik der Perestroika schaffen, diese Dinge zu verändern. Aber von alldem kein Wort. Statt dessen ein zwar langer Toast, wie es bei den Russen üblich ist, aber einer, den ich in ähnlicher Weise noch nie gehört habe.
»Liebe Freunde – ich möchte dieses Glas darauf trinken, daß ihr heute Gäste unserer Familie seid. Und ich möchte mich mit diesem ersten Toast bei euch entschuldigen. Obwohl ich erst 49 Jahre alt bin, fühle ich mich euch gegenüber doch wie ein Vater – wie ein schuldiger Vater. Denn ihr habt in eurem Land die Fehler nachgemacht, die wir euch vorgemacht und aufgezwungen haben. Es war der falsche Weg, und wir sind verantwortlich dafür, daß auch ihr diesen falschen Weg gegangen seid, und lange noch,

nachdem wir schon einen neuen suchten, seid ihr immer noch auf dem alten weitermarschiert. Dafür möchte ich mich bei euch entschuldigen.«

Grusinischer Cognac. Und dann rote Borschtsch-Suppe, goldbraun gebratene Hühnchen, weißer gekochter Zander – und keiner redet über das Essen, keiner spricht nach deutscher Art und Weise darüber, wo man welche Lebensmittel preiswert gekauft hat, mit welchem Öl das Hühnchen gebacken wurde, wie vorzüglich dieses oder jenes Gericht schmeckt, welche Mühe sich die Hausfrau gemacht hat, das viele Geld, das man dafür wohl ausgegeben hat. Beim Essen wird nicht über das Essen gesprochen. Michail erzählt von seiner Reise zum Partnerkreis in Karl-Marx-Stadt.

»Er war noch sehr jung, der 1. Kreissekretär der Partei in Karl-Marx-Stadt, und wahrscheinlich sehr weit weg von den Menschen. Als wir beispielsweise eine LPG besuchten und uns zum Mittagessen in den Speiseraum der Bauern setzen wollten, sagte er, daß für unsere Delegation in einem separaten Zimmer serviert sei. Als wir drin waren, machte er die Tür zu, so daß wir die draußen Sitzenden und die uns nicht sehen konnten. Nach dem Essen wollte ich Freundschaftsgeschenke überreichen, und ich schlug vor, zu den Bauern zu gehen. Der 1. Kreissekretär lehnte ab, in der Stolowaja würden auch Fremde, nicht zur LPG gehörende Leute sitzen. Ich tat so, als ob ich die Antwort nicht verstanden hätte, öffnete die Tür und ging hinaus. Da mußten die übrigen mitkommen. Ich stellte uns vor, und die Bauern begannen mich zu fragen, ob bei uns die Zeitungen wirklich die Wahrheit schreiben dürfen, ob bei uns die Bauern den Boden wieder privat bewirtschaften können. Da wurden der 1. Kreissekretär und seine Begleiter unsicher und nervös, aber die Bauern klatschten. Danach gingen wir zurück in das separate Zimmer. Aber dieses Mal ließ man die Tür offen.«

Vor einigen Monaten hätte der Karl-Marx-Städter Erste Kamyschin besucht. »Ich habe kein offizielles Programm vorbereitet, sondern ihn nur mit allen möglichen Leuten sprechen lassen.«

»Und seid ihr als Freunde auseinandergegangen?«

»Ich weiß nicht, ob als Freunde, auf alle Fälle aber ist der 1. Kreissekretär von Karl-Marx-Stadt weiser zurückgefahren.«

Ich frage Gerd, ob er das Wort richtig übersetzt hat, ob Michail nicht vielleicht »klüger« gesagt hat. Nein, er hätte »weiser« gesagt, ein Wort, das in Rußland mehr mit der Seele als mit dem Verstand zu begreifen wäre.

Über sich selbst erzählt Haridonow sehr wenig. Bevor er als Parteifunktionär zu arbeiten begann, sei er in einer Eierfabrik gewesen, er sei Doktor der Geflügelzucht. Eigentlich wollte er Ingenieur für den Bau von Wasserkraftwerken werden, aber sein Vater habe gesagt, daß er auf dem Dorf lernen müsse, das Studium in der Stadt wäre für die Familie zu teuer. Und was der Vater in einer Kosakenfamilie beschlossen hatte ...

Als es auf Mitternacht zugeht, serviert die Frau, wie es bei jeder russischen Feier Sitte ist, den Abschiedstee. Bei Haridonow jedoch gibt es nicht den üblichen schwarzen Tee, sondern Kräutertee. Er duftet wie die Frühlingsblüten der Apfelbäume und die blühenden Sommerwiesen und die Waldbeeren des Herbstes. Der Kosake Michail Haridonow ist stolz. Den Tee hat er selbst gesammelt: Hagebutten, Schalen von wilden Äpfeln, Pfefferminze, Lindenblüten, Kleeblumen.

»Heilkräuter sind lebenswichtig wie die Freiheit des Denkens. Wir hatten unseren Mutterboden der Politik schon so unfruchtbar festgewalzt – jede Kampagne eine neue Walze –, daß nichts mehr wachsen konnte. Mit der Perestroika begannen wir den Boden sehr tief umzupflügen. Und nun wachsen wieder Heilkräuter und die Freiheit des Denkens.«

Er ruft den diensthabenden Milizoffizier an. Der fährt uns im Jeep ins Hotel. »Morgen gehen wir zusammen in die Banja, die russische Sauna«, hat Haridonow zum Abschied versprochen.

Am Morgen trommelt Gerd gegen alle ausgemachten Klopfzeichen wild an meine Zimmertür.

»Die Frau wartet schon seit zehn Minuten bei mir, ich lag noch im Bett, als sie kam.«

Es dauert lange, bis ich begreife, welche Frau er meint.

Ja, die geschrieben hätte, sie müßte mit uns sprechen.

Eine kleine aufgeregte Frau mit dickglasiger Brille in grauem Wintermantel und grauen abgetragenen Schuhen kommt hastig ins Zimmer, schließt schnell die Tür wieder. Sie hat eine Wollmütze auf. Im Sitzen hält sie mit beiden Händen ihre große Handtasche fest auf den Knien. Nur mit Mühe können wir sie überzeugen, die Mütze besser abzusetzen. Den Mantel dagegen behält sie an, sie müsse gleich wieder gehen. Aber wenn wir möchten, käme sie wieder, wenn sie mehr Zeit hätte. Sie sei Buchhalterin in der hiesigen Abteilung Inneres gewesen. Danach habe sie als Pförtnerin in der Landwirtschaftlichen Berufsschule von Kamyschin gearbeitet. Ihr Name sei Parchina, Tamara Stepanowa. »Ich bin gekommen, um Ihnen die Wahrheit über Kamyschin und die Perestroika zu sagen. Hier gibt es immer noch die Mafia von Partei und Staatsfunktionären, die lediglich in die eigene Tasche wirtschaften. Ich habe als Pförtnerin selbst gesehen, wie der Berufsschuldirektor von den Schülern Melonen anbauen ließ und die Melonen dann privat für sich verkauft hat. Dieser Verbrecher wurde 1987 sogar Deputierter, und danach hatte er überhaupt keine Skrupel mehr. Er besorgte sich Eisenbahnwaggons und verkaufte ›seine‹ Melonen in Moskau. Zusammen mit seinen Komplizen verteilte er geschlachtete Schweine der Berufsschule als Geschenk an seine Vorgesetzten in Wolgograd. Ich habe sie alle angezeigt, und der Staats-

anwalt hat meine Angaben bestätigt. Aber der Bruder des Direktors war ein hoher Parteifunktionär, und deshalb wurde keine gerichtliche Klage gegen den Direktor und seine Helfershelfer erhoben. Aber ich habe sie wieder und wieder angezeigt. Und ich werde es immer wieder tun. Erst haben sie mich entlassen. Und dann haben sie mich in die psychiatrische Klinik gebracht.« Sie schreit, daß mir die Ohren schmerzen, und redet so schnell, daß Gerd kaum übersetzen kann. Sie kramt ein dickes Bündel aus der Handtasche. Es sind Hunderte von Briefen und Abschriften. Alles Anklagen, die sie an die Behörden nach Kamyschin, Wolgograd und Moskau geschickt hat. Und zu jedem dieser Briefe gehört eine immer länger werdende Anklage, eine Aufzählung. Kopie lege ich bei ... Kopie vom, lege ich bei ... Sie schreit: »Diese Verbrecher! Oben mischen sie sich nicht ein, und hier unten in Kamyschin vertuschen sie alles!«
Dann steckt Tamara Stepanowa alles wieder sehr schnell in die Handtasche, schaut sich um, als würde sie verfolgt, versichert, daß sie wiederkäme. Verabschiedet sich und läßt uns völlig verunsichert zurück.

Mittags gehen wir zum Telefonamt, wollten Lidija anrufen, um endlich zu wissen, was zu Hause geschieht. An dem einzigen geöffneten Schalter sitzt eine blonde junge Frau mit schönem Gesicht. Ihr massiges Sitzfleisch sehe ich erst später. Sie döst nach unserem unbeantworteten ›Guten Tag‹ vor sich hin, danach nimmt sie ein Stück Papier, schreibt Zahlen, rechnet sie zusammen. Döst, nimmt ein Stück Papier, schreibt Zahlen, sieht durch uns hindurch, als wären wir aus Glas. Es ist eine von den Frauen und Männern, von den kleinen Beamten, die im Sozialismus ein winziges Stückchen von der Macht über andere abbekommen haben. Die Verkäuferin, die eine alte Rentnerin anschreit, sie möge sich gefälligst die Ohren waschen, sie habe heute schon hundertmal gesagt, daß keine blaue Wolle am Lager sei. Der Klempner, der die alleinstehende Mutter mit ihrem zwei Monate alten Baby fünfmal anrufen läßt, bevor er sich gnädig bereiterklärt, in drei Wochen den Waschmaschinenanschluß zu reparieren.

Ich schaue mir das schöne Gesicht der Telefonistin an, vielleicht wollte sie einmal Schauspielerin werden, ist aber bei der Aufnahmeprüfung durchgefallen. Nun muß sie hier sitzen, wird immer dicker, und ihr Lebenstraum bleibt unerfüllt. Da möchte sie sich wenigstens an anderen dafür rächen, sie demütigen. Millionen kleiner Stalins! Wahrscheinlich hätte Stalin, wenn er kein Generalissimus, sondern ein Telefonist geworden wäre, uns jetzt auch hier stehengelassen.

Gerd flucht seine berühmten Flüche. Nach einer Viertelstunde vielleicht hört die Frau auf, zu schreiben und zu rechnen, knurrt bösartig, ob wir denn nicht lesen könnten, neben dem Schalter lägen die Zettel für die Telefonanmeldungen.

Dann geschieht ein sozialistisches Sonntagswunder. In fünf Minuten ist die Verbindung Kamyschin – Wolgograd – Moskau – Berlin geschaltet und Lidija am Telefon. Der *Sputnik* ist wieder zugelassen – Die Kinder sind alle gesund – Egon Krenz war in Leipzig, hat zugegeben, daß die Stadt verfallen ist – In Plauen verlangten 20 000 Demonstranten Marktwirtschaft und Absetzung der SED-Funktionäre und Direktoren – In der Arbeit sitzen wir immer noch untätig im Büro, ich war erkältet – Im Fernsehen wurde die Politbüro-Siedlung Wandlitz gezeigt – Bei einigen Demonstrationen wurde die Einführung der D-Mark gefordert – Die Wasserleitung für unseren Bungalow ist ausgeschachtet – Kurt Hager sagt, daß er sich bei der Hetze gegen die Politbüromitglieder in Wandlitz wie in seinem fünften Internierungslager fühlt – Mutter hat angerufen, in Moskau gibt es Schwierigkeiten mit der Brotversorgung – Havemann wurde rehabilitiert, und Wolf Biermann wurden Gespräche angeboten – Und wie geht es euch in Kamyschin?

Gerd, dessen Redefluß ansonsten wie ein Wasserfall sprudelt, schweigt. Lidija, die wohl annimmt, daß die Leitung zusammengebrochen ist, schreit: »Bist du noch da? Gerdusch, hörst du?« Und Gerd beginnt spärlich und stockend zu berichten. Ja, zu essen hätten wir. Zu tun auch genug. Gespräche beim Arbeiterrat, in der Schule und der Redaktion, beim 1. Kreissekretär. »Ein herzensguter Mann, besorgt wie eine Mutter – heute abend sind wir von ihm in die Banja eingeladen.« Lidija: »Wohin?« Gerd schreit: »In die Banja!« Lidija: »Da seid ihr doch schon gekauft! Ja, gekauft von der Obrigkeit. In der Banja ... die Provinzprivilegierten ...«

Mitten im Satz bricht das Gespräch zusammen.

Vor dem Schalter stehen zehn oder fünfzehn Leute hintereinander. Die Telefonistin schreibt Zahlen ...

Auf dem Nachhauseweg pusseln wir die einzelnen Informationen zusammen. Marktwirtschaft – Ablösung der SED-Funktionäre und SED-Direktoren – Einführung der D-Mark ...

Gerd fragt unsicher: »Wenn das Volk aber gar keinen Sozialismus, auch keinen besseren, mehr will?«

Ich antworte naiv: »Und wofür geht es dann auf die Straße?« Weshalb sind wir in Kamyschin? Es wäre sinnlos, sich die mühsamen Versuche für einen neuen demokratischen Sozialismus hier anzuschauen, wenn zu Hause ... Wir reden nicht mehr über diese Möglichkeit.

Bevor wir am Nachmittag zu den Wolgadeutschen gehen, schaue ich mir die wenigen Notizen an, die ich zu Hause mit viel Mühe zusammengetragen habe (jahrzehntelang existierten die Wolgadeutschen für die DDR-Presse überhaupt nicht).

1764 hatte Katharina II., eine geborene Prinzessin Sophie

Friderike von Anhalt-Zerbst, allen ausländischen Siedlern ewigwährende Freistellung vom Wehrdienst, fünf- bis dreißigjährige Steuerfreiheit, Nutzungsrecht für Äcker und Weiden, Glaubensfreiheit und Recht auf Selbstverwaltung in Rußland versprochen. In den nächsten zwei Jahren siedelten u.a. 30 000 Deutsche aus der Pfalz, Schwaben, Hessen und Sachsen in 104 Kolonien an der Wolga zwischen Kamyschin und Saratow. 1924 erhielten sie eine autonome Republik, die Sowjetrepublik der Wolgadeutschen. Die Hauptstadt war Engels. Heute leben noch über zwei Millionen Deutsche in der Sowjetunion. Damit sind sie die vierzehntgrößte Nation in der UdSSR. Bedeutsame Wolgadeutsche waren u.a. der Kaufmann Schliemann, der Troja entdeckte, und der Pianist Swjatoslaw Richter.
Im Kulturhaus, wo sich die Wolgadeutschen treffen sollen, irren wir durch das menschenleere Gebäude, finden niemanden, den wir fragen können, öffnen Türen zu leeren Zimmern, hören nur unsere Stimmen. Und plötzlich, gespenstisch wie aus einer anderen Welt, erklingt Gesang, den ich nicht verstehe. Nur die Melodie erkenne ich. »Horch, was kommt von draußen rein ...« Es klingt fremd und unwirklich. Wir öffnen leise die Tür. Auf der Bühne stehen alte Frauen wie zu Hause in Kirchenchören, wo die Gemeinde der Gläubigen nicht viel größer ist als der Chor. Ein halbes Dutzend alte Männer dazwischen. Einer von ihnen spielt Harmonika, ein anderer Gitarre: Jedesmal, wenn ich sonst ausländische Chöre hörte, die als Geste für das Publikum ein Lied in deutscher Sprache sangen, wurde ich heiter und freute mich über das fremdklingende Deutsch. Jetzt aber kommt mir alles gespenstisch vor, denn die Frauen und Männer auf der Bühne singen kein holpriges Deutsch mit fremdem Akzent. Sie singen eine andere Sprache, in der ich manchmal ein Wort deuten kann, weil ich die Melodie kenne. Mehr nicht. Im Saal sitzen in ordentlichen Stuhlrei-

hen, wie bei einem Konzert, vielleicht 80 ältere und jüngere Leute nebeneinander.
Die Leiterin des Chores kommt zu uns, wir stellen uns vor. Sie schlägt die Hände über den Kopf zusammen. »Oh, mein Gott, richtige Deutsche! Richtige Deutsche waren noch nie bei uns!« Auf deutsch und dann noch einmal auf russisch verkündet sie es. Und der Chor singt für uns: »Wenn alle Brünnlein fließen«. Danach sagt die Leiterin: »Wir singen diese Lieder immer wieder. Die Lieder sterben zuerst, dann stirbt das Volk.«
Sie bittet uns nach vorn. Wir sollten auf deutsch – aber sehr langsam, berichten, woher wir kommen und wohin wir wollen. Als wir fertig sind, klatschen alle begeistert, als hätten wir soeben die Neugründung der Autonomen Republik der Wolgadeutschen verkündet. Danach Fragen auf deutsch und russisch. Sind Genosse Honecker und Genosse Gorbatschow Freunde? Wie viele Menschen hat Stalin bei Ihnen umbringen lassen? Weshalb ist Deutschland so reich, obwohl es den Krieg verloren hat und die Sowjetunion so arm, obwohl sie den Krieg gewonnen hat?
Wir fragen sie nach ihrer Geschichte, der Geschichte der Wolgadeutschen.
Ein alter Mann, dessen schwarzes Jackett ähnlich wie das von Gerds Schwiegervater über und über mit Tapferkeitsorden behangen ist, steht auf: »Wir haben gut und friedlich gelebt in unserer deutschen Wolgarepublik. Aber dann hat uns Stalin 1941 von einem Tag auf den anderen als Saboteure und Agenten bezeichnet und in die Verbannung, in die Lager geschickt. Mit diesem Tag hört unsere Geschichte auf, denn niemand durfte aussprechen, daß es uns gibt. Im Großen Vaterländischen Krieg, das war das Allerschlimmste, da sind die wolgadeutschen Sowjetsoldaten namenlos beerdigt worden. Oder man mußte einen erfundenen russischen Namen auf das Holzkreuz schreiben. Nun suchen wir unsere

Geschichte wie ein verlorenes Samenkorn in einem Heuhaufen.«
Eine Frau sagt weinend: »Die meisten Russen glauben, wir seien übriggebliebene deutsche Kriegsgefangene.«
Aus Kasachstan, Sibirien und Usbekistan würden die Wolgadeutschen jetzt hierher in ihre Heimat zurückkommen, aber wie erbärmlich sei das Leben. Ein gutgekleideter junger Mann, Arzt im hiesigen Krankenhaus, stellt uns seine Frau vor. Sie habe erst vor einem Jahr erfahren, daß sie von Wolgadeutschen abstamme, sie möchten deutsch lernen und im nächsten Jahr in die Bundesrepublik auswandern. »Weil wir doch Deutsche sind.« Ich frage, ob sie auch in die DDR auswandern würden. »Dort leben auch Deutsche.« »Nein, da können wir auch hier bleiben. Wir wollen dorthin, wo man gut lebt und frei sein kann.«
Der Ordensträger protestiert: »Man darf wegen eines Autos und einer Waschmaschine nicht die Heimat verraten. Wer soll die Wolgarepublik, wenn sie genehmigt wird, wieder aufbauen? Wir Alten mit unseren kaputten Kriegsbeinen?«
Der Streit wird laut. Wir müssen gehen, Haridonow wartet. Wir versprechen wiederzukommen.
Ein etwa zwanzigjähriges Mädchen ruft uns auf russisch hinterher: »Weshalb habt ihr uns in dieses schreckliche Land gebracht? Weshalb habt ihr uns hiergelassen und vergessen?«
Haridonow kommt nicht im Dienstwagen, er hat sich ein Taxi bestellt.
Aus seiner abgewetzten schwarzen Aktentasche schauen zwei große Thermoskannen heraus. Sie seien gefüllt mit Spezialtee für die Banja, sagt der Erste. Ich war bestimmt schon zehnmal in der Sowjetunion, aber noch nie in einer russischen Banja. Ich kenne sie nur aus Filmen und der Literatur, vermute eine Urwüchsigkeit aus grob gehauenen Balken, dampfenden Steinen, nackten, schwitzenden Männerkör-

pern und dem eiskalten Wasser eines kleinen klaren Baches inmitten frostklirrender Wälder.

Das Taxi hält mitten im Neubaugebiet von Kamyschin vor einem häßlichen Flachbau. Drinnen befinden sich Schwimmbad und Sauna des Texilkombinates. Der Bademeister sitzt vor einem plärrenden Fernseher, an den Garderobenhaken vor dem Umkleideraum hängen verloren ein halbes Dutzend Pelzmützen. Wir sind neun Männer, die sich im Umkleideraum bis auf die Badehosen ausziehen. Haridonow sagt, er müsse uns die Männer nicht vorstellen, wir hätten sie alle schon beim Fußball auf der Tribüne neben uns sitzen sehen. Ich erkenne keinen wieder. Sie sehen ohne Schlips und Mantel alle ähnlich aus. Sie haben dicke schwabblige weiße Körper. Einer kommt und gibt uns die Hand. Seine Augen hetzen dabei, als würde er verfolgt. Er heiße Valentin, sei der Parteisekretär des Bautrusts.

Zuerst marschieren wir hinauf in den Gymnastikraum. Nur Haridonow und Gerd beschäftigen sich intensiv mit den Foltergeräten, die anderen stehen herum, schwatzen, heben mal eine Hantel und lediglich, wenn der Erste das Gerät wechselt und aufschaut, rudern und treten sie ungelenk und übereifrig. Nach der Gymnastik gehen wir in die holzverkleidete Sauna. Alle lassen die Badehose an, dazu stülpen sie sich noch wollene Pudelmützen über den Kopf. Der Bademeister bringt Gerd eine graue und mir eine grüne. Man müsse das Gehirn vor dem Austrocknen schützen, erklärt Haridonow. Danach frage ich nicht mehr, wozu die Badehosen nötig sind. Die Banja entpuppt sich als eine elektrisch aufgeheizte Trockensauna. Wenn Haridonow einen Sud von Eukalyptusblättern auf die heißen Platten des Ofens schüttet, glaube ich, daß mir der Dampf das Gesicht verbrennt, ich bemühe mich, langsam zu atmen, das Wasser läuft mir aus dem Körper, als sei ich ein Schwamm. Ich halte durch, bis Haridonow endlich die schwere Holztür öffnet. In der

Schwimmhalle springe ich aus Furcht vor der Kälte nicht kopfüber ins Wasser. Aber es ist lauwarm. Haridonow philosophiert: »So wünschen sich viele die Perestroika. Nicht in das kalte Wasser springen müssen, sondern es zuvor anwärmen.« Jeder von uns hat eine Schwimmbahn für sich. Dazu Musik und farbige Lichtspiele an der Stirnwand der Halle. Ich liege fast bewegungslos auf dem Wasser. Beim zweiten Gang vertrage ich die Saunahitze schon besser. Dann wieder in aller Ruhe schwimmen. Kein Mensch stört uns. Wir haben eine Schwimmhalle für uns allein. Eine Sauna für uns allein – ich könnte mich daran gewöhnen ...

In Eimern weichen Rutenbündel aus Eichenzweigen mitsamt den Blättern. Sie duften, obwohl sie im Frühling geschnitten und getrocknet werden müssen, wie der Herbstwald an einem Sonnentag. Der Erste beruhigt uns – wir müßten uns nicht ängstigen, er werde uns selbst peitschen. Bäuchlings lege ich mich auf die heiße Saunabank. Haridonow und Valentin massieren mir zuerst Rücken und Beine, dann beginnen sie leicht zu schlagen. Ein Streicheln. Die nassen Eichenblätter und die Gerbsäure des Rindensudes öffnen die schon offenen Poren noch weiter. Die zwei peitschen immer kräftiger, solange, bis die Blätter abfallen. Ich schließe die Augen, fühle, daß sich der Körper aufzulösen beginnt, schmerzlos ... Unter die warme Dusche. In große weiße Leinentücher wickeln. Unbeschreibliche Wohligkeit und Zufriedenheit.

Wie römische Senatoren, die Tücher nur über einer Schulter geknotet, wandeln wir durch die Schwimmhalle der Textilarbeiter. Danach ein kleiner Imbiß, den der Schwimmeister vorbereitet hat. Fischhappen und Fleisch. Schwarzes Brot und Melonen. Haridonow schenkt den Tee aus seiner Thermoskanne ein. Er schmeckt bitterer als der von gestern abend. Das sei der wilde Wermut, sagt Haridonow. Als Valentin nach einer der vier Wodkaflaschen, die neben sei-

nem Stuhl stehen, greift, bekommt er einen strafenden Blick von Haridonow, aber diesmal – das ist das erste Mal, daß ich es sehe – herrscht kein Gehorsam in der Runde. Alle sagen, man müsse ausnahmsweise heute etwas trinken, die Gäste begrüßen. Sto Gramm. Mehrmals.
Danach zum Aufwärmen noch einmal in die Sauna! Anschließend schrubben wir uns unter der Dusche gegenseitig die Rücken. Haarewaschen. Und schließlich bearbeiten wir uns – einer immer langgestreckt auf einer Holzbank liegend – noch einmal mit Seife und Bürste. Ich knete in den Fettmassen von Valentin. Mit Bimsstein schabt man sich als letztes die Hornhaut von den Füßen. Immer einer dem anderen. Männerfreundschaft. Sie kennen sich von Sitzungen und der Fußballtribüne. Während man sich gegenseitig wäscht, spricht man derb und laut und knetet sich kräftig. Nur keine weichen, zärtlichen Griffe. Und zum Schluß ein Eimer kaltes Wasser über den auf der Holzbank Liegenden.
Ich bin so sauber wie noch nie in meinem Leben. »Am nächsten Sonntag treffen wir uns hier alle wieder. Es reicht immer für eine Woche – dieses Krafttanken. Ihr seid eingeladen«, sagt Haridonow freundlich.
Ich fühle mich körperlich wohl.
Der Bademeister verabschiedet jeden persönlich. Dann beginnt er die Sauna von den Eichenblättern zu säubern. Am Montag kommen die Textilarbeiter.
Ich schlafe gut, die Mafia hat sich noch nicht wieder gemeldet. Am Vormittag gehen wir zu einer Sitzung der Kamyschiner Pioniere und Komsomolzen. Auch Tatjana, die Jugendchefin aus Wolgograd, hat sich angemeldet. Sie ist am Sonnabend mit den Fußballern aus der Gebietsstadt angereist, durch die heutige Beratung hat sie einen Tag zusätzlich mit ihrem Mann. Kleines Privileg. Sie trägt Jeans und dazu einen selbstgestrickten Pullover mit Indianermuster. Um den Hals baumelt ihr wie den übrigen Teilnehmern der Kon-

ferenz – etwa 150 junge Leute, manche mit Schlips und Anzug – ein Pappschild. Sie hat ein grünes. Es gibt außerdem rote und blaue. Wir bekommen blaue. Säuberlich mit Hand geschrieben, steht das Thema der Beratung darauf: »Die Zusammenarbeit zwischen den Komsomolzen in den Betrieben und den Pionieren in den Schulen«. Zuerst Abstimmung, ob man drei oder fünf Minuten zur Diskussion sprechen darf. Danach ein Kurzreferat und danach Tatjana: »Wir sind es bisher gewohnt, Beschlüsse im kleinen Kreis auszuarbeiten, von der Partei absegnen und von der Vollversammlung nur noch bestätigen zu lassen. Wir wollen es, wie im Sozialismus nötig, endlich demokratisch machen. Diejenigen, die Beschlüsse bestätigen, sollen sie auch ausarbeiten – also ihr alle.«

Diskussion: Unsere Komsomolzen im Betrieb interessieren sich nicht für die Pioniere in den Schulen – Diese Zusammenarbeit brauchen nur die Funktionäre, damit sie Aktivitäten abrechnen können – Wollt ihr die Pioniere lieber den Jugendbanden überlassen? – Solch eine Fragestellung ist eine Erpressung – Wir reden hier über etwas, das uns völlig egal ist – Der Komsomolsekretär vom Bautrust: Wann sollen sich unsere jungen Arbeiter mit den Pionieren abgeben, etwa in ihrer freien Zeit? Dann muß das bezahlt werden – Habt ihr Arbeiter keine Moral mehr? – Unsere Moral heißt: arbeiten und Geld machen, was denn sonst?

In der Pause suchen wir Tatjana. Sie steht zusammen mit Swetlana, der Journalistin, in einer Gruppe erregter Diskutanten. Am meisten spricht ein junger Mann mit brauner, vernarbter Haut im Gesicht. »Ich habe Freunde neben mir sterben sehen, die waren achtzehn Jahre alt ...« Gestritten wird über den Komsomolfunktionär, der sich weigert, zur Armee zu gehen. Ich frage Swetlana, ob er hier sei. Nein. Und der erregt sprechende junge Mann? »Einer, der als Soldat in Afghanistan war. Du kannst fast jeden dieser ›Internationalisti‹, wie wir sie nennen, unter Hunderten junger Leute herausfinden. Sie sind erst zwanzig, und viele haben schon graue Haare. Und wenn sie keine grauen Haare haben, dann reden sie doch wie alte Männer, sind ernst und lachen selten.«

Und was macht dieser ehemalige Afghanistan-Soldat hier?

»Er heißt Alexander und leitet die freiwillige Miliz der Komsomolzen, die gegen die Jugendbanden kämpft und ausgetretene Bandenmitglieder vor der Rache der anderen schützt.«

Ich frage Alexander, ob er in Afghanistan verwundet worden ist. Das sei nicht der Rede wert. »Mehr an der Seele als am Körper.« Aber sein Freund Serjosha aus Kamyschin hätte eine schwere Kopfverwundung durch eine explodierende Mine erlitten. Er sei für immer Invalide.

»Und wie viele junge Männer aus Kamyschin sind in Afghanistan gefallen?«

Dreizehn.

Er lädt uns ein, den Ehrenhain zu besuchen, den sie, die überlebenden Afghanistan-Kämpfer, für ihre Kameraden angelegt haben.

Die Diskussion im Plenum geht weiter. Je länger sie dauert, um so freier sprechen die jungen Leute. Sie nehmen keine Rücksicht, sie haben keine Angst vor Folgen.

Gerd übersetzt nicht mehr alles. Ich versuche es selbst. Und plötzlich, aus dem Zusammenhang heraus, höre ich, daß der Schuldirektor vom Beispiel des Pionierhelden Pawel Morossow spricht ... Pawel Morossow. Ich erinnere mich an meine Pionierzeit, an jenen unvergeßlichen Tag im Ferienlager eines kleinen erzgebirgischen Dorfes, dessen Namen ich mir wie vieles andere dieser drei Wochen nicht gemerkt habe. Ich war 13 und zum ersten Mal verliebt. Sie hatte lange blonde Zöpfe und braune Augen, in die ich abends beim Lagerfeuer schüchtern schaute und besonders laut »wahre

Freundschaft soll nie wanken ...« sang. Beim Morgenappell jenes Tages wurde ich aufgerufen, mußte aus meiner Gruppe heraustreten, in die Mitte, neben die Fahnenstange. Alle Gruppen des Ferienlagers kämpften um den Ehrennamen »Pawel Morossow«. Der Pionier einer jüngeren Gruppe, mein Bettnachbar, hatte entdeckt, daß ich vor jeder abendlichen Kontrolle meine schmutzigen Schuhe in den Koffer steckte und die unbenutzten sauberen neben das Bett stellte. »Der Pionier Landolf Scherzer erhält einen Verweis, seine Gruppe zehn Minuspunkte im Kampf.« Ich wagte in meiner Angst, daß die braunen Augen des Zopfmädchens mich sehen, nicht aufzuschauen. Hielt mich an der Fahnenstange fest. Wie in Trance trat ich zurück und dann noch einmal vor, dieses Mal mit der gesamten Gruppe. Denn trotz meiner Minuspunkte, es waren weniger, weil ich Reue zeigte, war unsere Gruppe die beste beim rechtzeitigen Aufstehen und ordentlichen Antreten zum Frühsport, beim Holzsammeln für das Lagerfeuer, beim morgendlichen Bettenbau und ordentlichen Zusammenlegen der Anziehsachen. Wir durften die Buchstaben des Ehrennamens Pawel Morossow aus Kiefernzapfen neben unser Gruppensymbol – einen roten Stern aus halbroten Ebereschen – mit in den Sandboden legen.

Pawel Morossow, ein 13jähriger Junge aus einem kleinen Dorf im Ural, hatte 1930 seinen Vater, den Vorsitzenden des Dorfsowjets, erwischt, als er verbannten Kulaken gegen ein paar Rubel Bescheinigungen ausstellte, die besagten, daß sie ortsansässige Kleinbauern seien und sich frei bewegen könnten. Der Pionier Pawel meldete diese verwerfliche Tat, und der Vater wurde verhaftet. Der Großvater und Neffe Danila, beide Feinde der Sowjetmacht, lauerten Pawel im Wald auf und erstachen ihn. Sie wurden verhaftet und erschossen.

Für Pawel Morossow wurden Denkmäler errichtet, sein Name wurde mit großen Lettern in das Goldene Buch der Heldenpioniere geschrieben.

Heute weiß ich, daß die verräterische Heldentat des Pawel Morossow geschah, als Stalin seine Massenrepressalien begann. Dafür brauchte er nicht nur willige Ideologen, Richter und Henker, sondern vor allem Mißtrauen, Angst und Denunzianten im Volk. Denunziation mußte gepriesen werden als Wachsamkeit gegen die Feinde des Sozialismus. Stalins Kasernensozialismus brauchte Tausende solcher Pawels, die bedenkenlos Mutter und Vater denunzierten. Hätte es diesen Pawel Morossow nicht gegeben, hätten ihn die Staatsdichter erfinden müssen.

Tatjana unterbricht die Diskussion. Vielleicht wäre es nützlicher, in kleineren Arbeitsausschüssen weiter zu beraten. Alle blauen Pappschildchen zum Thema »Freizeit« im Zimmer 107, alle grünen zum Thema »Politische Meinungsbildung« im Zimmer ...

Die Erwachsenen schauen reserviert. Die Schüler sind begeistert von diesem Demokratiespiel.

Tatjana sagt mir euphorisch: »Wir müssen Demokratie von klein auf mit dem ABC erlernen.« Dann nach einer Pause sehr nachdenklich: »Hoffentlich werden diese Schüler sie später auch gebrauchen können. Hoffentlich werden sie täglich über alle Lebensfragen mitarbeiten können und nicht unter einer neuen Diktatur leiden oder lediglich alle vier Jahre demokratisch eine Partei wählen und diesen Vertretern dann alle Entscheidungen überlassen müssen. Hoffentlich bleibt mein Traum von Demokratie keine unerfüllbare Illusion.«

Tatjanas Mann, den Manager der Fußballmannschaft vom Textilkombinat, haben wir in Kamyschin nicht kennengelernt. Nur mit Serjosha, dem Trainer, macht uns Parteisekretär Valentin bekannt. Serjosha wohnt mit seiner Frau Shenia und einer kleinen Tochter in einer Dreizimmerwohnung, die sonst nur örtliche Spitzenapparatschiki erhalten.

»Mein Problem ist das Gerede über unsere neue Demokratie. Da sollen also die Arbeiter bestimmen, wer ihr Betriebsdirektor wird. Natürlich wählen sie nicht den, der das meiste an Arbeit und Disziplin von ihnen verlangt, sondern den Kandidaten, der ihnen am meisten verspricht. Und die Arbeiter freuen sich, daß sie Demokratie haben und weniger hart arbeiten müssen. Manche Fußballer denken nun, daß die Spieler die Manager und Trainer auch in geheimer Abstimmung wählen sollten. Aber sie sind Profi-Fußballer, weil sie fürs Fußballspielen vom Textilkombinat bezahlt werden, und man kann nicht Profi-Fußballer sein und gleichzeitig diese Wischiwaschi-Demokratie des neuen Sozialismusversuchs fordern. Ich allein habe vor der Saison das Ziel gestellt: den 3. Platz! Was soll da jeder mitreden dürfen? Ein Spieler würde den 5. Platz, der andere den 2. oder einer gar den 8. Platz vorschlagen. Nein, auch Haridonow mischt sich nicht ein. Er ist ein 1. Kreissekretär, der nicht administriert. Er kümmert sich natürlich um uns, besorgt auch mal eine Arbeitsstelle oder eine Wohnung. Es ist schon gut, wenn man weiß, daß der 1. Sekretär ein Fußballfan ist. Dann traut sich keiner im Kreis, was gegen die Fußballer zu sagen.«

An diesem Tag erhalten wir noch zwei wichtige Nachrichten. An der Hoteladministration liegt ein Zettel für uns. Ein Alexander Komarow teilt uns darauf in orthographisch fehlerlosem, aber im Satzbau völlig verquerem Deutsch mit, daß er und seine Frau und sein Töchterchen uns erwarten. Sie seien große Verehrer der deutschen Menschen.

Die zweite Botschaft verkündet unser stiller, freundlicher Begleiter Wladimir, den wir nun schon aus der Ferne erkennen, denn er trägt täglich den gleichen graugemusterten Anzug, den gleichen dunkelblauen Schlips und die gleiche Aktentasche. Er wohne, das habe er uns bestimmt schon erzählt, neben der Nikolaikirche. Anfangs hätte er am Sonntag, wenn er ausschlafen wollte und die Glocken vor dem

Gottesdienst eine halbe Stunde läuteten, gotteslästerlich geflucht. Inzwischen schlafe er weiter, denn der Mensch könne sich an alles gewöhnen. Außerdem sei der bisherige Pope, Vater Iwan, wie ihn die Gläubigen respektvoll nennen würden, ein sehr guter Mensch. »Ich habe gebeten, daß er euch empfängt, am Freitagvormittag seid ihr willkommen bei ihm. Galina, die 1. Sekretärin der Stadtparteileitung, wird euch begleiten.« Wladimir sagt das leise und freundlich, nebensächlich wie fast alles, aber dieses Mal achtet er auf die Wirkung seiner Worte, und als er sieht, daß wir uns freuen, strahlt er. Wladimir redet immer leise, aber nicht bösartig zischend wie eine Schlange, sondern schüchtern, so als hätte er sich für seine Worte zu entschuldigen. Ein Agitator und Redner ist er nicht. Eher einer der stillen, zuverlässigen Schlips- und Aktentaschenträger.

Auf der Fahrt in das Gasturbinenreparaturwerk – das müßten wir sehen, denn es sei ein von den Tschechen neu gebauter Betrieb – erzählt er uns zum ersten Mal von seinem Geburtsort Ossiniki, einem kleinen Dorf an einem Nebenflüßchen der Wolga. »Wir hatten dort alles, was man zum Leben braucht: Wälder, Wiesen, Felder und den Fluß. Es war ein sehr kleiner Fluß, aber er wurde trotzdem zu unserem Verhängnis, denn eines Tages sagte man, daß er durch den Staudamm so mächtig steigen könnte, daß er das Dorf überfluten würde. Viele Jahre kämpften die Bewohner, daß gleich in der Nähe für sie ein neues Dorf gebaut würde. Aber genausowenig wie man auf die Menschen Rücksicht nahm, als Stalin die Industrialisierung befahl, genausowenig nahm man Rücksicht auf das Heimatgefühl der russischen Menschen. Manchmal denke ich, daß ER, der diese entsetzliche Völkerwanderung der russischen Menschen im Namen der sozialistischen Staudämme, Kraftwerke und Kohlegruben befohlen hat, genau wußte, daß wurzellose Menschen besser zu beherrschen sind. Alle aus dem Dorf mußten wegziehen.

Einige haben ihr Haus auf den Traktor gesetzt und es mitgenommen. Aber ihre Seele konnten sie nicht aufladen. Was haben die Menschen damals gefühlt und gelitten, wenn sie wie Sklaven Staudämme bauen und damit später ihre eigenen Dörfer überfluten mußten? Nur wenige bewahrten ihre menschliche Moral. Viele begannen zu saufen, denn sie begriffen ihre Ohnmacht.«

»Wie alt warst du, als ihr wegziehen mußtet?«

»Siebzehn Jahre, und ich habe geweint, obwohl mich meine Mutter eine Memme schimpfte.«

»Du bist heute immer noch kein Kämpfer«, sagte ich. Nein, aber er kenne viele, die wegen solcher und anderer erniedrigenden Erlebnisse in ihrer Kindheit und Jugend heute genußvoll ihre Macht gebrauchen würden. »Sie sind in der gleichen Partei wie ich, aber manchmal, wenn ich höre, wie verächtlich sie über Menschen sprechen, die in Ungnade gefallen sind, dann denke ich: Solche könnten auch Aufseher in Hitlers oder Stalins Lager werden.« Er dagegen sei immer ein Träumer geblieben, glaube an das Gute, an die humanistischen Ideale des Sozialismus.

»Meine Frau ist Zahnärztin in einer staatlichen Poliklinik, wo jeder seine Plombe kostenlos erhält. Als sie mir vor einem Jahr erzählte, daß man sich nun auch in ihrer Klinik mit Extrabehandlung eine Plombe für 6 Rubel und in der Zahnkooperative eine für 12 Rubel anfertigen lassen könne, da begann ich am Sozialismus zu zweifeln. Kostenloser gleicher Arztbesuch für alle und kostenloser Schulbesuch, dafür haben die Großväter doch den Sozialismus begonnen. Meine Frau hat nach dem Studium in einem Dorf in einer kleinen Hütte praktiziert. Ein Helfer mußte das Pedal der mechanischen Bohrmaschine ständig mit dem Fuß bewegen. Heute arbeitet sie mit einer Turbomaschine, doch abends hängt ihre Kollegin ein Schild mit der Aufschrift ›Private Zahnkooperative‹ an die staatliche Sprechzimmertür. Ich bin für die Marktwirtschaft, aber was ist das für eine Marktwirtschaft, wenn man mit der staatlichen Bohrmaschine und dem staatlichen Material private Kunden behandelt? Außerdem, alle Privilegien, medizinisch besser als der Normalsterbliche behandelt zu werden, sollten wieder verschwinden, egal, ob man hoher Funktionär ist oder mehr Geld hat. Vor dem Arzt sollen alle gleich sein.«

Er hat lauter als sonst gesprochen.

Gerd fragt: »Weshalb aber sollte einer dann mehr Geld verdienen, wenn er sich dafür nicht auch eine bessere Zahnplombe kaufen kann?«

»Es ist unmoralisch, sich Gesundheit zu erkaufen«, sagt Wladimir.

Im Gasturbinenreparaturwerk reden wir immer noch über Geld und was man sich dafür kaufen könne. Der Haupttechnologe: »Wir reparieren Gasturbinen für die Druckstationen, die das Gas in den Leitungen verdichten. Also, eine vaterländische Turbine kostet 50 000 Rubel. Wenn wir die überholen, bekommen wir 2 000 Rubel, wenn wir aber eine genauso teure nichtvaterländische Turbine aus Schweden überholen, bekommen wir für dieselbe Arbeit 3 500 Rubel. Wir haben nicht einmal das Recht, unsere Preise selbst zu bestimmen.«

Der Meister der Turbinenmontage heißt Viktor Schäfer. Ein Wolgadeutscher.

Ich frage ihn, ob er dafür sei, daß hier zwischen Kamyschin und Saratow die Wolgadeutsche Republik wieder gegründet wird und seine noch an den Verbannungsorten lebenden Landsleute zurückkommen.

»Ich bin dafür, aber ich glaube, der Betriebsdirektor und alle anderen da oben sind dagegen. Was würde dann aus ihren mühsam erkämpften Posten? Unter den Arbeitern wird kein Krieg entstehen. Arbeit gibt es hier noch genug. Aber es gäbe einen Krieg der Direktoren und Bürokraten.«

»Wie lebt es sich für die Arbeiter mit der Perestroika, gut oder schlecht?« frage ich Viktor Schäfer. »Was kann man für sein Geld kaufen?«
»Ich habe mir früher viel angeschafft, heute läßt es sich schwerer sparen, weil der Rubel immer weniger wert ist. Nun, ich habe eine Wohnung, eine Datsche, ein Motorrad. Vielleicht kaufe ich mir bald ein Auto. Seife und Zucker gibt es selten, doch in unserer Region soll es noch besser sein als anderswo. Aber Stiefelchen beispielsweise möchte meine Frau, ein Paar neue Stiefelchen. Doch die kosten fast 300 Rubel auf dem Basar. Das sind gute Stiefelchen, solche möchte sie anziehen, nicht die billigen, häßlichen Gummigaloschen aus dem staatlichen Geschäft, die trägt sie nicht. Aber ich verdiene nur 270 Rubel im Monat. Und wenn ich außer meiner Frau noch eine Freundin habe, nun, die würde noch teurere Stiefelchen, vielleicht welche für 500 Rubel, von mir verlangen. Die Arbeiter sagen: Es sind zu wenige von uns im Obersten Sowjet, alles nur intellektuelle Schwätzer. Es müssen Arbeiter hinein, und dann würde die Versorgung wieder besser und die Preise für die Stiefelchen sinken! Aber das ist ein Irrtum, weil nicht die Abgeordneten die Macht haben, sondern die ausführenden Minister, Staatssekretäre, all die Apparatschiki. Ich kann das beurteilen, denn ich bin seit 8 Jahren Abgeordneter im Kamyschiner Stadtsowjet. Alle Macht den Sowjets! Das haben wir 70 Jahre geglaubt, und vielleicht hat es Lenin auch so gemeint. Aber heute heißt es: Alle Macht den Sowjets – und alles Geld den Bürokraten! Sie brauchen uns nur zum Handhochheben, zum Bestätigen des Apparates und seiner Entscheidungen. Es ist das letzte Mal, daß ich diesen Zirkus mitgemacht habe. Jetzt werde ich nur noch eines tun: Geld verdienen!«
Am Abend im Hotel sind wir allein. Radio Moskau sendet Nachrichten über das Anwachsen der Demonstrationen in der DDR.

Wir öffnen die Flasche Wodka, die uns Haridonow mitgegeben hat.

Das hilft. Wir reden über die »führende Rolle der Arbeiterklasse« in der Sowjetunion, davon, daß die meisten Arbeiter, sobald sie Macht und Funktion erhalten, korrupt werden, weil sie das Milieu der Macht nicht gewohnt sind.

Nur einmal sage ich: »Was wird, wenn die ›Sicherheit‹ in Leipzig oder Berlin wie auf dem Platz des Himmlischen Friedens handelt?«

Gerd beschwichtigt: »Das funktioniert nicht mehr. Wenn es einen Verdienst der Intellektuellen in der DDR gibt, dann den, daß sie die Reformidee überall verbreitet haben. Ich kenne verantwortliche Leute im Parteiapparat und der Wirtschaft, die wie wir den Sozialismus reformieren möchten. Mit diesen Genossen wird es keine Aktion wie in Peking geben und gegen sie, das ist unmöglich.«

Am Dienstagvormittag wollen wir uns ausruhen, an der Wolga spazierengehen. Mittags sollen im Parteikomitee neue Kandidaten in die KPdSU aufgenommen werden, mit denen wollen wir dann reden. Und abends haben wir uns bei Alexander Komarow angemeldet, jenem Briefschreiber, der alle deutschen Menschen verehrt. Zuerst fragen wir bei Swetlana und Irina in der Redaktion, ob Post auf unsere Veröffentlichung in der Zeitung gekommen ist. Nein, noch nichts, sagt Irina. Und wenn, dann würden sie sie erst einmal kontrollieren. Alle Schreiberinnen unter vierzig würden sie aussortieren. Aber der Pater habe angerufen, sie könnten mit ihm einen Gesprächstermin für uns vereinbaren.

Wir sagen, daß Wladimir schon ein offizielles Treffen, an dem auch Galina, die 1. Sekretärin der Stadtparteileitung, teilnehmen werde, vereinbart habe. Die beiden sind enttäuscht, weil wir uns von der Partei ans Händchen nehmen ließen, anstatt allein zu erkunden. »Ruft an und macht einen Termin aus, wir sagen den offiziellen ab«, sagt Gerd.

Nein, das könne Pater Iwan nicht machen, er wolle keine Konflikte mit der Staatsmacht.
Irina schwärmt von dem Popen. Sie habe eine Trauung in seiner Kirche erlebt. Musik, Kerzen, dazu die klugen Worte des Popen. Sie dagegen wäre in Wolgograd auf die Schnelle verheiratet worden, hopp, hopp, hopp und nach fünf Minuten wieder draußen. Wenn sie noch einmal heiraten könnte ...
Wir beschließen, vormittags nicht an der Wolga spazierenzugehen, sondern unangemeldet bei Vater Iwan anzuklopfen.
Die Kirche steht auf keinem Hügel, ist von fern nicht zu sehen. Swetlana zeigt uns die Richtung, wir müßten zuerst die Straße der Republik entlang ... In der Straße der Republik steckt ein LKW hilflos bis zu den Achsen in einer Schlammsuhle. Wir springen wie Känguruhs über die Pfützen. Wir fragen eine sehr kleine alte Frau, die mit Galoschen am Rand der Straße entlangtrippelt, nach der Kirche. Sie liege ein bißchen versteckt. Deshalb hätten die Behörden wohl vergessen, die Kirche schließen zu lassen. Sie selbst gehe nicht zum Gottesdienst, sie müßte dort immer weinen, hätte den Krieg in Stalingrad überlebt, aber die Kinder ... Sie steht hilflos da, wahrscheinlich ist sie nicht einmal 1,50 m groß. Ihr Wintermantel hängt an ihr wie das Gefieder eines nassen Vögelchens. Sie sei operiert worden, und eine Zeitlang hätte man ihr die Medizin nach Hause gebracht. Nun müßte sie die Medizin selbst holen. Und sie trippelt weiter.
Die Richtung wissen wir, aber dann stehen wir vor dem Eisenzaun eines Parkes. Drei Arbeiter in grauem Drillichzeug – ich vermute, daß es Straßenbauer sind, denn sie haben Schaufeln in der Hand – schimpfen wie die Rohrspatzen.
»Es gab wieder kein Waschpulver mehr, die Frau hat vier Stunden umsonst angestanden.«
»Beschwer dich doch bei Gorbatschow.«

»Der Kerl müßte endlich verschwinden.«
»Verrecken soll er, der ist schuld an allem.«
Gerd fragt, ob sie wüßten, wo die Kirche stünde. Sie fühlen sich provoziert, erst als sie hören, daß wir Ausländer sind, sagt einer: »Dort im Park das Lenindenkmal – quer durch den Park müßt ihr –, immer in die Richtung, in die Lenin mit seiner ausgestreckten Hand weist.«
Als wir aus dem Park herauskommen, sehen wir immer noch nichts von der Kirche. Wir fragen eine Frau, die uns entgegenkommt und einen Dackel unter ihrem Mantel trägt. Er solle nicht frieren, sagt sie. Läßt sich mit dem Hund fotografieren und fragt, ob wir Deutsche sind. »Man muß sich schämen, vor jedem Ausländer schämen, daß man hier lebt. So viel Schmutz und so viel Unordnung hat es in Kamyschin noch nie gegeben. Stalin müßte kommen und endlich Ordnung schaffen.«
Eine Seitenstraße weiter finden wir die weiße Kirchenmauer mit dem grünen Tor zum Kirchhof. Die langgestreckte niedrige Kirche ist hellblau gestrichen, der Sims am Dach und den Fenstern besteht aus weißem Stuck. Auf dem Kirchturm eine kleine blaue Kugelkuppel mit goldenen Sternen. Hunde und Hühner laufen auf dem Kirchhof umher. Ein alter humpelnder Mann, wahrscheinlich der Kirchendiener, kehrt den Platz mit einem Rutenbesen. Wir fragen ihn nach dem Popen. Er sei beschäftigt, gerade bei einem Sterbenden. Aber so, als seien wir angemeldet, legt er den Besen beiseite und schlurft mit uns zum Eingang der Kirche. Im Vorraum, dem Ort für Ungetaufte, kleine und große Ikonen an den Wänden. Das Bildnis des heiligen Nikolai, nach dem die Kirche benannt ist, hängt über dem Eingang.
Der heilige Nikolai stamme aus einer einfachen Familie in der heutigen Türkei, erklärt uns der Kirchendiener, er habe schon als Kind seinem Onkel, einem Bischof, bei der

heiligen Amtshandlung geholfen. »Als der Bischof starb, wählten die Gläubigen den Jungen wegen seiner Güte und seiner Ehrlichkeit zum Nachfolger. Im Jahre 1086 wurden seine Gebeine überführt nach Italien. Er ist auch Schutzpatron der Seefahrer. Sie flehen ihn um Hilfe an, wenn sie in Seenot sind. Auch unser Pater Iwan war bei der Marine.«

Wir betreten die Kirche. Die Decken- und Wandgemälde leuchten in frischen Farben. Sie zeigen die Geburt von Nikolai, seine Heiligsprechung. Plötzlich geht der Kirchendiener einen Schritt zur Seite, verneigt sich. Wir zucken zusammen, weil wie aus dem Nichts erschienen der Pope neben uns steht. Dunkelblauer Talar. Vor der Brust, an einer Kette hängend, das schwere goldene, mit silbernen Perlen besetzte Kreuz. Ein dichter schwarzer Vollbart. Und eine violette samtene Kappe. Er ist groß und wirkt, weil er kerzengerade steht, noch größer. Er strahlt so viel Würde und Kraft aus, daß ich mich bücken möchte, um zumindest bei der Begrüßung den Kopf zu senken, wenn da nicht die Augen wären, die uns beim Händedruck anblicken. Ein wirkliches Blau, hell und klar und von solch einer Wärme und Güte, daß ich, anstatt mich zu beugen, zum Kind werden möchte.

Ein, zwei Höflichkeitssätze, dann spricht er mit uns, als würden wir uns seit Jahren kennen. Er zeigt uns die Heiligtümer seiner Kirche, das große silberne Standkreuz, in dem sich Asche von Nikolai befinden soll und das nur zu Festlichkeiten in die Mitte der Kirche gestellt werde. Die dicken heiligen Kirchenbücher mit Einbänden aus Gold und Silber. Als Stalin, gemäß dem Jalta-Abkommen, die Kirchen in der Sowjetunion wieder öffnen mußte, sei die Nikolaikirche nackt gewesen. Noch heute würden deshalb die Gläubigen ihre Ikonen von zu Hause hierherbringen, die wertvollen Kirchenbücher hätten gläubige Menschen vor Stalins Geheimdienst versteckt. Ich sage, daß der Kirchendiener uns erzählt habe, der Pope sei bei der Marine gewesen.

»Ja, das war eine schlimme Zeit. Aber dort erlernte ich auch die göttliche Gabe der Toleranz und der Vergebung.«

»Sie stammen aus einer alten Popenfamilie?«

»Nein, niemand in unserer Familie war ein Pope. Ich bin in der Zeit des Tötens geboren. Mein Vater fiel 1942, da war ich noch nicht drei Jahre alt, meine Mutter blieb mit vier Kindern allein. Es war auch die Zeit der Gottlosen, obwohl sich viele Soldaten vor dem Sturmangriff heimlich bekreuzigten und Kommunisten unter ihrem Strohsack eine Ikone versteckt hatten. Wir wohnten damals in einem kleinen Dorf des Starower Gebietes, und meine Mutter erzog mich im Glauben an Christus. Ich liebte die alten russischen Kirchenlieder und sang im Kirchenchor. Wenn ich euch das heute erzähle, hört es sich einfach an. Aber es ist nicht nachzuempfinden, wie alles, was man aus seiner Geschichte herausreißt. Eine Frau allein mit vier Kindern, der schreckliche Hunger des Krieges, und sie hat trotzdem den Mut, sich der staatlichen Willkür zu widersetzen, in die Kirche zu gehen. Seit 1929 war es der Kirche verboten, öffentlich aufzutreten, die Kranken in den Hospitälern zu pflegen, für die Witwen und Waisen des Krieges zu sammeln und den Insassen der Gefängnisse Brot zu bringen. ›Wohltätig‹ durften nur Partei und Staat sein, und Stalin dachte, daß er die Kirche aus der Seele des Volkes vertreiben würde, wenn er ihre Wohltätigkeit als Verbrechen bestrafte. Alles Eigentum der Kirche wurde verstaatlicht, es wurde ihr verboten, Gebäude, gleich ob Altersheime oder Kirchen, zu besitzen. Noch heute gehört diese Kirche dem Staat, und wir bezahlen jährlich 1000 Rubel Pacht.

Aber meine Mutter schickte mich trotz alledem in den Kirchenchor und nach der Schule in das Kirchenseminar. Das Seminar war durch das Abkommen von Jalta wieder geöffnet. Doch die Zugeständnisse, die die Alliierten Stalin für ihre Kriegshilfe abgerungen hatten, eleminierte Chruschtschow wieder. 1946 arbeiteten in der Sowjetunion 20 000 Kirchen. Chruschtschow, der eigentlich angetreten war, um die Gesellschaft zu demokratisieren, ließ davon wieder 10 000 schließen. 1961 heiratete ich in Saratow. Meine Frau war Studentin der Medizin im 3. Studienjahr. Als bekannt wurde, daß sie mit einem Popen vermählt war, wurde sie sofort exmatrikuliert. Sie wäre eine gute Ärztin geworden, denn sie hat ein wohltätiges Herz. Noch heute arbeitet sie als Krankenschwester.

Ich durfte 20 Monate als Pope dienen. Danach behaupteten die Behörden, ich sei ein unnützes Geschöpf im Lande des aufblühenden Kommunismus, ein ewig Gestriger, und um mich zu bessern oder zu bestrafen, schickte man mich zum Militärdienst. Ich war damals lungenkrank und litt an extremen Blutdruckschwächen, die Ärzte hatten mir die Wehruntauglichkeit bescheinigt. Aber die Militärs sagten: Frische Luft wird dir gut tun, und dein Gott wird dir beistehen. Und sie verbannten mich auf ein Kriegsschiff als Marinesoldat. Gott hat mir geholfen, daß meine Seele gesund geblieben ist. Ich trug ständig das Kreuz an einem Kettchen an meiner Brust. Bei einer Parade auf dem Schiff stand ein hoher Polit-Offizier vor mir, er sah das Kreuz, schrie, ich solle es sofort abnehmen. Als ich bewegungslos stehenblieb, griff er danach, um es mir abzureißen. Ich fühlte mich so, als stünde ich vor meiner Exekution meinem Mörder Auge in Auge gegenüber. Aber ich habe nicht gezittert, ich habe nicht die Augen gesenkt, ich habe ihn unverwandt angeschaut, und klar und leise gesagt: ›Wenn Sie es wagen, dann werden Sie Ihrer Strafe nicht entgehen‹. Da ließ er die Hand sinken.

Seit 1965 bin ich nun als Pater in Kamyschin. Unsere Kirche ist auf 400 Kilometer zwischen Wolgograd und Saratow die einzige Kirche. An großen Feiertagen haben nicht alle Platz im Gotteshaus, dann stehen Hunderte vor der Kirche. Die traditionellen Gläubigen, die alten Menschen, werden immer weniger. Manche von ihnen können in der Kirche schon nicht mehr stehen. Aber bei unserem Gottesdienst stehen wir alle, ihr seht, es gibt keine Bänke in unserer Kirche. Deshalb geben wir den Greisen kleine Hocker, aber zum Beten stehen auch sie auf und werden von ihren Nachbarn gestützt. In der Zeit der Perestroika hat sich die Zahl der Gläubigen in unserer Kirche nun schon verdoppelt. Viele Menschen kommen heute, zünden eine Kerze an und nehmen sich die Zeit, hier in der Kirche an ihre Probleme und die Probleme dieser Welt zu denken. Ich sage ihnen, daß man sich selbst und eigene Sorgen am besten versteht, wenn man sich um andere Menschen sorgt. Barmherzigkeit! Wir brauchen wieder Barmherzigkeit – und wir sollten nicht nur unseren gläubigen Mitmenschen helfen, sondern auch zu denen gehen und denen helfen, die nicht gläubig sind. Auch sie sind alt, auch sie brauchen Kraft zum Sterben, auch sie brauchen uns, denn manche sind ganz verlassen. Und ich sage unseren Gläubigen: Gehet hin und helfet ihnen. Denn es ist solch eine schlimme Moral in den Menschen der letzten Jahrzehnte entstanden, eine solche Kälte, ein solcher Egoismus. Es kann einem Angst werden, aber ich weiß, daß wir nun ernten, was in den Herzen der russischen Menschen in den letzten Jahrzehnten gesät wurde: Mißtrauen, Intoleranz und Haß. Es wurde den Menschen gesagt: Es gibt keinen Gott, es gibt keinen Trost, es gibt keine Barmherzigkeit! Du mußt nur dem Staat gehorchen und nicht deinem Herzen! Nun brechen der Parteistaat und der Sozialismus zusammen, und die Menschen haben nichts mehr, an das sie glauben. Sie fühlen, daß sie betrogen worden sind, und werden noch böser.«

Auf dem von Sonne überfluteten Kirchenhof stehen alte Frauen. Sie eilen auf den Pater zu, werfen sich auf den Boden, und er segnet sie. Eine überreicht ihm ein Tuch, in das sie Eier und Weißbrot gewickelt hat.

Ich sage: »Ein Pope hat Macht über die Seelen der Men-

schen, auch er könnte sie wie die Parteiagitatoren mißbrauchen.«
»Die Versuchung ist überall. Natürlich kann man auch als Pope den Glauben mißbrauchen, um Macht über die Seelen und später über die Politik eines Landes zu erhalten. Man kann sich auch als Kirchenobrigkeit daran gewöhnen, Kaviar zu essen und Sekt zu trinken, während das Volk hungert. Nach außen predigt man noch Gottes Wort, aber im Inneren, im Versteckten, denkt man nur noch an sich. Selbst in einer Zeit, wo man wie wir rechtlos, eigentumlos, verfemt und verfolgt ist, lebt mancher mit der Hoffnung, daß dieser Zeit der Machtlosigkeit eine Zeit folgen muß, in der man wieder an der Macht beteiligt wird. Und wenn man dem Glauben in der Bedrängnis uneingennützig treu war, denkt man, daß man sich damit Selbstlosigkeit und Bescheidenheit erworben hat und später keiner das Recht hat, daran zu zweifeln.«
Er gibt Anna, der Kirchenältesten – einer alten Frau mit schwarzem Wollkopftuch –, die Eier und das Brot.
Andere Gläubige kommen, fallen auf die Knie, werden gesegnet. Pater Iwan fragt: »Hat Ihre Frau die Medizin aus dem Krankenhaus bekommen oder soll ich anrufen lassen?« »Pflegen Sie den alten Mann noch, dem in Stalins Lager ein Bein abgefroren ist?«
Beim Abschied schaut uns Pater Iwan an, als ob er uns segnen möchte. Seine hellen, klaren Augen blicken freundlich. Ich lege, wie wir das in Afrika oft getan haben, beide Hände auf mein Herz und verneige mich.
Er sagt: »Ich sehe die Zeit kommen, wo Millionen Menschen nicht mehr an die Partei und den Sozialismus glauben werden, Menschen, die ehrlich und uneigennützig dafür gelebt haben. Sie werden uns um den Glauben an Christus beneiden, und sie werden in unsere Kirchen kommen. Denn nichts tötet den Menschen leidvoller, als wenn man ihm sei-

nen Glauben nimmt und ihm dafür Glasperlen oder Autos schenkt.«
Er geht sehr schnell ins Haus und kommt mit einer großen Tüte rotbäckiger Äpfel zurück, drückt sie uns in die Hand, begleitet uns bis zum Tor. Verschließt es wieder.
Übermütig, die Tüte mit den heiligen Äpfeln in der Hand, rennen wir zum Parteikomitee, wollen sie sofort verteilen, aber wir kommen zu spät, die Neuaufnahme der Kandidaten in die KPdSU hat schon begonnen. Im Versammlungsraum steht ein Präsidiumstisch mit rotem Tuch. Michail Haridonow sitzt dort, Galina, die Vorsitzende des Dorfsowjets, Valentin, der Parteisekretär des Bautrusts, und ein, zwei weitere Männer. Die meisten kenne ich aus der Sauna. Das Ritual. Ein seitlich am Präsidiumstisch sitzender Sekretär ruft einen Namen. Und zwei stehen auf, der Genannte und sein Parteisekretär. Der Parteisekretär stellt den neuen Kandidaten vor, dann setzt er sich wieder. Alle am Präsidiumstisch können die Kandidaten befragen. Aber meist fragt nur Haridonow.
Zum Beispiel einen jungen Aserbaidschaner. »Was halten Sie von den Nationalitätenkonflikten?«
»Man muß sie sehr schnell beilegen, denn sie schaden nur der internationalen Arbeiterklasse.«
Einen Arbeiter des Kamyschiner Elektrowerkes: »Weshalb brennen so wenige Straßenlampen in der Stadt?«
»Die Leute stehlen die Glühbirnen.«
Eine junge, etwas pummelig aussehende Frau: »Weshalb wollen Sie in die Partei eintreten?«
»Früher dachte ich, mein Leben fängt zu spät an, weil alle in meiner Klasse schon 14 waren und in den Komsomol aufgenommen wurden, ich jedoch noch nicht: Da habe ich geschwindelt und mich einige Monate älter gemacht, um auch in den Komsomol aufgenommen zu werden. Heute würde ich das nicht machen, weil ich zögerlich bin. Es kracht schon

an allen Ecken und Enden der KPdSU, aber ich möchte noch helfen, den Schmutz in der Partei zu beseitigen. Ich will mein Kind nicht in diesem Unrat aufwachsen lassen, es soll in einer sauberen Gesellschaft groß werden.«

Während die übrigen am Präsidiumstisch still und andächtig sitzen, rutscht Valentin ständig unruhig auf seinem Stuhl hin und her. Er hat die Hände wie zum Gebet gefaltet, aber sie zittern.

Haridonow fragt die erste Verkäuferin eines Lebensmittelgeschäftes: »Was möchten Sie in der Partei verändern?«

»Ich möchte helfen, daß der graue Alltag die Frauen nicht auffrißt. Einkaufen, die Kinder, die Arbeit. Ich kann es verstehen, wenn Tausende Frauen ihr Parteidokument abgegeben haben, weil sie auch beim zehnten Mal Anstehen keinen Zucker bekommen haben.«

Valentin trommelt nervös mit den Fingern auf dem Tisch.

Galina fragt eine Kandidatin, die im Dienstleistungsbetrieb von Kamyschin arbeitet, ob es im Dienstleistungsbetrieb bereits neue Kooperativen gebe. »Eine Kooperative für Kühlschrankreparaturen, eine für die Reparatur von Nähmaschinen und eine Polsterei. Aber sie können nur existieren, weil wir in unserem staatlichen Betrieb so schlecht arbeiten.«

Alle Kandidaten werden in die Partei aufgenommen.

Michail Haridonow: »Liebe Genossinnen und liebe Genossen! Noch vor fünf Jahren war es eine Heldentat, aus unserer Partei auszutreten. Heute ist es eine Heldentat, in diese Partei einzutreten.«

Haridonow spricht sehr leise und sehr langsam. Valentin, dessen Blick wie der eines gefangenen Tieres, das nach einem Fluchtweg sucht, über die Reihen der vor ihm Sitzenden hetzt, ab und an bei Gerd und mir stehenbleibt und unsicher lächelt, macht mich nervös. Ich schließe die Augen.

»... schaut hierher zu uns, die wir vor euch sitzen und die politischen Führer des Rajons Kamyschin sind. Und fragt euch: Seid ihr, die Mitglieder der Partei, für uns da? Oder sind wir, die Führer der Partei, für euch da? Denn dieses Verhältnis entscheidet über die Zukunft der Perestroika, über unsere Demokratie und die Ehrlichkeit, mit der wir uns in die Augen schauen können. Die Moral, die wir heute in der Partei säen, diese Moral werden unsere Kinder ernten: gut oder böse, raffgierig oder solidarisch ...«

Bevor ich die Augen öffne, sehe ich die Kirche des heiligen Nikolai vor mir und Michail Haridonow im Talar, das Kreuz des Popen vor der Brust.

Valentin stürmt auf uns zu. Wir hätten doch am Sonntag beim Sauna-Umtrunk beschlossen, heute seinen Bautrust zu besichtigen. Er hätte alles organisiert. Abends noch eine kleine Feier! Mit dem Finger schnalzt er lachend an seine Gurgel. Wir haben es vergessen. Doch zuvor wollen wir mit der ersten Verkäuferin, der Frau aus dem Dienstleistungsbetrieb und der pummeligen jungen Frau, den neuen Parteimitgliedern, sprechen.

Wir gratulieren ihnen. Sie winken ab. Es gäbe keinen Grund zum Gratulieren. Diese Stunde im Parteikomitee sei keine Stunde der Wahrheit und der Bewährung, sondern nur ein Ritual. Lediglich die Worte von Haridonow hätten sie erwärmt.

Die Frau vom Dienstleistungsbetrieb: »Die Kooperativen, nach denen Galina fragte, die sind doch kein neuer Weg in den Sozialismus. Sie sind nur die Legalisierung der jahrelangen Schattenwirtschaft, die aus dem Mangel an Waren immer Gewinn gemacht hat.«

Vera, die 1. Verkäuferin: »Zucker gibt es nur auf Marken, aber trotzdem verschieben in manchen Geschäften die Verkäuferinnen billigen, vom Staat subventionierten Zucker säckeweise an sogenannte Kooperativen. Der Sack Zucker kostet keine 50 Rubel, daraus machen die Leute in der Kooperative dann Bonbons oder bunte Lutscher, 5000

Stück, und wenn sie jeden Lutscher für nur 20 Kopeken verkaufen, haben sie 50 Rubel in 1000 verwandelt.«
Die pummelige junge Frau, sie heißt Natascha, sagt: »In Kamyschin sind sogar die Männer Mangelware. Durch den Bau des Textilkombinates zogen über 10000 unverheiratete Mädchen in die Stadt. Noch heute kommen auf drei unverheiratete Frauen nur zwei unverheiratete Männer. Und wer hat Schuld? Die sozialistische Planwirtschaft. Ich habe ein Kind, aber keinen Mann. Doch wir Frauen von Kamyschin haben auch dem Prinzip der Marktwirtschaft nicht nachgegeben. Selbst wenn es von uns zu viele gibt, der Satz: Ich bin ein Wolgamädchen, der gilt auch bei diesem Überangebot. Wir lassen unseren Preis nicht drücken.«
Ich frage, was für einen Mann sie möchte.
»Nun, man muß sich gut mit ihm unterhalten können. Er soll ein warmes Herz und ein bißchen Geld in der Tasche haben. Klug muß er natürlich auch sein. Dazu sportlich und groß, 1,80 m ist das mindeste. Zärtlich muß er sein und in der Wirtschaft helfen. Als Kind hat die Großmutter mir gesagt: Ein guter Ehemann muß ein Auto haben, schwimmen und auch Schach spielen können. Damals habe ich das nicht verstanden, jetzt begreife ich es. Auto, da hat er ökonomisch was drauf. Schwimmen, dann ist er gesund und sportlich. Schachspielen, dann ist er klug.«
Und in der Partei, sollte er auch in der Partei sein? fragen wir.
Nein, sagt Natascha. Ich würde auch eine Popen heiraten. Aber wie gesagt: Auto, schwimmen, Schach spielen ...
Valentin hat einen Dienstwagen.
Auf einer mit Ausnahme der tiefsten Schlammlöcher inzwischen abgetrockneten ungeteerten Straßenpiste fährt eine Kehrmaschine. Sie ist in der Staubwolke kaum zu sehen. Valentin zeigt sie uns mit großem Stolz.
Das Gebäude, in dem der Bautrust residiert, ähnelt äußerlich

den Häusern und Fabriken, die er gebaut hat. Schmucklos und betongrau. Valentin zeigt uns zuerst das Traditionszimmer des Trusts, eine Galerie von Porträts, Orden und Fahnen. Ich erkenne den jetzigen Betriebsleiter, er war einer der sonntäglichen Saunagänger. In Vitrinen hängen die Fotos der berühmten sowjetischen Generäle des 2. Weltkrieges. Als erster, sein Bild größer als das der anderen und mit Lorbeer umkränzt, Josef Wissarionowitsch Stalin. Valentin sagt verlegen: »Die Genossen vom Gebietskomitee verlangten, daß wir ihn abnehmen. Aber die Alten bei uns wollen ihn, also kann ich ihn nicht abnehmen.« In Öl gemalt auch die Ordensträger des Betriebes. Einer der Porträtierten hat den Rotbannerorden 1956 in Ungarn erhalten. »Das zählte damals als Krieg.«

Ein Stock darüber Valentins Parteibüro. Sein Namensschild hängt in der Mitte der Tür. Valentin Pawlowitsch Wtscheraschni. Ich schaue Gerd fragend an, zweifle an meinen Russischkenntnissen, aber er nickt. Wtscheraschni heißt auf deutsch wirklich der Gestrige. Das Arbeitszimmer, so groß wie eine Vierraumwohnung, ist überheizt, deshalb läuft die Air-Condition-Anlage. Auf Valentins Schreibtisch steht eine dicke Blechbüchse mit sorgfältig angespitzten Bleistiften. Früher hätte er die Stifte selbst anspitzen müssen, aber nun würde das eine Sekretärin erledigen. Neben dem Topf mit den Stiften liegt ein dicker Zettelstapel. »Die wenigsten Genossen bringen Papier oder Stift mit, wie sollen sie sich da merken, was ich ihnen sage.«

Sechs Jahre lang regiert Valentin schon als Parteisekretär, davor war er Komsomolsekretär im Trust. »Studiert habe ich Bauingenieur. Ob auch Frauen in meiner Seminargruppe waren? Zu meiner Zeit waren Frauen Maurer, aber keine Bauingenieure. Und die Frauen, die auf dem Bau arbeiten, die wollen nicht studieren. Wenn sie acht Stunden lang Ziegelsteine auf das Gerüst hochgeschleppt haben, zu Hause wartet die Familie auf das Essen ... Schade, daß immer mehr Frauen – Maurer, Maler und Fliesenleger – aus dem Trust weggehen, dafür müssen wir asoziale und arbeitsscheue Männer einstellen. Die Fluktuation steigt und steigt. Aber ich habe mir als Parteisekretär ausgedacht, wie wir die Betriebsverbundenheit wieder stärken ...«

Valentin holt aus dem Schrank einen Pappkarton, stellt ihn auf den Tisch, seine sonst zitternden Hände sind ruhig dabei, und öffnet ihn vorsichtig, als ob es sich um die Schatzschatulle von Peter I. handelt. In dem Karton liegen Hunderte von Wimpeln und Abzeichen zum Thema: Der Kamyschiner Bautrust unsere Heimat! Ich kenne die sprichwörtliche Liebe der Russen zu Abzeichen, wir hatten früher pfundweise FDJ- und Pionierabzeichen mitgenommen, aber ich weiß auch, daß es hier leichter ist, sich ein Raketenteil aus Baikomur zu besorgen, als Abzeichen oder Wimpel anfertigen zu lassen. Wir sollten nicht fragen, wie er das geschafft hätte ... Auf meine Frage, ob die Direktoren der Abzeichenfabriken als Gegenleistung vielleicht eine Datsche gebaut bekommen haben, antwortet er nicht. Statt dessen erzählt er begeistert über seine Arbeit als Parteisekretär. »Ich organisiere jährlich den ›Tag der Bauarbeiter‹ mit einer großen Feier. Ich habe den ›Paß des jungen Facharbeiters‹ eingeführt – mit einer großen Feier. Im Betriebsschwimmbad organisiere ich das Neptunfest. Außerdem jährlich eine Veteranenfeier, einen Lottoverkauf – 3000 Lose zu je einem Rubel –, fünf Nähmaschinen und drei Kühlschränke waren zu gewinnen (mit anschließendem Umtrunk). Im Kulturhaus bereite ich ökonomisch-kulturelle Wettbewerbe der Brigaden vor, da kochen die Frauen um die Wette, und die Männer sagen Gedichte auf, danach eine gemütliche Feier.«

Ich unterbreche und frage: »Aber wenn eine Frau dort nicht kochen oder ein Mann keine Gedichte aufsagen will?« Er winkt ab. »Alle lieben meine Feiern, denn alle gehören zum

Kollektiv.« Und übergangslos, so als müsse er sich beruhigen: »Wir drei feiern heute abend natürlich auch.«
Ich frage Valentin, ob sie in ihrem Betrieb demokratisch wählen, mehrere Kandidaten für den Posten des Direktors aufstellen. Aber natürlich, auch das hätte er organisiert! »Beispielsweise bei der letzten Gewerkschaftswahl. Der alte Vorsitzende wollte nicht mehr gewählt werden, er schlug andere vor, alles waren anständige Leute und fähige Organisatoren, aber keiner wollte sich zur Wahl stellen. Da hatten wir nun diese schwierige Situation, daß vielleicht ein völlig unbekannter und unfähiger Mann zum Vorsitzenden gewählt wird, und ich gehe also zum Direktor und sage ihm, daß er und ich zusammen die Kandidaten vorschlagen: den Hauptingenieur, den stellvertretenden Direktor oder einen anderen Ingenieur. Ich rede mit allen dreien, aber keiner will kandidieren. Aber da war noch der Genosse Limenko, früher Kaderleiter, danach auf Forderungen der Arbeiter in die Produktion umgesetzt. Der Direktor sagte ihm: Das ist keine schwere Arbeit als Gewerkschaftsvorsitzender, und du bekommst auch 320 Rubel. Doch Limenko lehnte ab. Da habe ich unter vier Augen mit ihm gesprochen: Du bist Kommunist, und ich bin Kommunist, und wir können es nicht dem Zufall überlassen, wer der Gewerkschaftsvorsitzende im Bautrust wird. Man wird zehn oder zwanzig Vorschläge machen, und keiner weiß genau, um wen es sich da handelt. So habe ich ihn überzeugt. Bei der Wahl hätten wir den Vorsitzenden von allen Mitgliedern oder nur von den 33 Mitgliedern des neuen Gewerkschaftsvorsitzenden wählen lassen können. Wir haben also zuerst die 33 neuen Gewerkschaftsvorstandsmitglieder gewählt, da war es schon ziemlich spät. Und dann habe ich mich hingestellt und gesagt: An der Wahl des Vorsitzenden kann jeder teilnehmen, aber ihr könnt auch schon nach Hause gehen, dann stimmen die 33 neuen Vorstandsmitglieder ab. Alles geschah streng demo-

kratisch, und Limenko wurde, obwohl es für unsere Sache vorher so schlecht aussah, einstimmig nominiert. Und er macht eine gute Gewerkschaftsarbeit, bespricht sich mit mir und dem Betriebsdirektor.«

Valentin fragt, ob wir noch mehr wissen wollen. Ich schüttele den Kopf. Er beschenkt uns mit Wimpeln und Abzeichen vom Bautrust. »Und nun seid ihr noch zu einer kleinen Feier in die Erholungsbase eingeladen.« Wir lehnen ab, weil wir schon die Verabredung mit dem unbekannten Briefschreiber Alexander Komarow haben.

Da verwandelt sich der Parteisekretär in ein bettelndes, flehendes Kind. Das könnten wir nicht machen, es sei alles schon vorbereitet. Sein Körper wird plötzlich geschüttelt, wie ich es nur von Malariaanfällen in Afrika kenne. Ich lenke ein. Aber nur bis 19 Uhr, sage ich. Er räumt seinen Schreibtisch auf, stellt Bleistiftbüchse und Papierblock ordentlich nebeneinander.

Im schwarzen Wolga fahren wir an die Peripherie der Stadt über holprige Wege einer grauen und teilweise kohlestaubschwarzen ›Wiese‹ bis zum dicht mit Birken, Ebereschen und Koniferen bewachsenen Park, in dem die Erholungsbase, sechs Holzhäuser im Finnhüttenstil, versteckt ist. Hier dürfen sich auch die Fußballer erholen und auf die Spiele vorbereiten.

»In den nächsten Wochen werden sie jedoch auf die Krim fahren, um sich auszuruhen. Trainer Serjoscha hat es heute mit dem Genossen Haridonow vereinbart, und bezahlen wird das Textilkombinat.« Eigentlich müßte es der Arbeiterrat dort erst beschließen, aber für die Fußballer habe es die Generaldirektorin ausnahmsweise auch ohne Genehmigung des Arbeiterrates bewilligt.

In einer der Finnhütten ist der Tisch für uns drei gedeckt. Am Stuhlbein von Valentin stehen vier Flaschen Wodka. Ich kann nicht so schnell gucken, wie er die ersten 100 Gramm eingeschenkt, ausgetrunken, neu eingeschenkt und wieder ausgetrunken hat. Und plötzlich, als sei er von einem bösen Zauber befreit, spricht er wieder langsam und deutlich, lächelt sogar, seine Hände sind ruhig, als er uns Brot und Wurst auf die Teller legt und die Bierflaschen öffnet. Das Bier ist gut. Ich frage, wo er es aufgetrieben hat. »Dafür habe ich meine Leute. Schließlich muß ich mich als Parteisekretär und Mitglied des Parteirayon-Komitees Tag und Nacht um wichtigere Dinge kümmern.«

Nach der zweiten Flasche Wodka drängen wir zum Aufbruch. Valentin holt einen Pappkarton, gefüllt mit Wimpeln und Abzeichen der Kamyschiner Fußballmannschaft, aus dem Schrank. Auch die habe er organisiert. Außerdem hätte er einen Fußballfanclub in Kamyschin gegründet, Genosse Haridonow sei Ehrenmitglied und selbstverständlich auch all die anderen Leiter, die ich schon in der Sauna kennengelernt hätte. Er, Valentin, sei unentbehrlich für den Fußball in Kamyschin.

Punkt 19 Uhr fährt er uns in die Stadt und sucht im engen Geviert eines Neubauviertels zwischen herumstreunenden Hunden, tobenden Kindern und alten Leuten, die in Wintermäntel und dicke Tücher gemummelt auf den Hausbänken sitzen, die Nummer der Wohnung von Alexander Komarow.

Das Treppenhaus ist eng und steil und so spärlich beleuchtet, daß wir die Türschilder kaum lesen können. Im vierten Stock steht die Tür schon offen, es riecht nach Kraut und roten Rüben und Knoblauch und Gebratenem.

Alexander Komarow steht hinter der Tür und wartet wie ein Matrose auf Ausguck. Er ist groß und kräftig, das Lächeln in seinem breiten Gesicht unsicher, aber nicht aufgesetzt. Die Freude, daß wir gekommen sind, gibt er lauthals mit einem Ruf: »Sie sind da!« ins Innere der Wohnung weiter. Ein vielleicht vierjähriges Mädchen mit schwarzen glatten kurzen

Haaren, dunklen Augen und einem feinen ebenmäßigen Gesicht gibt uns artig und schüchtern die Hand, dann umhalst sie mit einem Arm Papas Beine. »Das ist Lena«, sagt der stolze Vater, und er bemüht sich, jedes Wort langsam und überdeutlich auf deutsch auszusprechen. »Meine Frau Alja.« Eine zierliche kleine Frau, Bubikopf, vielleicht 25 Jahre. Wie eine Russin sieht sie nicht aus, aber auch nicht wie eine Südländerin. Sie trägt eine Brille, ihre Augen, ähnlich wie bei Tamara, der Lehrerin, sehr freundlich, aber trotz des Lächelns entdecke ich Wehmut, wahrscheinlich sind Lachen und Weinen sehr nahe beieinander.

Im Zimmer kann ich den Geruch genau definieren, es duftet nach Borschtsch, der russischen Suppe aus roter Beete, Kraut und Fleisch. Alexander stellt uns seine Mutter vor. Sie wohnt mit ihnen in der Zweiraumwohnung und hat für uns gekocht. Auf einem großen Teller bringt sie hochauf gestapelt goldbraun gebratene Krautwickel. Seine Mutter und er seien Russen, erzählt Alexander. Ihnen habe viele Jahre der Makel der ›Kulaken‹ angehangen. »Die Großeltern besaßen nur kleine Felder. Aber weil sie besser wirtschafteten als andere Bauern, sind sie während der Kollektivierung in die Verbannung nach Duschanbe gebracht worden. Dort haben sich die Eltern kennengelernt, ich bin noch in der Verbannung geboren, danach durfte die Familie zurück nach Kamyschin.«

Er stockt. Aber was erzähle er, wir hätten uns noch nicht einmal begrüßt. Wodka in kleinen Gläsern. Er trinkt auf die Gäste. »Die teuersten und ehrenvollsten, die wir bisher in dieser Wohnung begrüßt haben.« Er ist kein geübter Toastredner. Sie wären erst einige Monate hier, es sei so schwer in dieser kalten schmutzigen Stadt, Freunde zu finden, Menschen, mit denen man sprechen könnte. »Und deshalb sind wir glücklich, daß Sie gekommen sind.«

Alja und Alexander haben Medizin studiert. Er unterrichtet

an der Medizinischen Schule, sie arbeitet als Ärztin in der Kinderklinik. Über Medizin reden wir erst später. In den ersten Stunden spricht Alexander nur über ein Thema: die deutsche Sprache, die deutsche Literatur, die deutsche Kunst, die deutschen Menschen. Er hat nie an der Schule oder Universität deutsch gelernt, sich die Grammatik und Aussprache selbst angeeignet, um Goethe und Heine in der Originalsprache lesen zu können. Die Deutschen, schwärmt er, seien kulturvolle Menschen, feinfühlig und gebildet. »Wir Russen dagegen sind plump und aggressiv.« Ich will mich nicht streiten mit ihm, außerdem tut es mir weh, ihn aus dieser Illusionswelt zu holen. Wahrscheinlich würde es mir auch nicht gelingen. Er holt ein deutsches Bilderbuch mit Grimms »Rotkäppchen«, zeigt der kleinen Lena die Bilder und ist glücklich und stolz, wenn die Vierjährige auf deutsch »Wolf« und »Großmutter« und »Kuchen« sagt.
Alja sitzt still daneben und lächelt. Aber plötzlich sagt sie übergangslos: »Alexander hat heute einen Tag Urlaub genommen. Er ist von früh bis abends durch die Stadt gelaufen, von Geschäft zu Geschäft, um für die teuren Gäste einige Flaschen Bier zu erhalten. Von früh bis abends, stellen Sie sich vor, ist er heute herumgelaufen, nach einer Flasche Bier. Wie entmutigend für einen Menschen, einen Arzt, der sechs Jahre studiert hat. Er hat kein Bier bekommen, und wenn ihm nicht ein Freund eine Flasche Wodka besorgt hätte ... Was ist das für ein schreckliches Leben!« Nein, sie wollen nicht klagen, sagt Alja, aber wir sollten doch die Wahrheit wissen. »Ein Dreher in Kamyschin beispielsweise verdient 300 Rubel. Ich als Ärztin, die für das Leben von 80 Kindern auf der Station verantwortlich ist, bekomme 130 Rubel. Wir haben für alle Kinder drei Spritzen, drei Spritzen in der Kinderklinik, die wir hüten, als wären sie das Wasser des Lebens. Bei der letzten Dienstberatung wurden wir wieder ermahnt, die Spritzen zu pflegen, zu pflegen und zu ste-

rilisieren und zu sterilisieren. In Wolgograd sind jetzt 85 Kinder mit AIDS infiziert worden, weil sie keine Einwegspritzen für die Kinder haben. Kalmücken, deren Kinder im Krankenhaus mit AIDS angesteckt worden sind, haben drei sowjetische Ärzte totgeschlagen.«

Ich bezweifle die Wahrheit, aber Alja sagt: »Es wurde öffentlich in der Dienstberatung gesagt ...«

»In eurem großen reichen Land muß es doch zu schaffen sein, genügend Spritzen zu produzieren, Gorbatschow und die Perestroika ...«, erwidere ich.

Alexander unterbricht. »Ich glaube nicht mehr an Gorbatschow. Er steht wie ein Weiser und redet und redet und redet. Und keiner widerspricht, verlangt Konkretes von ihm. Wir sind es gewohnt: Wenn der Zar spricht, sind alle anderen still und applaudieren.«

Alja kramt Familienfotos aus einem Pappkarton. Auf den meisten Bildern ist Lena zu sehen. Und immer wieder Birkenwälder. Die Menschen im Hintergrund sind klein geraten, scheinbar unwichtig, das Wichtigste sind die Birken. Zwischen den Fotos liegt eine Ausweiskarte für Alja Komarowa. Gerd übersetzt noch einmal und sieht Alja dann zweifelnd an. »Ja, es stimmt«, sagt Alja. »Alja Komarowa. Mitglied der Gesamtsowjetischen Freiwilligen Gesellschaft für den Kampf um Nüchternheit.« Der Ausweis ist 1987 ausgestellt.

»Auch Alexander ist Mitglied. Wir waren damals noch als Ärzte in meiner Heimatrepublik der Autonomen Sowjetrepublik der Mari. Und alle Ärzte dort mußten Mitglied dieser Freiwilligen Gesellschaft werden.«

Weder Gerd noch ich haben bisher von einer Nationalität der Mari gehört.

Alja erzählt: »Mari bedeutet Mensch. Das Gebiet, in dem die Mari leben, wurde schon zu Zeiten von Iwan dem Schrecklichen durch die Russen besetzt. Sie kamen damals als Beschützer vor den Mongolen und Tataren. Nach den Soldaten kamen die russischen Missionare und nach der Oktoberrevolution die russischen Marxisten und die Wirtschaftsplaner. Sie haben unsere Wälder mit ihren Fabriken zerstört. Als die ersten Russen im Gebiet der Mari siedelten, glaubte unser Volk noch an die Naturgötter. Die Menschen gingen in den Wald und beteten die Bäume, die Birken an. Unsere Naturreligion war nicht streng und mystisch wie andere Religionen. Man tanzte und sang dann im Wald. Ein fröhliches und friedliches Volk waren wir... 700 000 Menschen vom Stamme der Mari leben noch, etwa 300 000 davon in ihrem ehemaligen Gebiet im Norden der Sowjetunion.«

Ich frage Alja, ob sie die Sprache der Mari kennt. Ja, sie hätte sie gelernt und liebe sie. Aber Lena werde wahrscheinlich eher deutsch sprechen als die Sprache ihrer Mutter. »Ich mußte schon zu Hause im Kindergarten Russisch lernen, Mari sprachen wir nur zu Hause. 1980, mein noch nicht dreijähriger Bruder ging damals in den Kindergarten, beschimpfte mich die Kindergärtnerin: ›Lena, Ihre Mutter ist eine Lehrerin, alles kluge Leute in Ihrer Familie. Aber dieser Junge spricht noch kein Wort Russisch, nur die Ureinwohnersprache. Schämt ihr euch nicht!‹«

Alexander war zwei Jahre Deputierter in einem örtlichen Dorfsowjet der Autonomen Republik der Mari. »Ich war der einzige Russe in diesem Dorfsowjet, und ich fragte immer: ›Weshalb sprecht ihr hier Russisch, es gibt in diesem Sowjet doch nur einen einzigen Russen?‹ Und die Männer antworteten mir: ›In der Familie können wir uns noch mit unserer Sprache verständigen. Aber um solche komplizierten Dinge zu sprechen wie hier im Sowjet, dafür gibt es in der Sprache der Mari keine Wörter‹.«

Während wir Tee trinken und Honig dazu löffeln, rede ich wieder von den Spritzen, will nicht einsehen, daß es unmöglich ist, diese Situation zu verändern. Ich sage: »Es müßten

100 000 Ärzte einen Protest an das Ministerium für Gesundheitswesen unterschreiben, dazu alle Deputierten dieses Thema öffentlich behandeln.«

»Und wenn eine Million Ärzte und Deputierte darüber reden und schreiben. Es würde nichts ändern«, sagt Alja. »Wir können jetzt unsere Meinung sagen, das stimmt. Aber das ist nur die halbe Wahrheit, denn indem wir etwas sagen können, verändern wir noch nichts. Für die Nadel beispielsweise ist das Ministerium für Feinmechanik verantwortlich, für den Spritzenkörper das Ministerium für Gerätebau, für das Problem insgesamt das Ministerium für Gesundheitswesen und für die Auslieferung der Spritzen das Ministerium für Handel und Versorgung. Eine Spritze und vier verschiedene Ministerien, und eines, schiebt die Schuld auf das andere. Was kann man da ausrichten? Die neue Demokratie, die wir scheinbar errungen haben, ist ohnmächtig gegen die alten Strukturen.«

Alexander übt mit Lena deutsche Zahlen. Bis acht kann sie schon zählen.

Ich frage, wie viele Kinder die beiden noch haben möchten.

»Kein einziges mehr«, sagt Alexander. »Es ist unverantwortlich, in diesem Land heute Kinder in die Welt zu setzen. Nein, dieses Risiko, daß unsere Kinder vielleicht keine Milch haben werden und kein Brot, dieses Risiko werden wir nicht auf uns nehmen.«

Alja nickt. Es sei ein Verbrechen oder besser gesagt eine Sünde, in diesem Land Kinder zu gebären.

Sie sagt es nicht laut und leidenschaftlich, sondern sehr leise, stockend, traurig.

»Aber ihr seid reich«, sage ich, »die Bodenschätze, die Wälder, die fruchtbaren landwirtschaftlichen Gebiete.«

»Es gibt ein paar Leute«, entgegnet Alexander, »die bedienen sich an diesem Reichtum wie in einem Selbstbedienungsladen, ohne zu bezahlen. Was haben sie für ein Interesse, diesen Reichtum mühevoll zu vermehren, damit er für alle ausreicht?«

Ich aber will das nicht hören, wehre mich trotzig wie ein Kind, dem man sein Lieblingsspielzeug wegnehmen will oder dem man erklärt, daß es Schneewittchen und die Goldmarie und das Zauberpferdchen nur im Märchen gibt. Seit meiner ersten Reise in die Sowjetunion habe ich mir in diesem Land stets neue Kraft und neuen Glauben geholt. Ich war hier auf Pilgerreise. Ich sah die großen Fabriken, die neuen Städte und die reichen Kulturpaläste. Das alles war mir Bestätigung für die Lebensfähigkeit der sozialistischen Idee. Und das, was mir am meisten Mut machte auch für den Sozialismus zu Hause, das waren die sowjetischen Menschen. Ludmilla, die mir eine Nacht lang, an der Oka spazierengehend, Gedichte auf deutsch und russisch vortrug, die alten Männer und Frauen, die abends vor ihren Häusern saßen, bei Brot und Speck und Wodka und alten russischen Liedern und der Ziehharmonika. Die so hoffnungsvoll waren und so weit weg vom Konsumdenken kapitalistischer Art. Sie waren die Verkörperung der alternativen Gesellschaft, von der ich träume und die ich will ...

»Euer Volk hat in den schwierigsten Situationen der Geschichte immer übermenschliche Kräfte mobilisiert. Es hat Napoleon besiegt und Hitler. Und ihr habt ohne Zwang von außen begonnen, euch selbst zu operieren, die eigene Geschichte in Frage zu stellen. Ich glaube an die Sowjetunion.«

Da sagt Alexander einen für mich bis dahin unvorstellbaren, undenkbaren Satz: »Weshalb klammert ihr euch in der DDR wie Ertrinkende an uns, an Fremde, an die Sowjetunion? Weshalb macht ihr nicht das Normalste, das Logischste der Welt und holt eure Hoffnung aus der Bundesrepublik, verbündet euch nicht mit ihr?«

Wir bleiben bis kurz vor Mitternacht.

Alja setzt die zweite und die dritte Kanne Tee auf. Und

Alexander nimmt Töchterchen Lena auf den Schoß und singt mit ihr in deutscher Sprache: »Alle meine Entchen ...« Und plötzlich weint Alja. Wir sollten wiederkommen, sagt sie. Wir könnten zusammen Bach hören und Rachmaninow, und Lena werde dann schon wieder einige deutsche Worte mehr sprechen.

Alexander schenkt Gerd zum Abschied das in der DDR verbotene Buch *Die Kinder des Arbat* auf russisch. Mir überreicht Alja einen kleinen russischen Wecker. Wenn er mich weckt, möge ich an die Familie Komarow denken. Und wir sollten im nächsten Jahr mit unseren Frauen und Kindern kommen. »Es haben alle Platz«, sagt Alja, umarmt uns flüchtig, weint und weint. Alexander, Alja, Lena und die Großmutter wohnen in zwei kleinen Zimmern. Aber ich weiß, es wird Platz sein, selbst wenn wir unangemeldet alle auf einmal kommen würden.

Nach dem Gespräch bei den Komarows machen Gerd und ich den Fehler, im Hotel noch weiter zu philosophieren.

Als ich Valentin beschuldige, daß er sich im Fußball unentbehrlich macht, um sich mit Haridonow, also der Macht, zu arrangieren, schreit Gerd: »Dieser Valentin schmiert, weil es seiner Krämerseele entspricht. Aber du und ich?«

»Spinnst du, was haben wir mit ihm gemein?«

»Du schreibst in deinen Büchern von der Überlegenheit des Sozialismus und der sozialistischen Menschen und garnierst das mit ein bißchen Kritik an Mechanismen und Personen dieses Systems. Weshalb tust du das? Weil die Hofnarren schon immer privilegiert waren! Die Kulturbonzen brauchen dich, damit sie verkünden können: ›Seht, wie offen wir sind, wir erlauben sogar kritische Bücher ...‹«

»Immer noch besser, Hofnarr zu sein, als überhaupt nichts zu sagen. Was hätte ich tun sollen?«

»Erinnerst du dich an den Sommerabend dieses Jahres in der Rhön?«

Ich erinnere mich. Gerd war wenige Wochen aus Mosambik zurück, hatte dort im Juni als Mitglied der offiziellen Delegation der SED am Parteitag der FRELIMO teilgenommen. Wir waren von Kaltennordheim auf den Windberg hinaufgestiegen, hatten auf einer kargen Wiese zwischen Hunderten naturgeschützter silberner Rhöndisteln gesessen, und Gerd erzählte von dieser Reise. »Ich war schon vor den anderen runtergeflogen, wollte mein Entwicklungsmodell bäuerlicher und handwerklicher Produktion erproben, litt und hungerte und feierte mit den Afrikanern. Und dann kamen die übrigen Mitglieder der Parteitagsdelegation in einer Sondermaschine. Politibüromitglied Krolikowski war Leiter. Mit eigener Krankenschwester. Mit eigener Ärztin. Mit eigenen Köchen. Eigenem Diener. Eine große Villa mit acht oder zehn Zimmern wurde für ihn gemietet. Und dann lud man die Sondermaschine aus.« Ich weiß noch, wie Gerd beim Erzählen eine Distel in der Hand zerdrückte, als sei es ein Wattebausch, und sich noch tagelang danach die Stacheln mühsam aus der Hand piekte. »Stell dir vor, dieser Fettwanst, dieser Krolikowski, den überhaupt nicht interessierte, ob er in Mosambik oder in Vietnam oder in Spanien oder in Portugal eine Woche zum Parteitag als Gast geladen war, der hatte nur eine Sorge, daß alles aus der Sondermaschine ausgeladen wurde: französischer Käse, dänische Butter, Mineralwasser aus Österreich, Aal aus Norwegen, Krimsekt und sogar Bananen, Chiquita-Bananen! Und Mandarinen aus Südafrika. Er hat eine Woche lang gefressen und gesoffen, seine Rede ließ er sich ausarbeiten. Den Bericht vom FRELIMO-Parteitag für das SED-Politbüro mußte ich schreiben, und als ich darin auch die Frage des Personenkults, die auf diesem Parteitag eine Rolle gespielt hatte, erwähnte, mußte ich das alles streichen, und er wurde von einem anderen Zuschläger neu geschrieben.«

Weshalb habe ich nicht darüber geschrieben? Weil ich feig

bin, oder weil ich hoffte, daß es nur krankhafte Auswüchse sind, daß der Körper noch gesund ist und wir die eiternden Geschwüre herausschneiden werden? Wahrscheinlich bin ich zu feig, ernsthaft zu recherchieren, ob nicht schon der ganze Körper rettungslos krank ist. Denn dann, was wäre dann die Konsequenz ... ich könnte mich nicht einmal mit dem Versuch der Erneuerung rechtfertigen.
In den letzten Nachtmeldungen hören wir, daß in Berlin die Volkskammer getagt hat, Krenz zum Vorsitzenden des Staatsrates gewählt worden ist. Sindermann würdigte den aus gesundheitlichen Gründen zurückgetretenen Honecker. Er sagte, so der sowjetische Rundfunk, unter dem Beifall der Abgeordneten: »Wir lassen die menschliche Größe des Revolutionärs und die kommunistische Aufrichtigkeit unseres Genossen Honecker nicht antasten.«
Gerd knirscht mit den Zähnen, murmelt: »Die leben doch alle wie dieser Fettsack! Und nun erteilen sie sich gegenseitig Absolution. Hinwegfegen – hinwegfegen muß man dieses Pack.«
Ich kann in dieser Nacht nicht mehr schlafen. Die nächsten Tage unserer Perestroika-Erkundung in Kamyschin erlebe ich wie im Fieber, schüttelfrostartig werde ich immer wieder zwischen Hoffnung und Hoffnungslosigkeit hin und her geworfen. Ruhe finde ich erst in den Stunden, als uns der 90jährige Dominik Hollmann, der älteste Dichter der Wolgadeutschen, vom Schicksal seines Volkes erzählt und zum Abschied eines seiner Gedichte rezitiert.

Wolga ...
In meinem Herzen, meinem Sinn
lebst Du und das ist mein Gewinn
Und aller Deiner Söhne.
Nun lebe wohl und bleibe schön
Vielleicht ist mir ein Wiedersehn
Mit Dir noch mal beschieden.

Zum Abschied tauch ich meine Hand
In Deine Flut am Uferrand
Den Gruß Dir zu entbieten …

Nach der schlaflosen Nacht kommt kurz vor Mittag Anna Stepanowa, die Briefschreiberin, erneut unangemeldet zu uns ins Hotel. Wieder zieht sie den Mantel nicht aus, und wieder nimmt sie den Hut nicht ab. Wieder packt sie Stapel von Briefen, Drohungen, Abschriften und die Verfassung aus ihrer abgegriffenen Tasche, wieder spricht sie gehetzt, mit flackernden Augen und schreit so laut, daß Gerd die Zwischentür schließt. »Diese Verbrecher, der Berufsschuldirektor, der Melonen und Schweine für sich verschob, der Chef der Miliz, der alles deckte, diese Deputierten! Ich habe sie vor Gericht angeklagt, ich habe an die Partei geschrieben, und am 13. Mai 1987, sehen Sie hier die Durchschrift, hat man mich ins Parteikomitee nach Kamyschin eingeladen. Im Parteikomitee saß auch der Kreisstaatsanwalt, und dieser Staatsanwalt fragte: ›Vertrauen Sie mir, Anna Stepanowa?‹ Und ich sagte: ›Ja, ich vertraue Ihnen.‹ ›Dann kommen Sie‹, sagte er, ›heute um 16 Uhr in die Staatsanwaltschaft.‹ Ich ging hin, aber nicht der Staatsanwalt kam, sondern um 16.30 Uhr erschien eine Krankenschwester, die sagt, ich solle mit ihr in die Poliklinik gehen. Ich schrie, ich bin nicht krank! Da packten mich zwei Männer und schleppten mich in die Psychiatrie. 22 Tage haben sie mich dort gespritzt, ich hatte vorher eine komplizierte Augenoperation, durch die Spritzen wurde ich fast blind. Ich habe dann nicht mehr geschrien, ich habe nur noch geweint. Ich wurde entlassen, und die Ärzte behaupteten, daß ich an der Paranoischen Krankheit leide. Und da bin ich nach Wolgograd zu einer bekannten Ärztin gegangen, 18 Tage ins Gebietskrankenhaus, und sie haben mich untersucht und mir bescheinigt, daß ich geistig gesund bin. Ich bin gesund! Und danach rief man mich an, und am Telefon bot mir jemand 3000 Rubel, wenn ich meine Anklage fallenließe, denn diese Genossen seien doch ehrenwert, ich dürfe nicht die Wahl gefährden. Später rief der gleiche Mann an und bot 5 000 Rubel. Jedes Wort habe ich aufgeschrieben.«

Wir könnten alle Briefe lesen, die an den Obersten Gerichtshof, an das Zentralkomitee, an den Kreissekretär hier. »Aber die meisten haben die Briefe nicht einmal weitergeleitet. In Kamyschin bei der Partei hat ein gewisser Filtschikow dem 1. Kreissekretär meinen Brief einfach unterschlagen. ... Ich hasse sie. Der Zar müßte wiederkommen, sie alle in die Verbannung schicken, diese Verbrecher ...«

Hat Wladimir Filtschikow, unser freundlicher Begleiter, den Brief wirklich unterschlagen?

Ist die Frau krank? Hat sie alles erfunden?

Aber wenn sie es erfunden hätte, weshalb wird sie nicht wegen Verleumdung angeklagt?

Das Gebäude des KGB, das wir immer, wenn wir vorbeigehen, neugierig mustern, scheint auch heute menschenleer. Die Haustür ist verschlossen. Wir rütteln daran, aber nicht einmal der Wachposten erscheint.

Weil der Parteivorrat im Kühlschrank alle ist, suchen wir in der Stadt nach einem Restaurant, finden aber nur eine Stolowaja, eine Imbißstube. Die Flügeltüren sind mit Blech beschlagen. Als wir hineingehen, fällt ein Besoffener mit dumpfen Knall dagegen, bleibt wie tot liegen.

In der Stolowaja gibt es nur noch Kapusta (Kraut), und eine der Verkäuferinnen sagt, wir sollten das nicht essen, dieses Kraut würde kein Ausländer vertragen, das könne nur ein Russe überleben. Die Frauen in der Stolowaja sind schon sehr alt. Nur die, die uns vor dem Kraut warnte, ist noch jung. Aber nun, nachdem der Besoffene hilflos vor die Tür gefallen ist, laufen alle aufgeregt wie junge Bräute umher. Sie bedauern den armen Mann. »Wir Frauen haben uns die Männer aufgeladen, also müssen wir sie auch tragen. Aber wenn sie doch nur was dabei essen würden, wenn sie Wodka trinken, die Guten«, wehklagt die alte Frau am Rechenbrett. Aber es gibt nichts zu essen ...

Hinter dem Kino im Park soll es außer dem »Raketa«-Restaurant, wo wir oft mit Wladimir saßen, das aber heute seinen »Sanitärtag« (Schabenbekämpfungstag) hat und deshalb geschlossen ist, ein zweites Restaurant geben. Am Kino drängelt man sich vor dem Vorschauplakat. »Interdewotschki«, ein Film über Prostituierte in der Sowjetunion, wird in der nächsten Woche hier gespielt. Wir fragen einen Mann, der uns am Vorschauplakat mustert und freundlich zunickt, nach dem Weg zum Restaurant. »Ich habe Sie gesehen, als Sie mit unserem Arbeiterratsvorsitzenden durch das Glaswerk gelaufen sind. Ich bin dort Maschinenarbeiter, heiße Nikolai. Hat es Ihnen bei uns gefallen?«

Sauber war es, sage ich, und der Arbeiterrat funktioniert.

Ja, sagt er, der Vorsitzende ist sehr aktiv.

Die Miliz fährt vorbei, hält an der Stolowaja. Ich erzähle Nikolai von dem Besoffenen. Und der Maschinenarbeiter sagt, daß der Arbeiterrat im Glaswerk jetzt ein hartes Gesetz gegen Alkoholismus erlassen hat: Bei einem Tag Arbeitsbummelei wird der Durchschnittslohn von 400 Rubel auf 70 Rubel gesenkt. Wenn die Kommission zum Kampf gegen den Alkohol nachweist, daß der Arbeiter besoffen war, werden ihm noch einmal 50 Rubel abgezogen. Es bleiben ihm zwei Flaschen Wodka – 20 Rubel. Im Wiederholungsfall darf er seinen Urlaub nicht im Sommer nehmen, sondern muß als Trunkenbold im Winter Urlaub machen.

»Vor lauter Jammer und aus Scham, am Gehaltstag mit 20 Rubel nach Hause zu gehen, versaufen sie das Geld sofort. Und die Frauen müssen ihre Kinder dann allein durchbringen und den Mann noch miternähren. Im Arbeiterrat sitzen mehr als die Hälfte Frauen, aber trotzdem hat der Rat diesen Beschluß gefaßt. Denen, die dagegen waren und warnten,

daß man damit nicht die Trinker, sondern die Familie und ihre Kinder bestrafe, sagte unser Arbeiterratsvorsitzender: ›Ihr müßt das doch philosophisch sehen. Wenn der Arbeiter säuft und bummelt, wie viele Menschen leiden darunter? Das gesamte sowjetische Volk, der ganze Betrieb, die ganze Brigade. Aber unter der Strafe von 20 Rubel im Monat leidet nur seine Familie.‹«
Ich frage den Maschinenarbeiter, ob er die Entwicklung des Arbeiterratsvorsitzenden kenne. »Er hat vier Klassen besucht, dann wollte er Schuster lernen, aber das Geld reichte zu Hause nicht, und deshalb ist er als Arbeiter ins Glaswerk gegangen. Er blieb Arbeiter, zwischendurch wollte er sich zum Elektriker qualifizieren, aber mit dem Abschluß der 4. Klasse schaffte er es nicht.«
Im Restaurant riecht es penetrant nach Bohnerwachs. Auf einem Podest stehen Musikinstrumente, die Tanzfläche davor ist so wellig wie der aufgeweichte Teer vor dichtbefahrenen Kreuzungen. Zwei dickbusige Kellnerinnen und irgendwelche männlichen Geschäftsführer laufen ständig hin und her. Uns beachtet niemand, obwohl oder weil wir die einzigen Gäste sind. Dann steht plötzlich eine dritte, etwas ältere Frau neben unserem Tisch. Gerd fragt, ob wir hier warm essen könnten. Ja, gebratene Hühner. Und sonst? Sie schaut uns an, als fragten wir einen notorischen Nichtraucher, ob er mehrere Zigarettensorten zu Hause hat. Dann erkundigt sie sich, ob wir Cognac möchten. 500 Gramm? Nein, weniger, sagen wir. Dann 300 Gramm, weniger gibt es nicht. Sie geht, und wir warten eine halbe Stunde. In der Zwischenzeit verkaufen die zwei vollbusigen Kellnerinnen einem jungen Mann drei Flaschen Cognac. Er tätschelt ihre Hintern, sie streicheln ihm mütterlich über den Kopf. »Unsere« Kellnerin – wir sind immer noch die einzigen Gäste, wenn man von der Laufkundschaft absieht, die hinter dem Tresen irgendwelche Dinge in ihre Taschen steckt – bringt eine Flasche

Wodka. Sie habe sich geirrt, sagt sie, Cognac gäbe es heute keinen. Die Hühner sind nur aufgewärmt, innen noch kalt, sie riechen schon. Der Wodka wird uns vor einer Fleischvergiftung bewahren, denke ich. Dann bezahlen wir. Die Kellnerin bescheißt uns – aber was macht das jetzt noch aus? Ich frage sie, ob sie noch fünf Minuten Zeit für uns hat. Sie stutzt, merkt wahrscheinlich erst jetzt, daß wir Ausländer sind, und nickt verunsichert. Dann entschuldigt sie sich, daß keine Tischdecken auf den Tischen sind und keine Gardinen an den Fenstern hängen. Aber das alles würde sie genausowenig interessieren wie die Zahl der Gäste. Ja, auch wenn nicht ein einziger Gast erscheinen würde, verdiene sie genauso viele Rubel. Und für den Schnaps, wenn sie den hinter der Theke an Spekulanten verkaufe, bekäme sie mehr Geld, als wenn sie mit großer Mühe und Eifer 100 Gäste bediene. Seit 30 Jahren arbeite sie hier, erzählt die Frau, nennt, wie um zu zeigen, daß sie die Wahrheit sagt, uns unaufgefordert ihren Namen: Sinaida Jenonowa. In Deutschland sei sie während des Krieges gewesen, zur Zwangsarbeit. »Als unsere Soldaten uns endlich befreiten, wurden die meisten von uns sofort wieder zu Hause in Stalinsche Lager gesteckt. Ich hatte wohl das größte Glück meines Lebens, weil ich einen hohen Offizier kennengelernt und geheiratet hatte. Deswegen kam ich nicht ins Lager, aber die Angst, die Angst bin ich nie losgeworden.«
Sie lädt uns ein, an einem der nächsten Abende noch einmal hier zu essen. Dann werde sie Cognac servieren und ein frisches Huhn extra für uns braten lassen.
Am nächsten Morgen wieder kein Einlaß bei der Staatssicherheit. Aber am Kiosk Zeitungen mit Meldungen aus der DDR. 20 000 demonstrierten in Neubrandenburg gegen die Alleinherrschaft der SED. Der Oberbürgermeister forderte von den Demonstranten jedoch, daß sie jede Schuldzuweisung gegenüber der Partei unterlassen, daß am Anfang des Gesprächs kein Mißtrauen stehen möge.

Wir sitzen mit unserem treuen Begleiter Wladimir Filtschikow und Alexander Drobyschew, Chef der politischen nichtformellen Gruppe »Initiativa« im Parteikomitee, zusammen. Beide, der Parteifunktionär und der Leiter der »Initiativa«, tragen Schlips und Anzug. Der Anzug von Wladimir ist jedoch schon abgetragen, der des »Initiativa«-Chefs hält noch die Bügelfalte, sieht aus, als wäre er aus gutem englischem Tuch maßgeschneidert, blaugrau mit hellen Nadelstreifen. Wladimir erklärt uns, daß nichtformelle Gruppierungen, Bürgerinitiativen – vor allem politische und ökologische – jetzt wie Pilze aus der Erde schießen würden. Es geschehe nicht immer zur Freude der herrschenden KPdSU. Ich frage den Chef der »Initiativa« nach dem Ziel seiner Gruppe.

»Nun, wir haben mehrere Anliegen, aber unser allerwichtigstes: Wir kämpfen dafür, daß endlich die Deputierten und nicht mehr die Funktionäre, die Apparatschiki, bestimmen, was in unserem Land geschieht.«

»Also eine Anti-Apparatschik-Truppe? Wie viele sind Sie?«

»Nun, etwa zehn Leute, Ingenieure, Elektroniker, Computerexperten . . .«

»Und weshalb vor allem Leute aus der technischen Intelligenz?«

»Wahrscheinlich weil diese Menschen kreativ arbeiten müssen. In unserem Land hinken wir mit der Computer- und High-Technik jahrzehntelang der USA, Japan und der BRD hinterher, aber nicht, weil die Wissenschaftler bei uns blöder sind, sondern nur, weil sie eingeengt wurden, weil sie sich nach dem richten mußten, was Nicht-Fachleute, Partei-Apparatschiki und andere befahlen. Wie soll einer eine neue Computerlösung finden, wenn er nicht einmal selbst entscheiden darf, ob er dazu ein westliches Fachbuch lesen muß, ob er eine stinklangweilige Versammlung schwänzen darf, ohne dafür bestraft zu werden.«

»Sind Sie Mitglied der KPdSU?«

»Ja, aber ich bin der erbittertste Feind der Partei, den Sie sich vorstellen können.« Und damit ich nicht weiter so unbeholfen frage, findet er es am besten, hier kurz seine Theorie zu erläutern, die sie in ihrer Gruppe »Initiativa« diskutieren.

»Nehmen Sie beispielsweise die Funktion der Partei. Wenn die Partei nur eine ideologische Aufgabe hat, wenn sie, wie man im Russischen sagt, ein Institut der Seele sein soll, dann muß man nicht verschiedene Parteien haben, dann braucht man überhaupt keine Partei. Dann braucht man nur die Lehre vom Humanismus und der Menschlichkeit. Jeder muß selbst entscheiden, ob er in die Kirche geht oder an die Idee des materialistischen Weltbildes glaubt. Und wenn man die KPdSU wirklich erhalten will, dann muß man sie von all ihrer Macht, von ihrem bürokratischen Apparat befreien. Dann sollte es nur noch Parteipopen geben, die den Menschen und ihren Seelen helfen, daß sie gut werden.«

Er schaut auf. Erwartet wohl Widerstand, aber niemand sagt etwas. Er wendet sich an Wladimir, und seine Stimme wird plötzlich laut und eindringlich: »Doch in der Partei laufen fast nur noch Wirtschaftsfunktionäre herum. Wie sollen diese Wirtschaftsfunktionäre aber die Seelen der Menschen erreichen und sie für die neue Idee: daß es nicht mehr um das Wohl einer Klasse, sondern um die ganze Existenz der Menschheit geht, begeistern? Diese Wirtschaftsapparatschiki sind in der KPdSU in der Mehrzahl, weil sich die Partei in letzter Zeit fast nur noch mit der Ökonomie beschäftigt hat, und sie sind so unnütz wie ein Beinamputierter beim Marathonlauf. Und wenn die Partei heute ihre Arbeitsweise ändern könnte, wenn sie sich nicht mehr um die Wirtschaft und jeden Mist dieses Landes kümmern würde, was würde dann aus diesen Berufswirtschaftsfunktionären werden? Etwa entlassen? Nein, sie saugen sich an ihrer unnützen Tätigkeit fest wie die Blutegel. Der Parteiapparat ist eine furchtbare Maschine geworden, einmal konstruiert und in Gang gesetzt, kann man sie nun nicht mehr abschalten. Und Sie, Wladimir Filtschikow, gehören zu diesen Nutzlosen, die nur noch an eines denken: an ihre eigene Macht.«

Wladimir Filtschikow, unser ruhiger Begleiter, zuckt zusammen, wird erst bleich, dann versucht er zu lächeln. »Wissen Sie, wieviel ich in meiner Machtfunktion monatlich verdiene? 230 Rubel, da bekommen Sie vielleicht fünfmal mehr.«

Aber Alexander entgegnet: »Es geht nicht um die Macht des Geldes, sondern viel wichtiger ist die Macht über andere Menschen.«

»Ich weiß nicht, über welche Menschen ich Macht haben sollte«, meint Wladimir.

Alexander: »Jede Anweisung, die Sie als Apparatschik geben, und wenn sie noch so unsinnig ist, die wird für das kleine einfache Parteimitglied zum Gesetz.«

Wladimir wehrt sich verzweifelt: »Ich führe nur das aus, was oben in der Zentrale vorgeschrieben wird. Ich kann meine Macht nicht mißbrauchen, weil ich sie nicht genießen kann. Wenn ich selbst nicht entscheiden kann, wie könnte ich da ein Gefühl von Befriedigung entwickeln?«

Alexander: »Aber Sie wurden von der Nomenklatura als Kader ausgewählt, weil Sie genau in dieses System der Unterordnung und der Unterdrückung anderer Meinungen hineinpassen.«

Wladimir: »Aber wir selbst versuchen dieses System umzubauen.«

Alexander: »Lächerlich, die Partei hat erst geschaffen, was sie nun beseitigen will. Und auch das macht sie lediglich, damit die Parteifunktionäre unentwegt beschäftigt sind.«

Wladimir: »Sie reden wie diese Demagogen um Jelzin. Die sagen auch: ›Die Menschen leben schlecht, seid ihr wie wir dafür, daß sie besser leben?‹ Und alle jubeln.«

Wenn sich Alexander und Wladimir bei der Wahl zum Obersten Sowjet gegenüberstehen würden, für wen würde ich stimmen? Für Wladimir, der bescheiden seine Arbeit tut, oder für Alexander, von dem ich nichts als seine Sprüche kenne? Doch die Sprüche hören sich gut an, wahrscheinlich ...

Alexander holt die vorletzte Nummer der Kamyschiner *Leninschen Fahne* heraus und zeigt uns die Überschrift: »Vorsicht vor Kooperativen!« »Wissen Sie, vor wem hier gewarnt wird? Nein, nicht vor den Kooperativen allgemein, das traut man sich nicht mehr, denn die hat Gorbatschow ja als neues Wirtschaftselement abgesegnet. Nein, es geht um ganz konkrete Kooperativen, es geht um meine, unsere Kooperative hier in Kamyschin. Da lügt der Journalist von Riesengewinnen, die wir machen, und von Steuern, die wir nicht bezahlt haben.

Die alten und neuen Stalinisten wollen uns schon in der Wiege umbringen, denn wer hier individuell arbeitet, der ist ihrer Meinung nach ein Feind des Sozialismus. Erinnern Sie sich, als vor einigen Jahren die Kleingärtner Treibhäuser bauten, um recht viele Tomaten zu ernten? Die Kolchosen konnten ihre kollektiven Tomaten damals kaum noch verkaufen, so viele individuelle gab es plötzlich. Und in der Zeitung schrieb man damals, daß sich eine Schicht von Spekulanten an Tomaten bereichert. Das müsse, um den Sozialismus weiter entwickeln zu können, verhindert werden. Und danach ist die Miliz losgezogen und hat in den Gärten der kleinen Leute die Glashäuser dem Erdboden gleichgemacht.«

»Ja, ja«, sagt Wladimir, »wo es so wenig Glas gibt. Aber das war nicht im Sinne der Partei.«

»Nicht im Sinne der Partei? Wollen Sie sagen, daß die Miliz gegen das Interesse der Partei gehandelt hat?«

Er ist ein geschickter Agitator. Ich frage, was für eine Kooperative er leitet.

»Wir erarbeiten Computerlösungen für das Management sowie psychoanalytische Modelle zur Anleitung von Managern in Betrieben und Institutionen.«

Ich frage, ob wir uns eine Kooperative anschauen können. Ja, wir sollten an einem Sonntagvormittag kommen, dann hätte seine Frau einen Johannisbeerkuchen gebacken, und er würde auch die anderen Mitglieder der nichtformellen Gruppe »Initiativa« einladen. Bevor er geht, bedankt er sich bei Wladimir, daß er dieses Gespräch mit uns organisiert hat. Ich brauchte Zeit, um alles Gehörte zu ordnen. Aber nach dem Streit zwischen Alexander und Wladimir habe ich nur ein aufmunterndes Lächeln für Wladimir, dann rennen Gerd und ich zur Kunstschule. Eine Lehrerin dieser Schule hat auf unseren Brief in der Zeitung geantwortet. Sie könnte uns historisches Material von einem Gerichtsprozeß zwischen Wolgadeutschen und Russen im Kamyschiner Gebiet übergeben. Wir finden die Kunstschule in der Nähe unseres Hotels. Kein Putz an den Wänden. Gestank, wahrscheinlich von der Holzlatrine auf dem Hof, steigt uns beißend in die Nase. Innen aber hat man Flure und Zimmer mit viel Mühe weiß getüncht. Wir fragen nach Walentina Koparowa Solotowa, und der Hausmeister führt uns zu einer kleinen, sehr freundlichen Frau. In den nächsten Stunden erfahren wir nichts über den historischen Streitfall, dafür aber die Lebensgeschichte dieser Frau Solotowa. Sie erzählt manchmal erregt wie eine Sturzflut, manchmal ruhig und ausufernd wie die gestauten Seitenarme der Wolga.

»Ich arbeite schon 18 Jahre als Kunsterzieherin in dieser Schule. Zuvor war ich Redakteurin, und davor habe ich an der Leningrader Universität Philosophie studiert. Die Philosophie, so dachte ich, ist mein Leben, und der Marxismus-Leninismus ist eine gute Philosophie.

Ich bin 1935 geboren. Als der Krieg begann, lebte ich in Kalinin. Im zweiten Kriegsjahr sind wir 2000 Kilometer Richtung Osten evakuiert worden. Deutsche habe ich erst nach unserem Sieg gesehen. Es waren nicht die, die ich von Karikaturen kannte: mit Messern zwischen den Zähnen. Es waren ganz normale Menschen, Kriegsgefangene. In Holzlatschen haben sie sich mit erfrorenen Füßen dahingeschleppt. Ich sah, das waren arme Menschen, schuldlose Menschen. Aber es mußte doch Menschen geben, die schuld waren an allem. Ich glaubte damals, daß die Philosophie mir helfen wird, die Wahrheit zu finden.

Aber dann kam das Jahr 1957, das war mein Schicksalsjahr. Ich habe Chruschtschow gehaßt. Er war im Vergleich zu Stalin für mich solch ein dummer und banaler, ungebildeter Mensch. Aber dann erfuhr ich, welche Verbrechen Stalin angeordnet hat. Angeordnet im Namen der mir heiligen Philosophie! Die reine Philosophie mißbraucht wie eine Dirne! Und ich ekelte mich vor ihr. Es war alles leer, so leer in mir, und ich konnte nicht als Philosophielehrerin arbeiten, denn dazu hätte ich mich selbst belügen müssen. Vielleicht ist das Frauenlogik, denn viele Männer meines Seminars, die machten weiter und wurden Professoren und bekannte Philosophen. Aber ihnen ging es nicht um die Wahrheit der Philosophie, sondern sie haben sich nur um ihre vollen Fleischschüsseln gekümmert.

Ich hatte eine Jugendliebe in Kalinin. Er ist mit 51 Jahren gestorben. Ein Generalmajor, der nach dem Krieg in Deutschland war, der in der Tschechoslowakei, in Polen und auch in Ungarn gedient hat. Ich habe ihm Hunderte Briefe geschrieben. Und er sagte mir kurz vor seinem Tod: ›Diese Briefe haben mir das Leben gerettet.‹ Aber entschuldigen Sie, ich wollte Ihnen von dem Streit, vom Gerichtsprozeß zwischen den Deutschen und den Russen im Dorf Sestrenka erzählen.«

Wie gedankenverloren geht die kleine Frau zum Schrank, holt dort einen Karton mit Urkundenmappen und einer roten Schärpe heraus. »Die bekam ich für meine gute Arbeit als Volkskorrespondentin verliehen. Aber es war wahrscheinlich alles sinnlos. Ich schreibe seit 1958 für die Zeitung, mal als Volkskorrespondentin, mal hauptberuflich. Aber geändert habe ich mit meinen Artikeln nichts, gar nichts. Nur Urkunden erhielt ich, kartonweise. Das Prinzip unserer Gesellschaft: Man erhält einen Auftrag, damit es so aussieht, als ob man die Dinge mitbestimmen könne. Man führt den Auftrag aus und ... wird dafür gelobt. Aber es verändert sich nichts! Ein Beispiel: Zu einem Jahrestag erhielt die Stadt Kamyschin ungefähr 50 künstlerisch wertvolle Ölbilder aus Moskau geschenkt. Aber damals war unser Kreis in den Stadtkreis Kamyschin und den Landkreis Kamyschin geteilt, und irrtümlicherweise wurden die Gemälde an das Exekutivkomitee des Landkreises geschickt. Die Bauern haben sich die Bilder angeschaut, die Köpfe geschüttelt, zeigten sie herum und stellten sie dann in die Gerümpelkammer oder in ihre Traktorwerkstatt. Erst nach vielen Jahren und mühevoller Nachforschung konnten wenigstens 29 Gemälde wieder eingesammelt und nach Kamyschin gebracht werden. Man lagerte sie im feuchten Keller der Kinderbibliothek. Das Wasser im Keller stand schließlich so hoch, daß man ihn nicht mehr betreten konnte. Und als man sich der Bilder erinnerte – weil ich immer wieder über die Schande schrieb –, mußte man Häftlinge aus dem Gefängnis bitten, nach den Bildern zu tauchen. Aus der Kinderbibliothek brachte man die Bilder ins Pionierhaus, dort stellte man sie bis 1974 in die Ecke, danach kamen sie ins Kulturhaus. Wieder in den Keller. Alle Zeitungsartikel, alle Proteste auch beim Kreisparteikomitee waren nutzlos. Die Bilder liegen immer noch, inzwischen im Museum, und das Museum ist seit Jahren geschlossen. Das neunte Jahr schon geschlossen! Früher war es den Künstlern verboten, Bilder privat zu verkaufen, sie durften ihre Kunst nur an Betriebe oder Institutionen abgeben. Ein Maler aus der Kunstgenossenschaft hat mir sehr stolz erzählt, daß er jetzt die ersten Bilder verkauft hat, kleine farbige Landschaftsgemälde. Einige für einen Rubel 70 Kopeken und andere für einen Rubel und 90 Kopeken. Als ich ihn fragte, weshalb manche für 1,70 und manche für 1,90, sagte er: ›Nun, einige habe ich weiter draußen gemalt, da mußte ich den Bus nehmen und 20 Kopeken Fahrgeld dazurechnen.‹«

Wieder entschuldigt sich die kleine Frau, kramt im Karton, um endlich den Bericht des Advokaten Anakuskin über den Prozeß der Wolgadeutschen gegen die Russen zu finden.

»Wissen Sie, ich habe meine Kinder immer zur Freundschaft mit allen Völkern erzogen. Aber dann brachte unsere Tochter ihre große Liebe, Kolja, einen Wolgadeutschen, einen Offiziersschüler, zum ersten Mal mit nach Hause. Da steht der Kolja also in seiner Uniform verlegen in der Stube, und da steht mein siebenjähriger Sohn, der zuvor gehört hatte, daß Kolja ein Deutscher sei, wütend neben ihm und versucht, ihm die Uniform herunterzureißen. Das Kind schreit: ›Du bist kein sowjetischer Offizier, du bist nur ein verkleideter Deutscher! Ein Nemez – Deutscher!‹ Das war das schlimmste Schimpfwort, das es damals gab. Kolja ist sofort gegangen, nie wiedergekommen und hat die erste beste ›Deutsche‹, die ihm in die Arme gelaufen ist, geheiratet. Er schrieb noch einen Brief: ›Wenn solch ein Haß in der Familie ist, kann ihn auch unsere Liebe nicht heilen.‹ Unser Töchterchen war danach viele Monate sehr krank.«

Sie nimmt ein Foto in die Hand, legt es nicht so schnell wie die übrigen Bilder und Briefe und Urkunden wieder in den Karton. Sie zögert, dann zeigt sie es uns. Ein Offizier, jung im Gesicht; aber mit Geheimratsecken und grauen Haaren. Der Blick nicht soldatisch streng, sondern verträumt, so als denke er gerade an etwas räumlich und zeitlich sehr Entferntes, sehr Schönes. »Das ist er«, sagt sie. »Grauhaarig ist er damals in Ungarn geworden, da war er noch keine vierzig.« Sie nennt ihn nicht mit Namen, sondern spricht nur von »ihm« und »er« – sie sagt es trotzdem zärtlich. »Mit ihm habe ich über alles sprechen können, worüber Menschen nur sprechen. Er wollte irgendwann mit der Armee aufhören, noch eine soziologische Arbeit schreiben, seinen Doktor in Leningrad machen. 1985, so hoffte er, wollte er ein Kanditat der Wissenschaft sein. Aber vorher ist er gestorben. Er hat das zivile Ziel seines Lebens nicht mehr erreicht. Er korrespondierte mit dem großen Schriftsteller Schukschin, aber als er Schukschin über seine wissenschaftlichen Pläne informierte, schrieb der Dichter: ›Machen Sie das nicht, denn die Kanditaten der Wissenschaften vermehren sich in unserem Land wie streunende Hunde oder wilde Kaninchen. Aber wenn Sie etwas aus Ihrem Leben zu erzählen haben, dann schreiben Sie ein richtiges Buch, und dann werde ich Ihnen dabei gerne helfen.‹

Er hätte viel erzählen können. Die Zeit der Konterrevolution in Ungarn, da ist er grauhaarig geworden, das sagte ich schon. Die Situation dort sei völlig anders gewesen als im Juni 1953 bei den Deutschen. ›Die Ungarn haben wir mit unseren Panzern bedroht‹, schrieb er, ›aber sie blieben einfach stehen. Die Deutschen liefen, als wir dort mit den Panzern kamen, sofort auseinander.‹ Hier ein Brief aus dem Jahr 1979, das war ein Jahr, bevor er starb, damals schrieb er mir, ›Mein Liebes ... heute weiß ich, die Länder, die wir befreit haben, all die Länder, in denen ich als Kommandeur war, die wollen nicht den gleichen Weg wie unser Land gehen. Sie merken früher oder später, daß es nicht der beste Weg sein kann, denn sie sehen unsere Unordnung, unsere Mißwirtschaft, unseren Mangel an Bildung und Kultur, die Stagnation unserer Gesellschaft ... Wir haben die moralische Autorität vor diesen europäischen Ländern verloren. Nachdem wir Hitler besiegt hatten, besaßen wir diese moralische

Autorität noch ... Ich weiß nicht, wie es mit unserem Sozialismus weitergehen soll, und ich habe Angst, wieder nach Hause nach Rußland zu kommen und das Elend der russischen Bauern sehen zu müssen. Die Wahrheit entsetzt mich und macht mich immer hilfloser.‹ So schrieb er damals.

Aber hätten wir die ganze Wahrheit nicht schon viel eher begreifen müssen? Meine Mutter ist 1927 in die Partei eingetreten. Auch mein Vater und die Großeltern waren Kommunisten. Als meine Mutter mit mir schwanger ging, wurde mein Vater, ein Parteifunktionär, in eines der Stalinschen Lager verbannt. Man beschuldigte ihn, daß er mit den Kulaken paktiert hätte. Und meine Mutter mußte sich von ihm lossagen. In den ersten Tagen des Krieges hat sie ihn noch einmal gesehen. Zufällig. Es war auf dem Bahnhof vom Kamyschin, als die Züge mit den Soldaten in den Krieg fuhren. Nach dem Sieg wollte sie ihn suchen, aber die Partei sagte ihr: ›Du suchst einen Verbrecher, einen Feind des Volkes.‹ Sie hat danach bis zu ihrem Tod allein gelebt. Mit 51 Jahren ist sie gestorben.«

Dann findet Walentina Solotowa in einem Karton auch das Dokument über den Nationalitätenstreit im Dorf Sestrenka nahe bei Kamyschin. Der Advokat Iwan Konstantin Anakuskin, der den Fall bearbeitete, sei ein feiner kunstsinniger Mann gewesen. Er war um 1912 schon Advokat in Saratow, und Kamyschin gehörte zum Gourvernement Saratow. Die Russen aus seinem Geburtsdorf schrieben ihm damals einen Brief, er möge sofort nach Hause kommen, es sei ein großes Unglück geschehen. ›Die Deutschen, die im Dorf wohnen, haben uns verklagt, sie werden uns Russen alle ins Gefängnis bringen.‹ Folgendes war passiert: Weil es in der Umgebung kaum Wald gab, hatten die Deutschen vor Jahrzehnten um ihre Mühlen einen Wald gepflanzt. Die Russen heizten ihre Öfen damals mit getrocknetem Dung, aber als 1912 eine furchtbare Hungersnot über das Land kam, mußten sie alle

ihre Tiere schlachten. Sie hatten also auch keinen Dung zum Heizen und baten die Deutschen: ›Gebt uns doch Holz aus eurem Wald, denn wir frieren gotterbärmlich.‹ Aber die Deutschen antworteten: ›Nein, wir haben diesen Wald gepflanzt, wir werden ihn nicht abholzen, denn er ist mit unserem Leben gewachsen.‹ Da griffen die Russen zu den Äxten und hackten alle Bäume um. Die Deutschen verklagten die Russen, und in einem zehnbändigen Gerichtsordner wurde alles aufgeschrieben, welcher Russe welchen Baum gefällt hatte, was er gesagt hatte. Der Staatsanwalt, ein alter gutmütiger Mann, sagte dem Advokaten Anakuskin: ›Die Sache ist klar, der Wald wurde abgeholzt, zwar aus Not, aber Fakt bleibt Fakt.‹ Im Gerichtssaal sprach der Advokat mit allen Deutschen: ›Ihr habt die Russen besucht, die Russen haben euch besucht, eure Kinder haben einander geheiratet. Wenn ihr jetzt die russischen Väter ins Kittchen bringt, wird ein Krieg kommen, der viele Generationen andauert, und nie wird die alte Freundschaft zwischen Russen und Deutschen in eurem Dorf wieder entstehen.‹ Aber die Deutschen sagten: ›Es gibt kein Pardon, die Russen müssen ins Gefängnis!‹ Der gutmütige Staatsanwalt und der kluge Advokat einigten sich, eine Pause einzulegen. ›Laßt die Deutschen erst einmal gemütlich zu Mittag essen, dann werden wir weiter verhandeln.‹ Und die Deutschen hatten gut gegessen und beim Essen geschwatzt. Und sie sagten danach: ›Gut, die Russen sollen alle heiligen Eide schwören, daß sie nie wieder etwas von unserem Eigentum nehmen. Und sie mögen beteuern, daß dieser Schwur für alle Generationen gültig ist.‹ Die Russen schworen, und die Deutschen zogen ihre Anklage zurück.
Ich habe immer daran geglaubt«, sagte die Kunsterzieherin, »daß die Konflikte zwischen den verschiedenen Nationen friedlich beigelegt werden können. Aber man muß über die Verschiedenheit der Nationen sprechen, sie akzeptieren lernen. Nach dem Krieg haben wir Kinder nur Bücher über

Helden und Heldentaten gelesen und daraus unsere Idole gemacht. Ich hatte zu dieser Zeit einen kleinen Freund, einen Armenier, der sagte immer: ›Wenn ich einmal groß und stark bin, dann werde ich für mein Vaterland sterben. Für mein großes Vaterland und für mein kleines Vaterland – die Sowjetunion und Armenien.‹ Solch ein Gedanke wäre mir damals allein nie gekommen, der Begriff Vaterland war für mich etwas Heiliges, etwas Unteilbares. Und die russische Sprache, das war für mich die einheitliche Sprache des ganzen Vaterlandes. Aber heute weiß ich: Weil wir Russen ein so großes Volk sind und unsere Sprache in der ganzen Sowjetunion administrativ verbreitet haben, deshalb können wir überhaupt nicht begreifen, mit welcher Zärtlichkeit und Innigkeit kleinere Völker ihre Sprache, ihre Lieder, ihre Dichter und ihr kleines Heimatgebiet lieben, denn wir Russen ziehen von einer Großstadt in die andere und sind immer noch in Rußland. Vor einiger Zeit hingen in Kamyschin Plakate für ein Dichtertreffen mit dem großen kalmückischen Schriftsteller Pandit Guguldinow. Aber auf dem Plakat war der kalmückische Dichter falsch geschrieben, gleich drei Fehler in seinem Namen. Uns Russen ist das nicht aufgefallen. Aber für den kalmückischen Dichter und sein Volk war das eine so große Beleidigung, als wenn auf einem Plakat zum 150. Jubiläum des größten russischen Dichters nicht Puschkin, sondern Buschgyn gestanden hätte. Die Kalmücken, so denken wir Russen, haben in ihrer Steppe gefälligst Russisch zu lernen, wir dagegen …

Ein polnischer Revolutionär hat in Kamyschin die Sowjetmacht ausgerufen. Ein ungarischer Kommandeur, der hier gegen die Weißgardisten gekämpft hat, ist in Kamyschin begraben worden. Seit 30 Jahren spielt der verdiente Künstler des Volkes von Aserbaidschan, Lysenkow, am Kamyschiner Theater. In unserer Stadt starb 1866 auch der große armenische Dichter Michael Laserwitsch Napanjan, ein Freund von Hertzen und Tschernyschewski. Heute leben 5000 Armenier in Kamyschin, aber es gibt hier nicht eine Gedenktafel für diesen großen Sohn des armenischen Volkes. Dafür stehen acht Lenindenkmäler in Kamyschin. Und Lenin hat die Stadt nie besucht. Wir müssen die Unterschiede, die Kulturidentität eines jeden Volkes fördern und achten und das nicht mit großen politischen Worten, sondern im Alltag. Das habe ich auch im März dieses Jahres der *Prawda* geschrieben ...«

Ich lächele und sage: »Also haben Sie Ihren Vorsatz von 1956, endgültig mit der Philosophie Schluß zu machen, doch nicht eingehalten. Wer sich solche Gedanken macht, Briefe an die *Prawda* schreibt ...«

Nein, ich hätte sie nicht recht verstanden, sagt sie. »Es geht darum, ob man mit der Philosophie seinen Lebensunterhalt verdienen muß. Dann wird man nur zu einer Prostituierten der politischen Interessen. Davon habe ich mich getrennt. Aber ohne Philosophie leben, das hieße doch leben, ohne über das Leben nachzudenken.«

Weshalb habe ich nach keinem dieser politischen Ereignisse – Prag, Afghanistan – aufgehört, meinen Lebensunterhalt mit Büchern zu verdienen, in denen ich die Idee des Sozialismus verteidigt habe? Und wenn die Partei morgen feststellen sollte, daß Honecker ein Verbrecher war und seine Politik verbrecherisch, was werde ich dann tun? Ich hoffe, daß er es nicht war. Immer habe ich gehofft, daß sich schlimme Ahnungen nicht bestätigen, und habe meine Hoffnungen den Realitäten angeglichen. So sind meine Hoffnungen immer kleiner geworden.

Was bleibt? Was wird vom Besuch in Kamyschin bleiben?

Das freundliche Gesicht des Popen beispielsweise wird bleiben.

Es verändert sich auch nicht während des offiziellen Be-

suchs, als uns Galina, die Stadtparteisekretärin, und Irina, die Journalistin, begleiten. Pater Iwan verstellt sich nicht. Wir gehen zusammen in das Gotteshaus. Im Vorraum wird saubergemacht. Vier alte verhutzelte Weiber schnattern, bevor der Pater eintritt, wie ein Schwarm junger Gänse. Sie stehen auf Leitern und fegen die Ikonen an den Wänden ab, putzen die goldenen Kerzenhalter und wischen sogar die Wände zwischen den Ikonen. Die Frauen, die den Fußboden scheuern, verneigen sich, als Pater Iwan vorbeigeht, die auf den Leitern stehenden Alten mühen sich, die Sprossen herunterzuklettern, aber so schnell gelingt ihnen das nicht. Endlich sind sie unten, aber da ist der Pater schon vorbeigegangen.
Ausführlich erkärt er Galina und Irina die Geschichte des heiligen Nikolai. Gerd und ich bleiben abseits, wir begrüßen die alten Frauen. Zwei von ihnen verschwinden sehr schnell und wortlos, als sie hören, daß wir Deutsche sind, aber zwei der alten Frauen lassen sich sogar fotografieren, fragen uns eitel wie junge Mädchen nach ihrem Alter. Wir sollen raten, wer von beiden die Jüngere wäre. Sie ziehen die Kopftücher aus den faltigen Gesichtern. Sie haben Zahnlücken im Mund, aber freundliche Augen. Wir verlegen uns auf die Diplomatie und sagen, daß beide gleich alt seien. Eine droht uns mit den Fingern und nimmt nun ihr Kopftuch ganz ab. Die Haare sind noch schwarz. Nein, sie, Marina, sei schon 85 Jahre, fünf Jahre älter als ihre Freundin Matrona. »Das Vertrauen zu Gott hat mich jung erhalten, Menschen, die keinen Glauben haben, denen niemand die Last der Angst von der Seele nimmt, altern schneller«, sagt Marina.
Ich frage, ob ihre Männer auch in die Kirche gehen.
»Nein, er war ein Gottloser«, sagt Marina. »Zuerst hat er mißmutig gebrummt, wenn die Kirchenglocken läuteten, aber später hat er mich sogar in die Kirche geschickt, wenn ich es vergessen hatte. Denn wenn ich zurückkam, der Kir-

chengesang hatte meine Seele leicht und froh gemacht, da wollte ich allen Menschen eine Freude machen. Also kochte ich ihm etwas sehr Gutes und erlaubte ihm zu Mittag auch ein Gläschen Wodka.«

Die beiden Alten bitten, daß wir unsere Namen auf einen Zettel schreiben, dann würde sie uns, solange sie leben, in ihre Gebete einbeziehen. Anna, die Kirchenälteste, kommt dazu und sagt, daß wir die Buchstaben größer malen müssen, denn die alten Frauen würden sie sonst nicht erkennen. Anna trägt eine abgewetzte dicke Wattejacke, ähnlich denen von russischen Panzerfahrern. Nein, einen Panzer habe sie nicht gefahren, sagt Anna, aber vor und nach dem Krieg sei sie Traktoristin gewesen. 53 Jahre arbeite sie nun schon, seit ihrem zwölften Lebensjahr. Erst auf dem Feld, dann auf dem Traktor, später als Ökonomin in einem Kindergarten, und nun sei sie schon über zehn Jahre hier in der Kirche angestellt.

»Ich habe – es war schlimmer als im Krieg – die Ziegel, die Steine, den Zement, die Dachrinnen – alles, was wir zum Umbau der Kirche benötigten, selbst organisiert.«

Im Wirtschaftsgebäude ist der Tisch festlich gedeckt. Fisch und selbstgemachte, nach Knoblauch duftende Sülze, frische Weintrauben und Melonen, dekorativ auf Glasschalen. Suppe, Wodka und Sekt stehen auf dem Tisch. Als ich fotografiere, nimmt Pater Iwan die Wodkabuddel und stellt sie hinter die dickbauchige Flasche mit dem Meßwein. Dann betet er vor dem Bildnis des heiligen Nikolai, bittet auch Anna zu Tisch, schenkt ein. Galina und Irina lehnen ab, trinken nur Wein. Anna läßt sich ihr Glas randvoll mit Wodka füllen. Sie leert das Glas auf einen Zug. Die Sülze ist würzig, macht Durst.

Galina wendet sich zum Pater: »Ich soll Sie von Michail Haridonow grüßen. Er hofft, daß sie bald miteinander sprechen können. Und er bittet Sie, verehrter Pater, darüber nachzu-

denken, ob Sie nicht als Abgeordneter für die Wahl zum Stadtsowjet von Kamyschin kandidieren wollen.«
Der Pater erzählt, daß viele Menschen mit dieser Bitte an ihn herangetreten seien. Doch er müsse auf seine Gesundheit achten. »Aber vielleicht könnte die Stadt helfen, daß ein Altersheim gebaut wird, dort könnten unsere Gläubigen die alten Menschen dann pflegen und wohltätig sein.«
Galina sagt, das sei ein guter Gedanke. Wenn er im Stadtsowjet darüber rede, würde er bestimmt eine Mehrheit finden. Die Stadtparteichefin bittet, daß der Pater häufiger an Kundgebungen und Konferenzen teilnehme. Dort würden ihn die Menschen sehen, und seine Autorität würde steigen und natürlich auch die Autorität der Partei. »Die Bürger werden begreifen, daß die Partei ein neues Verhältnis zur Kirche hat. Das Volk braucht jetzt Menschen, die noch glaubwürdig sind.«
Pater Iwan gießt Anna, Gerd, sich und mir Wodka nach. Dann sagt er leise: »Es gibt keinen Menschen, der nicht sündigt. Nur Gott sündigt nicht. Aber auch das glauben wir nur und wissen es nicht genau.« Und er erhebt das Glas.
Beim Abschied bestellt er Grüße an Michail Haridonow.
Auf dem Hof warten die zwei alten Weiber. Sie schenken Gerd und mir eigenartige Gebäckstücke, heilige Kuchen, wie sie sagen. Sie sehen wie junge Steinpilze aus, klobiger Stiel und gedrungener Kopf. Vor großen kirchlichen Festen würden sie solche heiligen Kuchen backen. Es wäre nur ein Teig aus Wasser und Mehl und Salz, aber schon das Zubereiten sei eine heilige Handlung. Man müsse dabei an die Toten denken und für sie beten. Ein kleines Dreieck, aus dem Kopf des pilzförmigen Kuchens herausgelöst (man darf ihn nicht zerschneiden, sondern nur vorsichtig abheben, denn es ist der Kopf der Mutter Gottes), zeige an, daß man für einen Toten gebetet habe. In unserem Kuchen sind nur zwei winzige Löchlein, wie von einem Vogelschnabel herausgepickt.

Die Generaldirektorin: Die Revolution kam durch den Hintereingang

Der Schäfer: Wir brauchen keine neuen Reichen im Dorf

Lena aus Saratow: Ich habe Stalin aus dem Kühlschrank befreit

Der Arbeiterratsvorsitzende: Mit Arbeiterfäusten gegen Bürokraten

Der Pope: Wir beten für Gorbatschows Gesundheit

Der Parteichef Haridonow: Grüßt den Popen von mir

Der Parteisekretär Valentin: Wodka lass' ich mir besorgen

Die Chefredakteurin: Wer einen Ausländer liebt, ist eine Hure

Die stellvertretende Schuldirektorin: Die Karrieristen aus der Partei entfernen

Der stellvertretende KGB-Chef: Wir kämpfen gegen die Mafia der Apparatschiki

Die Komsomolchefin: Laßt das Land zu, sonst ist alles verloren

Die Journalistin Sweta: Die Straßen und die Seelen sind dreckig

Der Jude Blustein: Ich will raus, bevor sie uns steinigen

Der wolgadeutsche Dichter: Zu schreiben ist das Epos vom Ende

Die Kunstschullehrerin: Die Philosophie war nur die Magd der Obrigkeit

Kamyschin – der hoffnungslose Kampf gegen den Schlamm

Das bedeutet, daß man für Lebende gebetet habe, dafür, daß Gott uns und allen Deutschen die Sünden vergebe. Ich weiß nicht, ob Metrona von ihren Kindern spricht, als sie sagt: »Es sind so viele gute Söhne von den Deutschen ermordet worden.« Und ich wage es nicht, sie danach zu fragen.

Serjosha, ein junger sportlicher Bursche in Lederjacke, holt uns im hochbeinigen Jeep der Zeitungsredaktion ab. Er will mit Swetlana und Irina zu Recherchen ins Dorf fahren, und die beiden Journalistinnen hatten versprochen, uns mitzunehmen.

Sweta sitzt neben mir. Es läßt sich nicht vermeiden, daß wir uns an den Armen berühren. Es wird Zeit, nach Hause zu fahren, denke ich. Aber Gerd hat inzwischen in Saratow die Frau von Sascha angerufen. Sascha studiert in Berlin an der Akademie für Gesellschaftswissenschaften, an der auch Gerd arbeitet. Und Saschas Frau wohnt in Saratow, jener Gebietsstadt, die über die große Wolgabrücke hinweg mit Engels, der früheren Hauptstadt der Wolgadeutschen Republik, verbunden ist. Noch gehört Saratow zum Sperrgebiet für Ausländer, doch Saschas Frau hat gesagt, wir sollten ohne Genehmigung losfahren. Schlafen könnten wir bei ihr …

In der weiten Steppe sieht man die gräßlichen Verletzungen der Natur deutlicher als in den sibirischen Wäldern. Hier sind sie nicht versteckt zwischen Bäumen, sondern offen wie eiternde Wunden. Kilometerlang ausgebaggerte Gräben und dicke Rohrtrassen über der Erde. Chemikalien ohne Dach auf freien Flächen, ringsum wächst nicht einmal mehr das braune Steppengras.

Die Wege sind mit Kohledreck aufgefüllt, aber trotzdem unbefahrbar, so daß Serjosha sich eine Piste auf den Feldern sucht. Betonplatten sind zu großen Haufen gestapelt. Verrostete Eisenteile liegen im Gras. Wie oft hatte ich von der weiten usbekischen und kasachischen Steppe geträumt, den

Duft von blühendem bitterem Wermut geatmet. Statt dessen nun Benzingestank, der Jeep von Serjosha leckt.
Ich frage Sweta, was hier in diesem heißen Klima wächst. »Wenn man genügend bewässert, kann man Erdbeeren, Paprika, Tomaten, Melonen und Obst ernten.« Aber auf den Feldern sehe ich nur Krautköpfe. Kraut, Kraut, Kraut. Weißes und rotes. Teilweise liegt es schon zu Haufen, dann sind die Köpfe nicht mehr rund, sondern zerfetzt und angeschnitten, als ob man Viehfutter draus machen wolle. Sweta zuckt mit den Schultern. »1930 und 1931 hat man fast eine halbe Million Kulaken verbannt oder getötet. Und Kulak war jeder Bauer, der klug und fleißig gearbeitet hat, Tomaten anbaute und Erdbeeren. In den russischen Dörfern blieben die Muschiks, die dümmsten und die faulsten Knechte und die Politkommissare. Und die ließen Kohl anbauen.«
Wir fahren an Feldern vorbei, auf denen Frauen die Krautköpfe mit Mistforken auf Hängerwagen gabeln. Neben einem garageähnlichen Betonbau winkt eine stattliche, mit einem Wintermantel bekleidete Frau. »Das ist die Parteisekretärin des Sowchos ›Pionier‹«, sagt Irina. »Sie wird uns begleiten.«
Ein kleiner Wagen, beladen mit Melonen, steht auf einem Feld, dessen Acker rissig vor Trockenheit ist. Die Melonen sind aufgeplatzt wie die Erde, wahrscheinlich hat man sie auf die gleiche Weise wie das Kraut verladen. Der rote Saft läuft an den Seitenwänden des Hängers herunter.
»Das sind eure Melonen?« Die Parteisekretärin nickt erst, dann aber sagt sie: »Nun, so ganz und gar unser Eigentum sind weder der Boden noch die Melonen. 1917 hat Lenin den Boden zwar den Bauern gegeben, aber das war mehr symbolisch, denn plötzlich gehörte alles allen, und damit gehörte es keinem. Und um den Boden zu verwalten, wurden Beamte eingesetzt, die wurden die Herren über das, was allen gehören sollte, denn sie bestimmten, was die Bauern auf ›ihren‹

Feldern wann anbauen mußten. Wann die Melonen zu ernten und wie sie zu verarbeiten sind, das bestimmen diese Staatsbürokraten. Millionen von Beamten reglementieren auch, wie viele Rinder im Kolchos gehalten werden müssen, wieviel Futter die Tiere bekommen müssen. In jeder Tonne Rindfleisch stecken die Selbstkosten für ein oder zwei Kilo Bürokraten.«

Irina unterbricht und fragt spitz: »In welchem landwirtschaftlichen Produkt schlagen die Selbstkosten für den Parteisekretär zu Buche?«

»Oh, das bezahlt die Partei selbst.«

»Und wer bezahlt die Partei?« fragt Sweta.

Die Parteisekretärin lenkt ab. »In einigen Bereichen des Sowchos versuchen wir das Eigentümerbewußtsein der Bauern wieder zu wecken. Die Schäfer arbeiten schon nach dem Pachtsystem.« Pacht! Gorbatschows Zauberwort für die Landwirtschaft.

Der Stützpunkt für die Schafzucht befindet sich außerhalb des Dorfes. Langgestreckte flache Ställe, die von Holzkoppeln eingezäunt sind. In einer der Koppeln steht eine Herde. Die Tiere sehen ungepflegt aus. Kot hängt an der Wolle, die Klauen mancher Tiere wachsen schon wie spitze Geierschnäbel, die Tiere humpeln. Das »Büro« der Schäfer ist eine aus Hohlblocksteinen gemauerte unverputzte Hütte mit Tisch und Blechschränken und Kisten zum Sitzen. In der Mitte des Raumes steht ein selbstgebauter Ofen: Ziegelsteine sind im Geviert zusammengelegt. In der Mitte glüht ein Draht, der um eine Rolle gewickelt ist. Aber der Ofen wärmt.

Der Schäfer Wladimir Kalinin erzählt uns, daß er zusammen mit zwei Helfern 800 Muttertiere betreut. »Während der Hutzeit vom 1. Mai bis 1. November schlafen wir immer zwei Nächte draußen bei den Tieren und eine Nacht zu Hause. Ich arbeite schon 32 Jahre als Hirt, vorher war ich zehn Jahre Traktorist, danach hütete ich Kühe und nun Schafe.« Aber Wladimir Kalinin sieht mit seinen Filzstiefeln, der blauen Schlosserhose und seiner gesteppten Jacke immer noch wie ein Traktorist oder Maurer oder Straßenarbeiter aus. Ich frage ihn, welche Kräuter und Blätter die Schafe hier bei welchen Krankheiten fressen. Eichenblätter, wenn der Kot dünn ist, und Spitzwegerich bei Blähungen? Das wisse er nicht. Er gebe nur Antibiotika. Und außerdem sei das wichtigste medizinische Problem, um das er sich kümmern müsse, die künstliche Besamung. »Die künstliche Besamung muß klappen. Ist doch alles wie beim Traktor. Der braucht Diesel und Öl, und das Schaf braucht Antibiotika und künstliche Besamung.«

»Gibt es keine Schäferausbildung?«

»Nein, das kann jeder. Der Tierarzt hat mir was vom Ablammen erzählt und mir ein Messer zum Klauenbeschneiden gegeben.«

»Haben Sie die Tiere gepachtet?«

So könne man das nicht sagen. Er bekäme seinen Lohn und die Futtermittel im voraus. Im Monat bezahle er 400 Rubel für Futter, Strom und die Gebäude an den Sowchos. »Für die Wiese allerdings bezahle ich«, er verbessert sich sofort, »bezahlen wir nicht.« Und bei diesem *wir* bleibt er, als er erklärt, daß für die Wolle und das Fleisch einer Herde im Jahr rund 65 000 Rubel eingenommen werden könnten, abzüglich der Pacht, des vorgeschossenen Lohnes und der Futterkosten, da blieben etwa 10 000 Rubel, geteilt durch drei, das wären ...« Er bricht ab und fährt dann fort: »Und wenn wir von hundert Mutterschafen mehr als 95 Lämmer aufziehen, können wir die übrigen behalten.«

»Da haben Sie wahrscheinlich schon eine kleine private Herde«, sage ich.

»Nein, ich will im Dorf nicht als neuer Kulak beschimpft

werden. Ich habe keine private Herde. Ich bekomme nur zusätzliche Prämien; anstelle von Geld eben Schafe. Ich schlachte sieben bis zehn in einem Jahr.«

»Und wieviel verdienen Sie insgesamt?«

»Wir verdienen mehr als andere, aber seit der Einführung des neuen Systems haben wir von 100 Muttertieren nicht nur wie früher 75 Lämmer, sondern bis zu 125. Wir passen jetzt besser auf, daß die Wölfe kein Lamm reißen. Man darf nachts das Feuer nicht ausgehen lassen«, sagt der alte Traktorist – Schäfer. »Dann bleiben Wölfe fern.«

»Werden Sie eine Herde pachten oder kaufen und dann das Fleisch und die Wolle selbst verkaufen?«

Er winkt ab. »Wir wollen keinen neuen Reichen in unserem Dorf. Früher, bevor Stalin sie beseitigen ließ, waren das alles nur Gauner, diese reichen Bauern.«

»Was machen Sie mit den zehn geschlachteten Schafen?«

»Nun, die Kinder bekommen Fleisch. Ich pökele keins. Das haben früher hier nur die Deutschen gemacht. Unter denen gab es viele Reiche. Den Rest des Fleisches verkaufe ich auf dem freien Markt, meist in Kamyschin. Dort kostet das Kilo vier Rubel. Aber die Leute kaufen es auf dem freien Markt nur, wenn in staatlichen Läden, wo man 1,90 Rubel bezahlt, keins zu haben ist.«

»Und wer beliefert die staatlichen Läden in Kamyschin mit Fleisch?«

»Nun, unser Sowchos.« Ich will ihn fragen: Für Sie wäre es also gut, wenn der staatliche Handel kein Fleisch anbieten könnte? Aber ich mache es nicht, denn Wladimir Kalinin beteuert, bevor er geht, noch einmal, daß ihm nichts, aber auch gar nichts gehöre. »Alles hier gehört allen!«

Als er hinausgeht zu seiner Herde, blökt keines der Schafe. Sie heben erst die Köpfe, als das Auto mit dem Tierarzt vorfährt.

»Und wer bezahlt die Medikamente?« frage ich die Parteise-

kretärin. »Wird das Geld für die Antibiotika auch vom Gewinn des Schäfers abgezogen?«
»Um Himmels willen«, sagt die Parteisekretärin, »stellen Sie sich vor, wenn eine Seuche ausbrechen würde! Nein, das alles bezahlt die Sowchose.« Das sei eben das Großartige am Kollektiveigentum, alle würden das Risiko tragen, aber alle würden davon auch ihren Nutzen haben.
Sweta und Irina, die inzwischen in der Verkaufsstelle des Dorfes waren, sind begeistert. Zwar würden die Leute im Dorf schimpfen, daß es keine Möbel zu kaufen gebe und keine Wurst, aber sie hätten sogar Kinderschuhe bekommen. Kinderschuhe! Monatelang habe es in Kamyschin keine Kinderschuhe gegeben.
Als die Parteisekretärin das Wort Möbel hört, schlägt sie vor, uns mit einem interessanten jungen Mann bekannt zu machen. Nun ja, man müsse aufpassen auf ihn, er würde manchmal über die Stränge schlagen, aber er sei ein handwerkliches Genie, könne Schränke bauen und Klappbetten. Er sei von Beruf Lehrer.
Die Hauptstraße des Dorfes ähnelt den Gassen in Kamyschin. Nur wenige Häuschen sind nach russischer Art mit filigranen Holzsägearbeiten an den Fenstern traditionell geschmückt. Auch Farbe fehlt, die meisten sind grau und verwittert, sie sehen aus wie die Frauen auf den Krautfeldern. Ein Haus hebt sich aus dem Grau heraus, es ist sorgfältig gemauert, die Giebelbalken sind verziert, das Holz ist frisch gestrichen, der Garten mit einem Zaun abgetrennt. Hier wohne dieser, die Parteisekretärin sagt es spöttisch, Neuerer, mit Namen Fjodor Dreher. Sein Vater sei Drechsler gewesen.
Ein schüchterner junger Mann öffnet uns. Seine leise, ein bißchen demütige Stimme und seine Verlegenheit, mit der er uns in die gute Stube einlädt, passen nicht recht zu Jeans und Vollbart.

Die Parteisekretärin, die vor kurzem noch Direktorin der hiesigen Schule, also die Chefin des jungen Mannes war, bittet ihn, seine Möbel zu zeigen. Fjodor führt uns ins Schlafzimmer der Kinder, in dem kein Bett zu sehen ist. Er klappt es aus einer Schrankwand heraus, danach zeigt er uns in der Küche rustikale Stühle und Tische und in der Wohnstube einen Sessel und einen Tisch mit kunstvoll gedrechselten Beinen. An den Wänden hängen Ikonen auf mühsam ausgesägten, von Fjodor selbst gebastelten Brettchen. Und eine Gitarre.

Swetlana fragt ihn: »Reichst du die Kunst des Tischlerns und Drechselns an die Schüler weiter?«

»Es gibt viele Talente unter den Schülern, aber wir haben kein Material, keine Bretter, kein Sperrholz. Wissen Sie, wo ich die Platten für die Schrankwand und das Klappbett herbekommen habe? Ein Freund aus Mittelasien hatte uns geschrieben, daß es dort so etwas gebe, also bin ich drei Tage und zwei Nächte nach Mittelasien gefahren, habe das Holz geholt und bin wieder zurück.«

Die Parteisekretärin unterbricht ihn. Nun, die Schüler brauchten doch nicht unbedingt Sperrholz, da würde auch Pappe genügen, und Pappe gäbe es doch ab und zu.

Mich aber interessiert im Moment etwas anderes: »Hier gibt es keine Möbel zu kaufen, Sie könnten doch eine kleine Möbelkooperative gründen, vielleicht mit Unterstützung des Sowchos Möbel für das Dorf bauen.«

»Ja, aber es gibt kein Material.«

»Vielleicht könnte der Sowchos Material besorgen.« Die Parteisekretärin unterbricht wieder: »Nun, der Sowchos muß sich schon um Schafe und das Kraut kümmern, da können wir nicht noch Möbel herstellen lassen. Oder sind wir etwa ein kapitalistischer Betrieb? Außerdem gibt es kein Sperrholz.«

Fjodor sagt, daß er mit den Kindern Möbel bauen könne.

»Im Kindergarten fehlen Tische und Stühle. Wenn ich in der Stadt wohnte, hätte ich vielleicht schon eine Möbeltischlerei eingerichtet.« Die Parteisekretärin reagiert empfindlich: »Merke dir endlich, wir brauchen hier keine neuartige Möbelkooperative. Unser Ort und der Sowchos haben den Plan für Dienstleistungen schon übererfüllt, also wozu brauchen wir noch eine zusätzliche Tischlereidienstleistung? Außerdem gibt es kein Sperrholz.«

Als Fjodor mit unserer Unterstützung weiter von einer Möbelkooperative schwärmt, sagt die Parteisekretärin: »Du bist Lehrer von Beruf und kein Möbeltischler, der sich privat bereichern möchte. Außerdem gibt es kein Sperrholz und keine Bretter.«

»Also werde ich auch in Zukunft nur für mein Haus bauen«, sagt Fjodor. Es gebe noch solch einen verrückten Hobbyhandwerker im Dorf, der sei auch deutscher Abstammung. Und er habe sich jetzt sogar einen Kamin in sein Haus gebaut. »Und nun will meine Frau, daß ich ihr auch einen Kamin für unsere Stube baue.«

Fast triumphierend sagt die Parteisekretärin: »Merkt ihr, wo wir hinkommen würden, wenn wir jeden sein privates Geschäft machen ließen? Zu dieser schrecklichen kapitalistischen Konsummoral – der Nachbar hat ein neues Auto, also brauche ich auch ein neues Auto. Der hat eine neue Schrankwand, also kaufen wir auch eine neue Schrankwand. Der hat einen Kamin, also brauchen wir auch einen Kamin. Ihr Deutschen«, und sie schließt uns, die wir Fjodors Möbelkooperative lauthals unterstützen, mit ein, »habt einfach zuviel privaten Unternehmungsgeist und zuwenig gesellschaftlichen Kollektivgeist in eurem Blut. Außerdem gibt es sowieso kein Sperrholz.«

Als wir gehen, nimmt Swetlana den jungen Mann zur Seite und fragt: »Wenn ich die Bretter besorge, könntest du mir dann ein Klappbett bauen?«

Draußen vor dem Haus endet der sorgfältig mit Platten belegte Weg im Sumpf der Hauptstraße.
Wir steigen in den Jeep.
An manchen Stellen liegen Stahlrohre zuhauf. »Haridonow hat angeordnet, daß die Dörfer Gas erhalten«, sagt Irina. »Wie sollen die Bauern es auch verstehen, daß die Gasleitungen über ihren Boden in aller Herren Länder führen, sie selbst aber kein Gas bekommen.«
Das nächste Dorf, in das wir fahren, ist Sestrenka. Von dem Gerichtsprozeß vor fast 100 Jahren, als die Wolgadeutschen hier die Russen wegen des abgeholzten Waldes verklagten, wissen weder Irina noch Swetlana etwas. »In diesem Dorf soll der Kolchosvorsitzende abgesetzt werden, und darüber werden heute die Kommunisten beraten.«
Ich frage, ob wir mitgehen könnten.
Nein, es sei nicht üblich, daß bei solch intimen Fragen Ausländer anwesend wären.
Auf der Dorfstraße laufen auffällig viele große Hunde hin und her. Ich sage ängstlich, daß es wohl nicht der rechte Ort sei, um hier stundenlang spazierenzugehen.
Irina nickt, verschwindet in einem der Häuschen, kommt heraus und geht ins nächste. Und verkündet dann: »Ihr seid eingeladen, hier wohnt eine deutsche Familie.«
Das Häuschen ist niedrig und seine Form nicht genau zu erkennen, denn die Wände stehen nicht frei, ein Schuppendach und ein Hühnerstall sind angebaut, Leiterwagen, Gurkenfässer und Holzkloben stehen davor, Schaufeln und Äxte, Feuerhaken und Zinkwannen hängen daran. Wir bükken uns am Eingang. Ein winziger Vorraum, der Fußboden aus gestampftem Ton, Körbe mit Äpfeln stehen hier, Melonen liegen auf der Erde.
Eine alte Frau mit schmalem Gesicht und großen abgearbeiteten Händen bittet uns wortlos herein. Der Mann begrüßt uns mit »Gutten Tack«. Er hat eine klobige Nase, die beson-

ders auffällig aus dem Gesicht herausragt, weil seine Augen sehr eng stehen. Sie mustern uns lange, dann setzt er seine speckige Ledermütze ab. Graues kurzgeschorenes Haar kommt zum Vorschein, und lächelnd meint er, wir seien ein guter Besuch, denn nun könne er endlich wieder »deitsch« sprechen. Er führt uns in zwei kleine dunkle Zimmer, die Fenster sind nur so groß, daß man mühevoll seinen Kopf herausstrecken könnte. Ein altes Sofa, auf dem Gerd und ich Platz nehmen, steht an der Wand, Holzstühle werden aus der Küche geholt. Auf dem Vertiko stehen viele Familienfotos, an den Wänden hängen aus Zeitungen geschnittene vergilbte Fotos sibirischer Landschaften. Ein alter Wecker tickt so laut, daß ich ihn später deutlich auf dem Tonband höre. Die Frau kocht Tee. Der Mann bringt eine Melone, schneidet sie auf.

Als wir probiert haben, sagt der Mann: »Nun, Frau, setz dich, wir reden jetzt deitsch.« Wir seien die ersten ausländischen Deutschen in ihrem Haus, es sei weiß Gott schon Jahre her, daß sie deitsch gesprochen hätten. »Das ist schad, wissen Sie, die Kinder, vier Mädels haben wir, die sprechen schon kein Wort mehr deitsch. In der Verbannung damals in Sibirien, als die Kinder klein waren, da hätten wir ihnen die deitsche Sprache beibringen müssen. Aber da schwiegen selbst wir entsetzt, wenn uns im Autobus ein deitsches Wort versehentlich über die Lippen gerutscht war. 1962 sind wir wieder zurück an die Wolga, in unser Heimatdorf ließ man uns nicht mehr, nur in die Nachbarschaft, und dann haben wir hier dieses Haus gebaut. Aber als wir dachten, nun ist Stalin tot, es wird ein gutes neues Leben für die Menschen beginnen, auch für uns Wolgadeitsche, war das ein großer Irrtum. Chruschtschow hat alle nur mit Wodka gefüttert. So sollten wir den Stalinismus und das Unrecht vergessen.«

Es wird dunkel. An der Zimmerdecke baumelt eine Glühbirne. Der Mann will sie in die Fassung drehen, aber sie brennt nicht. Er schraubt sie noch fester, aber auch das hilft nichts. Die Frau versucht es im Flur. Dann sagt sie: »Man hat den Strom wieder abgeschaltet.« Das geschehe sehr oft. Der Mann zündet eine Petroleumlampe an und stellt sie vor uns auf den Tisch. Er fragt, ob wir schon einmal Abusenhonig, Melonenhonig, gegessen hätten. Das sei kein Honig, den die Bienen von den Melonenblüten gemacht hätten. Dieser Honig sei aus den Melonenfrüchten gewonnen. Wir schütteln die Köpfe.

»Frau, hol Abusenhonig.«

Dann fragte er nach unserer Familie. Wir holen Fotos aus unseren Taschen, Sascha, Gerds älteste Tochter, gefällt dem Alten besonders.

»Sie hat so schen viele Sonnenfleckchen im Gesicht.«

Gerd verbessert »Sommersprossen.«

»Ne, wir Schwaben hier sage Sonnenfleckchen. Unser deitsch ist anders als euers. Käsenudli sagen wir und Pfannküchle ...«

Dann fragt der Mann plötzlich: »Wo leben die Schwab bei euch denn heute? In der FRG oder im sozialistischen Deutschland?«

Er ist erleichtert, daß sie nicht im Sozialismus leben. »Dann sind sie keine Muschiki, keine Knechte.«

Sie wären dagegen in diesem sozialistischen Land immer nur Muschiki, Knechte gewesen. Von kleinauf hätten sie beide als Schlosser, als Traktorist, auf dem Feld gearbeitet. »Schauen Sie sich alles an, diese zwei Stüblein, das ist das, was wir für die Arbeit eines Lebens bekommen haben. Aber wir haben immer gedacht: Wir tun's für die Kinder, und die konnten auch alles werden in unserem Land. Sie konnten sich bilden wie Herren. Die vier Töchter sind nun kluge Menschen geworden: Ingenieure, Tiertechniker. Aber sie leben in diesem Land immer noch wie Knechte. Sie stehen in ihren Städten wie Bettler nach einem Viertelliter Milch an, nach warmen Schuhen für die Kinder, und wenn wir ihnen keine Melonen geben würden ...«

Wir müßten endlich den Honig probieren. Es ähnelt rotgelbem flüssigem Gold. Er ist klar wie Bienenhonig. Wir löffeln ihn zum Tee, er schmeckt süß und ist noch würziger als das Fleisch der Melonen. Zehn Liter Melonensaft müsse man einen ganzen Tag kochen, bis ein Liter Honig übrigbleibe. Das schummrige Petroleumlicht, der duftende schwarze Tee, der süße Melonensirup, das freundliche Lächeln der beiden Alten ... Gott sei Dank haben sie keinen Schnaps im Haus. Ausreisen in das Heimatland der Schwaben möchten sie nicht mehr, für sie, die alte Familie Schott, sei es nun zu spät. Vom alten Dorf Sestrenka wissen sie nichts. Die Mühlen und der Wald würden nicht mehr stehen.

Irina platzt nach zwei Stunden in unsere Idylle. Alle hätten geduldig gewartet, aber nun sei die Versammlung wegen Stromsperre endgültig abgesagt worden. »Man kann den Vorsitzenden nicht im Dunkeln ablösen.« Der Schwabe Arno Schott ist auch Mitglied der KPdSU. Er war zur Versammlung eingeladen. Wegen uns sei er nicht gegangen. »Es war doch solch ein Feiertag, daß wir wieder einmal deitsch schwätzen konnten.« Zum Abschied schenkt er uns ein farbiges Foto seiner Familie. »Für dieses Foto sind wir extra in die Stadt gefahren.« Und er schreibt mit Bleistift auf die Rückseite: »Zum Andenken von unserer Familie Schott aus Sestrenka den Genossen aus der DDR.« Das Foto sieht aus, als hätte ein Maler die Familie vor dem dunkelblauen Hintergrund aufgestellt. Vorn sitzen rechts und links die zwei Alten, jeder hat einen der Enkel auf dem Schoß. Zwischen den Alten stehen noch drei größere Enkel, das Kleinste in der Mitte. In der hinteren Reihe stehen drei von den Töchtern und ihre Männer. Die zwei größten Männer rechts und links, die kleinste Tochter in der Mitte. Alle schauen ernst und sehr gerade in die Kamera. Nur ein Enkelkind lächelt schüchtern. Die Frau bringt uns zwei Gläser mit Melonenhonig. Und bevor wir in den Jeep einsteigen, reicht sie uns ein Glas mit drei Litern frischer fetter Kuhmilch.

Gerd hält das Glas während der Fahrt zwischen den Knien. Ich bewundere ihn wie einen Zirkusartisten. Als wir endlich auf der Asphaltstraße sind, schaltet Serjosha das Radio ein. Die Spitzenmeldung der Abendnachrichten: Egon Krenz wird die Sowjetunion besuchen.

Ich sage zu Gerd: »Das bedeutet, wir werden Perestroika und Glasnost übernehmen.«

Er dämpft meine Freude: »Und die russischen Dörfer, sollen wir sie gleich mit übernehmen? Wenn wir in der DDR Perestroika und Glasnost verwirklichen, ist das für den Sozialismus der Welt auf deutsch gesagt scheißegal. Hier in Sestrenka wird über das Schicksal des Sozialismus entschieden.

Irina schlägt vor, auf den guten Abschluß der gemeinsamen Arbeit eine Flasche aus Serjoshas Garage zu trinken. Seine Garage ist fast doppelt so groß wie die zwei Stuben der Familie Schott. Auf einer Grube steht ein halb auseinandergenommener Wolga, Regale mit Werkzeugen Fotos von nackten Frauen an den Wänden. Aus einem Werkzeugschrank holt er, so, als sei es das Selbstverständlichste der Welt, eine Flasche echten sowjetischen Krimsekt. Wir zahlen 12 Rubel und loben Serjosha über alle Maße für sein Organisationstalent.

Nun, einfach sei so etwas nicht, auch er brauche manchmal ein oder zwei Wochen für eine Flasche, aber nur das sei noch der Sinn des Lebens. »Nur das unterscheidet einen denkenden Menschen noch von der Masse der willenlosen Bauern und Arbeiter.«

Der Sinn des Lebens: etwas organisieren, was es sonst nicht gibt?

Und Irina schaut ihn mit leuchtenden Augen an.
Nach diesem Tag in den russischen Dörfern bezweifle ich, daß wir die Hoffnungen Perestroika und Glasnost zu Hause kopieren können. Denn nach wie vor sind die Menschen in diesem großen, weiten Land hilflos ihren lokalen Mächtigen ausgeliefert. Wo sollen die Bauern sich beschweren, telefonieren, was verändern? Der Sozialismus hier hat den Menschen nicht einmal mehr das Gefühl gelassen, daß sie sich wehren könnten. Und die Funktionäre können jederzeit jede Schleuse für neue freie Gedanken mühelos zuschließen. Auch ohne Mauer. Wir dagegen in der DDR brauchen nur durch das Schlüsselloch der verbotenen Tür zu schauen.
Je mehr Menschen in Kamyschin mit uns sprechen, um so mehr verliere ich das Gefühl und das Maß für einzelne Tage. So vieles gleicht sich, das Besondere scheint unterzugehen. Vielleicht ist das aber auch eine Abwehrreaktion auf die bruchstückhaften Meldungen von zu Hause, wo sich die Welt offenbar stündlich verändert. Hier dagegen ist das tägliche Bild immer auch ein in vielen Jahrzehnten gemaltes Bild.
Besuch beim ältesten wolgadeutschen Schriftsteller, dem 90jährigen Dominik Hollmann. Er wohnt in einem Neubaublock neben der Schule, in der Tamara, die schöne stille Lehrerin – die erste Wolgadeutsche, der wir auf unserer Reise begegneten –, unterrichtet. Dominik Hollmann ist klein und schmächtig. Seine großen Hände und sein kantiger gewichtiger Kopf mit der auffälligen Knollennase und dem breiten Mund scheinen für einen anderen Körper bestimmt zu sein. Er hat eine Strickjacke an, darunter ein graues Hemd und einen schon ramponierten braunen Schlips. Zuerst stellt er uns seinen zweitältesten Sohn Ewald vor. Er sei gerade Rentner geworden und aus Sibirien von Tjumen hierhergekommen, um dem alten Vater zur Hand zu gehen.
»Meine liebe Frau ist vor eineinhalb Jahren gestorben. Da-

nach war ich lange krank, ich konnte nichts schreiben, war monatelang ohne geistige Arbeit. Jetzt aber habe ich manches schon wieder unter der Feder.«

Ewald holt, als wir darum bitten, die Bücher, die der Vater geschrieben hat, aus dem Glasschrank und legt das knappe Dutzend Hefte, Broschüren und Bücher mit Pappumschlag auf den Tisch. Gedichte und Erzählungen, meistens aus dem dörflichen Milieu, alle in deutscher Sprache. Das neueste Buch ist 1988 herausgegeben. »Ich hatte es schon 1982 vollendet, denn es sollte ein Jahr später zu meinem 85. Geburtstag erscheinen, aber es lag bis zu meinem 89. Geburtstag in der Druckerei.« Der alte Mann lächelt nachsichtig. Dann zeigt er uns eine kleine, schon vergilbte und abgegriffene Broschüre: »Grammatik der deutschen Sprache. Lehrmaterial der Deutschen Pädagogischen Hochschule Engels. Erarbeitet von Dozent Hollmann.«

»Wahrscheinlich ist es das letzte noch vorhandene Exemplar. Als wir 1941 von einem zum anderen Tag nach Sibirien verbannt wurden, hatte ich es nicht mitnehmen können. Ein Student hat es aufbewahrt und mir geschenkt.«

Auf dem Tisch liegt auch eine in der DDR herausgegebene Anthologie mit Prosa und Lyrik von wolgadeutschen Schriftstellern. Im Nachwort erfährt der Leser die Lebensdaten der fremden Autoren. Bei Dominik Hollmann stehen folgende abschließende Angaben zur Person: »Von 1932 bis 1935 Studium an der Pädagogischen Hochschule Engels, anschließend dort Dozent. Von 1953 bis 1964 Oberlehrer in Krasnojarsk.« Die Verbannung, die Lagerzeit in Sibirien von 1941 bis 1953 ist verschwiegen worden. In dieser Zeit hat der wolgadeutsche Dichter Dominik Hollmann auf Geheiß von hiesigen Ideologen nicht existiert.

»Ich bin noch im alten Jahrhundert, am 12. August 1899, als einziges und dazu uneheliches Kind der Dienstmagd und Waschfrau Susanne Hollmann in Kamyschin geboren. Meinen Vater habe ich nie kennengelernt, später erzählte man mir, er sei ein einfacher wolgadeutscher Arbeiter gewesen. Meine Mutter hat nur für mich gelebt und geschafft. Ich sollte einmal all das bekommen, was sie nicht erhalten konnte. Sie sprach kaum Russisch und war Analphabetin. Eine Waschfrau, ohne Mann und allein mit ihrem unehelichen Kind, Analphabetin – und diese Frau schaffte es, ihrem Sohn eine Bildung zu geben. Das war damals etwas Unvorstellbares. Ich ging zuerst drei Jahre lang auf eine deutsche Kirchenschule, es gab eine evangelische und eine katholische deutsche Kirchenschule in Kamyschin. Danach schickte mich meine Mutter auf eine russische Mittelschule, und obwohl ich vorher kaum Kontakt zu russischen Kindern hatte, denn meine Mutter hielt mich sehr streng – ich mußte immer allein auf unserem Hof spielen –, erlernte ich die russische Sprache sehr schnell. Es gab keine Freundschaft zwischen uns und den russischen Kindern, auch nicht, als der Erste Weltkrieg begann. Wir haben ihn als Kinder nicht nachgespielt. Die Erwachsenen dagegen, ich erinnere mich, verhielten sich im Krieg anders: Ich saß mit meiner Mutter und anderen wolgadeutschen Frauen auf einer Bank, und die Frauen sprachen Deutsch miteinander. Da kam eine russische Dame, eine Amtsperson, vorbei und sagte, wir müßten aufhören, deutsch zu sprechen, das sei im Krieg verboten. Nun, die Frauen waren still, sie warteten. Dann aber sprachen sie Deutsch weiter, denn die einfachen Frauen beherrschten die russische Sprache nicht. Die russische Amtsperson kam zurück und schimpfte: Ich verbiete Ihnen, in der Sprache der Feinde zu sprechen.

Ich dagegen hatte vom Krieg einen unbeschreiblichen Nutzen. Weil viele Lehrer an die Front mußten, wurden in Schnellkursen Schüler zu Lehrern ausgebildet, und zwei Jahre nach Kriegsbeginn, damals war ich gerade 17 geworden, erhielt ich mein Lehrerdiplom. Es war eine Sensation in

Kamyschin, und die Wolgadeutschen erzählten sich überall: ›Der Hollmann Susanne, der Waschfrau ihr Sohn ist ein Lehrer geworden!‹

Den Sturz des Zaren erlebte ich in Kamyschin, und ich jubelte mit den anderen, weil ich es ungerecht fand, daß wir so arm waren und er so edelsteinreich war. Von Politik verstand ich nichts, die Redner stellten sich damals im Sommer 1917 einfach auf Holzkisten oder Pferdefuhrwerke und agitierten; und jeder agitierte für etwas anderes. Und die Wolgadeutschen aus Kamyschin, die meisten waren Bauern, standen drumherum und schwiegen. Im August 1917 wurde ich als Lehrer in das Dorf Rothammel geschickt. In Rothammel war alles still, die Bauern ernteten und säten und sprachen nicht über Politik. Nicht einmal von der Großen Sozialistischen Oktoberrevolution haben wir etwas gemerkt. Erst im Frühjahr 1918, nachdem sich in Kamyschin die Sowjets gefestigt hatten, kamen Vertreter der neuen Macht auch bis nach Rothammel. Sie erklärten, wie die Sache steht, also so und so, und die armen Bauern, die Knechte und Mägde müßten jetzt die eigentlichen Dirigenten im Dorf werden. Sie suchten Tagelöhner und bettelarme Bauern aus, und mit diesen wurde ein Sowjet gewählt. Ein Sowjet der ärmsten Bauern, das war die neue legitime Macht in Rothammel. So ähnlich verlief die Revolution in den meisten wolgadeutschen Dörfern. Hier und da gab es Exzesse, natürlich – na, wie das eben überall mit Revolutionen geht: Manche wollen nichts wissen davon, andere sträuben sich oder sind sogar dagegen, so daß es auch zu blutigen Szenen kommt.

Wir hatten außer der Revolution in jener Zeit noch ein wichtigeres Ereignis: 150 Jahre zuvor waren unsere Ururgroßväter nach Rußland gezogen. Wir feierten das Jubiläum in jedem Dorf. Ich spielte mit den Kindern in Rothammel damals das Volksstück ›Der Kirgisenmichel und die schöne Anni aus Marienthal‹. Das Schauspiel handelt von einem Überfall der Kirgisen auf ein wolgadeutsches Dorf. Sie brannten es nieder und entführten die jungen Menschen nach Mittelasien. Unter ihnen war auch der 17jährige Michel, den später die Sultanstochter heiraten wollte. Aber Michel konnte fliehen und zu seiner versprochenen Braut Anni nach Marienthal zurückkehren.

Wie ging es weiter mit der Revolution? Nun, auch bei den Wolgadeutschen, vor allem in Katharinenstadt, später hieß es Marxstadt, gab es eine proletarische Schicht, die schon damals vom Bolschewismus angehaucht war. Dazu kamen die Soldaten von der Front, sie waren meist Leute mit revolutionären Ideen geworden. Sie alle schlossen sich zu einer Gruppe zusammen und beriefen eine Generalversammlung der wolgadeutschen Orte ein, um von der neuen Zentralregierung ein autonomes wolgadeutsches Gebiet zu fordern. Man schickte auch einige Millionen Pud Getreide nach Moskau, mobilisierte ein wolgadeutsches Regiment zum Kampf gegen die Weißen. Ich war damals, im Herbst 1918, mit 120 Lehrern zum ersten wolgadeutschen Seminar einen Monat in Seelmann. Wir erhielten dort Anweisungen für die neue Schulpolitik. Wir sollten, so riet man uns, den Kindern nichts mehr vom Zaren und den Adligen erzählen, sondern mit ihnen über Marx und die Arbeiterklasse sprechen. Wir waren an einem sonnigen Herbsttag gerade dabei, wieder alle auseinanderzugehen, da rief man uns zurück, weil ein Vertreter aus Saratow angekommen war. Und er berichtete, daß Lenin eigenhändig mit seinem Federstock ein Dekret zur Autonomie für ein wolgadeutsches Gebiet unterschrieben hat. Was wahr ist, muß wahr bleiben: Lenin und die Kommunisten haben uns Wolgadeutschen erst ein autonomes Gebiet, später eine autonome Republik gegeben.

Ich wurde noch im gleichen Jahr als Buchhalter in den Dorfsowjet von Rothammel gewählt und außerdem zum Leiter des Armenkomitees bestimmt. Manche Witwen und Waisen hatten damals nicht das Brot zur Nacht. Doch es sollte noch schlimmer kommen. 1920/21 hatten wir die furchtbarste Hungerskatastrophe, die es wohl je an der Wolga gab. Wir ernährten uns wie Tiere von Gras und Rinde. Die Kinder lagen stundenlang auf der Lauer, um einen Frosch oder eine Ratte zu fangen. Bei vielen Menschen begannen der Bauch und die Hände – der ganze Körper anzuschwellen. Man sagte: Sie werden, bevor sie verhungern, noch einmal dick und satt. Hunderttausende sind verhungert.

Auch später, als es in unserer Wolgarepublik aufwärtsging, haben wir uns mit Grauen an diese Jahre erinnert. Wir sind mit sehr viel Enthusiasmus an den Aufbau unseres Landes gegangen. Ich war beispielsweise nicht nur Lehrer, sondern ein begeisterter Agitator für alles Neue in der Landwirtschaft. Mit Gleichgesinnten habe ich eine landwirtschaftliche Kreditbank gegründet, und dadurch konnten wir moderne Dreschmaschinen und Traktoren aus Amerika kaufen und uns auch Rassebullen und Rasseeber anschaffen. Wir hatten bald keine schwarzen und gefleckten Schweine mehr, nur noch weiße, und unsere Kühe gaben 5 000 Liter Milch. Heute freuen sich hier an der Wolga die Kolchosbauern über 3 000 Liter.

Unterbrochen wurde unser wirtschaftlicher Aufstieg nur durch die Zwangskollektivierung. Keiner hatte mehr Lust zu arbeiten, denn nun gehörte uns der von der Zarin auf ewig abgegebene Boden nicht mehr. Ich war damals schon Student an der Deutschen Pädagogischen Schule in Engels, aber in den Ferien sah ich natürlich die Mißwirtschaft: Die Pferdegeschirre waren ungepflegt, die Traktoren nicht repariert, und die Bauern saßen zu Hause und tranken Wodka. Aber diese erste Apathie dauerte nicht lange, der Deutsche ist von Natur aus zu fleißig, um jahrelang auf dem Ofen zu liegen. Und 1936, als Stalin aus Anlaß der neuen sowjetischen Verfassung sprach, lobte der Generalissimus die Autonome

Wolgadeutsche Republik über den grünen Klee. Er nannte sie ›Musterrepublik‹ und ›unser Kleinod, unsere Perle an der Wolga‹. Danach aber ließ er die ersten Lager einrichten. Auch zwei von meinen Verwandten kamen als ›Feinde der Sowjetmacht‹ unter das Rad. Und dann war plötzlich Krieg, keiner von uns hatte es glauben wollen, und Stalin vernichtete mit der persönlichen Unterschrift seines Federstocks am 28. August 1941 das ›Kleinod, die Perle an der Wolga‹: ›Weil es in den deutschen Dörfern des Wolgagebietes Tausende und aber Tausende Spione, Diversanten und Schädlinge gibt, die Hitlerdeutschland zu Hilfe eilen, wird beschlossen, alle Wolgadeutschen nach Sibirien zu bringen.‹

Nach dem Erlaß kamen die Männer vom Staatssicherheitsdienst und befahlen uns, unsere Sachen zu packen. Wir hätten zwei Tage Zeit. Sie gaben mir einen Zettel, eine Legitimation, so groß wie meine Handfläche, daß ich, Dominik Hollmann, bis zum 28. August 1941 Lehrer gewesen sei. Das war alles. Wir versuchten, das Nötigste mitzunehmen, aber meine Bücher ließ ich zurück, nur einen Duden steckte ich ein. Dazu Nahrungsmittel für 14 Tage. Und Winterkleidung. Die Leute sagten, daß in Sibirien – es war für uns das Land, wo man Mörder und andere Schwerverbrecher interniert hatte – bis 60 Grad Frost herrschen würden. Bettzeug haben wir noch mitgenommen und für jedes unserer vier Kinder eine Decke. Die Züge fuhren von der Hauptstadt Engels ab. Es waren Güterwagen, in denen wir zuvor unser Getreide nach Moskau geschickt hatten. Alles ließen wir zurück, die Kühe, die Traktoren, die Bibliotheken, die deutschen Schulen. Die Menschen weinten, obwohl es ja kein Abschied von Menschen war, denn es mußten alle mit. Es blieb keiner zurück, nicht einmal unsere Regierung. Wir hofften trotzdem, daß es nur eine kurze Maßnahme sein werde. In einem Jahr kehren wir zurück, arbeiten wieder in unserem geliebten Land an der Wolga, sagten viele.

Die Fahrt dauerte 14 Tage. Zuerst transportierte man uns nach Mittelasien, nach Taschkent, dann nach Alma-Ata und Nowosibirsk, und schließlich endete die Fahrt in Krasnojarsk. Wir hatten die halbe Welt gesehen. Aber es war die schrecklichste Reise, die ich je gemacht habe. Alte Menschen und Kinder starben in den Waggons. Bei den kurzen Aufenthalten auf den Bahnhöfen hatten wir kaum Zeit, die Toten zu verscharren. Manche mußten wir nachts aus dem fahrenden Zug schmeißen. Eine Frau, deren Baby gestorben war, weigerte sich, das tote Kind herzugeben. Sie sprang, als wir über eine Brücke fuhren, mit dem toten Kind im Arm in den Fluß.
Den ersten Winter verbrachten wir in einem sibirischen Dorf in der Nähe von Krasnojarsk. Wir wurden von den Russen dort ohne Feindseligkeiten aufgenommen. Sie sahen, daß wir sehr unglückliche, aus ihrer Heimat evakuierte Menschen waren. Erst allmählich sprach es sich herum, daß wir Nemzi, Deutsche, Fritzen waren – Fritzen, die wie Russen aussahen und wie Russen sprachen. Die Feindseligkeiten begannen erst, als die Männer des Dorfes nicht mehr von der Front zu ihren Familien zurückkamen. Wenn der Briefträger im Dorf die Todesnachrichten austrug, wollten wir uns vor Scham in der Erde verkriechen. Und die Russen begannen uns anzuspucken, mit Steinen zu beschmeißen, unsere Hütten anzuzünden, und die Kinder riefen, wenn sie uns sahen: Faschisten! Die Behörden waren froh, daß sie uns hatten, denn so konnten sie den wachsenden Haß der Menschen auf uns lenken.
Unsere Familie mußte bald schon weiter hinauf in die unendlichen Fernen des Nordens, in die Republik der Komi. Tausende Kilometer gibt es dort nur Schnee und Wald und am Jenissej einige Hütten von Holzfällern und Jägern. Meine Frau war damals schon schwer krank. Sie mußte mit den vier Kindern in einer Erdhütte vegetieren. Ich wurde im

Januar 1942 zur Trud-Armija, zur Arbeitsarmee, geholt. Auch die großen Söhne kamen später in das Arbeitslager. Ich mußte Holz fällen. Scharfe Hunde liefen um den Stacheldrahtzaun, ein Posten saß mit Gewehr auf dem Wachturm. In dünnen Lumpen mußten wir bei eisiger Kälte in den Wald hinaus. Und nur wer die Norm schaffte, erhielt Brot und Wassersuppe. Wer zu schwach war und lediglich die halbe Norm schaffte, bekam nur die Hälfte des Brotes und die Hälfte der Wassersuppe. Er wurde immer schwächer, erreichte nur noch ein Viertel seiner Norm. Da bekam er nur noch ein Viertel des Brotes und ein Viertel der Wassersuppe. So starben die meisten.

Aber nicht einmal in dieser allerschrecklichsten Zeit ist mir der Gedanke gekommen, auf den Sieg der Deutschen zu warten, zu hoffen, daß sie uns, ihre Landsleute, befreien. Wir waren Sowjetbürger, und wir haben nie die Hoffnung aufgegeben, daß uns der Vater aller Völker, daß uns Stalin wieder ruft, zurückholt in unsere Heimat. Mein Ewald, ja dieser Sohn hier, er war inzwischen beigewachsen, mußte damals Eichhörnchen jagen. Zu fünft bekamen sie eine Zeltplane, ein Blechöfchen und Brot für zwei Wochen. So ausgerüstet mußten sie viele Kilometer in die verschneite Taiga hinein und Pelze schießen. Tausende sind dabei erfroren. Wir hatten zum Schluß kaum noch Tränen, wenn er wieder für 14 Tage in die Taiga mußte.

Meine Familie überlebte. Der Krieg endete mit unserem Sieg. Aber unser Jubel wurde immer leiser, bis er völlig verstummte. 1946 sagte uns der Kommandant in unserem Dorf: ›Ab sofort seid ihr wie alle von der Wolga verbannten Verbrecher für immer und ewig Verbannte. Ihr müßt sofort eure Kisten und Koffer verbrennen!‹ Die Angst wurde unser Wächter. Sie lag wie ein Leichentuch über dem Land. Ich erinnere mich an eine Begebenheit.

Der größte Passagierdampfer, der auf dem Jenissej verkehrte

und in der eisfreien Zeit auch bis zu uns kam, hieß Josef Wissarionowitsch Stalin. Oft stand ich aus Sehnsucht an der Anlegestelle, und einmal stand neben mir ein alter Mann am Kai. Er wollte wegfahren, der Glückliche. Und wir warteten zusammen über eine Stunde auf das Schiff. Plötzlich sagte der Mann, als müsse er sich trösten: ›Verdammt noch mal, wann kommt er denn endlich?‹ Ich fragte lächelnd: ›Von wem sprechen Sie?‹

Er meinte natürlich das Schiff. Aber der Name Stalin: dieser Name! Der unbekannte Mann erschrak zu Tode. Er begann zu weinen, bettelte. Ein alter ehrwürdiger Mann, und er flehte mich an: ›Bitte, schweigen Sie, es ist mir nur so herausgerutscht, bitte, schweigen Sie.‹

Nach Stalins Tod durften wir uns im Gebiet Krasnojarsk frei bewegen, aber wir hatten uns monatlich zu melden. Ich arbeitete zuerst als Dorfschullehrer, später wurde ich an der Waldbauingenieurschule Dozent für die deutsche Sprache. Für meine Arbeit mußte ich mich nicht schämen, die Familie war wieder zusammen – wir hatten fünf Kinder, und auch wenn wir nicht in die alte Heimat zurück durften, so waren wir wieder freie Menschen mit allen Rechten, waren rehabilitiert. Aber manchmal fragte einer der Dozenten leise: »Habt ihr Wolgadeutschen im Krieg vielleicht doch Schuld auf euch geladen? Denn sonst würde die Regierung euch doch in die Heimat schicken und die Autonome Wolgadeutsche Republik wiederherstellen.«

Die meisten Menschen aber wußten überhaupt nichts von uns, denn jahrelang war die offizielle Politik: Niemals hat es die Wolgadeutschen gegeben, niemand in der Sowjetunion hat sie je gehört und gesehen, und niemand wird je wieder von ihnen sprechen.

Nun hoffen wir auf die Autonomie. Wenn wir wieder zusammen wohnen, unsere Schulen, Universitäten, unsere Theater, unsere Bücher und unsere Zeitungen haben, dann

wird die Sprache wieder belebt, dann wird sich unser Volk seiner Geschichte und seiner Traditionen wieder annehmen und vielleicht noch zu retten sein. Wir hatten ja schon vor der Verbannung viele Gewohnheiten und Bräuche der Russen übernommen. Bei den Beerdigungen beispielsweise. Die Russen stellen das Kreuz oder den Grabstein an das Fußende des Toten, und im Laufe der Zeit machten das auch die Wolgadeutschen so, und nur wenn ein alter Mann, der unsere Traditionen noch kennt, dabei ist, dann sagt er: Nein, das ist ein Deutscher, stellt das Kreuz an sein Kopfende. Ich erinnere mich, es war in Sibirien, da kam einer meiner Bekannten ins Dorf und fragte nach uns, nach den Deutschen, was sie tun und was sie treiben. Und die Vorsitzende des Dorfsowjets schrie ihn an: ›Was fragst du hier nach diesen Deutschen? Was sind denn das für Deutsche? Sie trinken wie wir Russen, und sie fluchen wie wir Russen – das sind doch keine Deutschen mehr!‹ Viele haben sich angepaßt, einige sind sogar faul geworden wie die Russen, denn ein Charakterzug des Russen ist, daß er faul ist, und er ist nachlässig, seine Lebensmaxime heißt nu, wsjo budjet, nun es wird schon, es wird schon alles werden. Und noch solch eine schlechte Eigenschaft: Sie können nicht sehen, daß ein anderer mehr hat als sie. Wenn also einer mehr arbeitet und klüger ist und mehr bekommt, dann sagen sie nicht: O, ein guter Arbeiter, so will ich auch werden, sondern: O, der hat viel, das ist ein schlechter Mensch! Es ist ein schlechter Mensch, weil er mehr als ich hat, es ist ein schlechter Mensch, man muß es ihm wegnehmen!
Ich hoffe zwar noch auf die Wolgarepublik, aber ich glaube, daß es sehr schwer wird, wenn Hunderttausende Wolgadeutsche hier nach Kamyschin und Saratow kommen. Die Russen werden Zeter und Mordio rufen: ›Die Deutschen kommen und wollen uns alles wegnehmen!‹ In einer Versammlung erlebte ich, wie eine Frau hysterisch schrie: ›Ich

möchte nicht, daß meine Kinder unter Deutschen aufwachsen!‹ Und ein hoher Funktionär sagte in der gleichen Versammlung: ›Die Faschisten haben meine Leute umgebracht, und jetzt sollen sie mich regieren und meine Landsleute vertreiben?‹

Und wie soll die Ansiedlung aussehen? Denn die Regierung schlägt vor, nicht sofort eine autonome Wolgarepublik zu bilden, sondern vielleicht erst einen Kreis, dann ein Gebiet, immer mehr. Sollen wir es so machen wie die Israelis? Wissen Sie, manchmal denke ich, es ist schon alles zu spät – die Geschichte des wolgadeutschen Volkes ist zu Ende. Und man müßte es nur noch aufschreiben, dieses Epos vom Anfang und vom Ende eines ganzen Volkes. Aber mir fehlt die Kraft dazu, mir fehlt sogar die Kraft, die Geschichte meines Lebens aufzuschreiben, denn es ist die Geschichte unseres sozialistischen Jahrhunderttraums – seines Anfangs und seines Endes.«

Ewald hat inzwischen Butterbrote geschmiert und Tee gekocht.

Zum Abschied umarmen wir den kleinen Mann so vorsichtig, als könne er zerbrechen. Seine letzten Worte an uns: »Mit uns Alten werden nicht die Fragen der Wolgadeutschen sterben, aber alle Antworten.«

Ewald begleitet uns bis zum Hotel. Wir gehen über die kilometerlange Brücke zwischen der alten und der neuen Stadt. Der Sohn des Dichters, vor Monaten noch Leiter eines Bautrusts in Tjumen, erinnert sich, daß hier früher eine kleine Holzbrücke stand. »1979, fast vierzig Jahre nach der Verbannung, kam ich zurück in die Stadt meiner Kindheit. Ich habe sie nicht wiedererkannt, so viel Wasser, so viele neue Häuser ...«

»Der Sozialismus hat sich entwickelt«, sinniert Gerd.

»Der Sozialismus«, fragt Ewald, »der Sozialismus? Häuser sind gebaut worden – das hat sich entwickelt. Die Menschen dagegen ... Ich war viele Jahre als Jäger am Jenissej. Selbst im Angesicht des Todes, damals als wir Eichhörnchen schießen mußten, waren wir nie als Räuber dort. Der Boden des Jenissej ist so empfindlich, daß man die Spuren, wenn man ein Boot an sein Ufer zieht, noch Jahre später sieht. Aber die Menschen heute – und da fragen Sie, ob sich der Sozialismus entwickelt hat –, die Menschen heute zerwühlen mit Raupen die schutzlosen Sandufer des Jenissej. Sie schmeißen Tausende Tonnen Beton und Stahl in die Sümpfe, die Menschen sind zu Mördern geworden. Sie haben eine schlechtere Moral als die Menschen in der Zeit, in der unsere Großmutter eine Waschfrau und Dienstmagd war. Die Menschen sind im Sozialismus nicht besser geworden. Was also hat sich entwickelt?«

Gerd schreibt an diesem Abend den ersten, einen sehr langen Brief nach Hause an Lidija. Ich versuche, das Gespräch mit Dominik Hollmann zusammenzufassen. Aber ich komme nicht weit, denn meine Gedanken drehen sich wie ein Karussell um die letzten Worte von Dominik Hollmann: Mein Leben ist die Geschichte unseres sozialistischen Jahrhunderttraums – seines Anfangs und seines Endes. Seines Anfangs und seines Endes ...

Ich schalte das Zimmerradio nicht ein, mich interessiert plötzlich nicht mehr, wer zu Hause wofür demonstriert.

Am nächsten Morgen hocken die Putzfrauen wieder auf den Knien und wringen die Hadern aus. Sie lachen dabei, denn kleine Menschen hopsen zwischen Eimern und Schrubbern hin und her, Liliputaner aus Taschkent – der Zirkus ist in der Stadt.

Alexander, der als Soldat in Afghanistan gedient hat und nun die Komsomolmiliz im Kampf gegen die Jugendbanden leitet, holt uns im Hotel ab. Er will uns das Denkmal für seine gefallenen Kamyschiner Freunde zeigen. Im Auto liegen, in eine *Prawda* eingewickelt, rostbraune Astern. Sie sehen welk und übernächtigt wie Alexander aus. Er habe kein Auge zugemacht, wegen der Schlägerei zwischen den Kamyschiner Nord- und Südbanden heute nacht, erzählt Alexander. »Heute nacht?« »Ja«, sagt er, »heute nacht. Habt ihr etwa nichts bemerkt? Was macht ihr bloß, wenn es dunkel wird?« Ich will sagen: »Wir lecken unsere Wunden«, aber ich schweige.

»Es hat wie immer mit ›abendlichen Spaziergängen‹ der Jugend begonnen. Zwar ist es den Schülern der oberen Klassen verboten, an diesen Spaziergängen teilzunehmen. Aber gestern abend um acht Uhr waren wieder Hunderte auf der Straße, und als 25 Mädchen der Nordstadt begannen, auf ein Mädchen der Südstadt einzudreschen, griffen die Banden der Jungen sofort ein. Acht Beteiligte liegen noch im Krankenhaus. Es wurden Brandflaschen mit Benzin geschmissen. 60 Kinder und Jugendliche verhaftete die Miliz. Aber bei 20 von ihnen hatten sich noch nicht einmal heute morgen die Eltern erkundigt, wo die Kinder, 12- bis 16jährige, geblieben seien. Wie sollen wir helfen, wenn sich nicht einmal die Eltern für ihre Kinder interessieren?« Nach einer Pause: »Aber ich habe in Afghanistan so viele verwundete und getötete Kinder gesehen – von Minen zerfetzte ...« Jeder Soldat, der aus Afghanistan lebendig zurückgekommen ist, hat die Verantwortung für einen von der Polizei registrierten Jugendlichen übernommen. Einen jungen Banditen, er stamme aus Wolgograd, hätten sie im letzten Monat aus einer der schlimmsten Jugendbanden herausholen und beschützen können. Alexander erzählt seine Geschichte: »Er hatte schon als Kind miterlebt, wie sein Vater, ein persönlicher Referent des Betriebsdirektors, Material für den Betrieb organisierte, indem er Staatsbeamte mit Wodka, Geld, Urlaubsplätzen und Kaviar bestach. Später beschaffte er sich auf diese Weise Privatautos, erpreßte die Staatsbeamten mit Hilfe der Mafia, lebte gut, ohne viel zu arbeiten. Als der

Junge 13 war, drohte er den Vater anzuzeigen, wenn die Mutter – Verkäuferin in einem staatlichen Lebensmittelladen – ihm nicht die Schlüssel zum Geschäft gebe. Damals lebte er von gestohlenen Produkten, und erst, als seine Bandenmitglieder ihn zwangen, ein Mädchen der Sparkasse mit dem Messer zu bedrohen, ist er aus Angst ausgestiegen.«

An der Brücke zur Neustadt halten wir, um Serjosha mitzunehmen. Serjosha hat den Kragen seines dunkelblauen Nylonmantels hochgeschlagen und die hellblaue Pudelmütze so tief in die Stirn gezogen, daß man nur noch einige strohblonde Haarsträhnen erkennt. Die Haut seiner rechten Gesichtshälfte scheint verkürzt, sein Begrüßungslächeln gerät schief und unsicher. Er spricht langsam und muß sich jedesmal, wenn er etwas sagt, anstrengen, um den Mund zu bewegen. »Er hat Glück gehabt, unser Serjosha, daß er noch lebt – neben ihm explodierte eine Mine«, sagt Alexander. »Serjosha wird nie mehr arbeiten können, zeitlebens ein Invalide bleiben.«

»Wie alt bist du?«

»Dreiundzwanzig Jahre«, sagt Serjosha. Er befreit die rostbraunen Astern von der *Prawda* und versucht, ihre Köpfchen aufzurichten. Dann zeigt er uns ein Notizheft mit abgegriffenem Pappdeckel. »Hier haben wir die Namen aller jungen Leute aus Kamyschin aufgeschrieben, die in Afghanistan gefallen oder schwer verwundet worden sind. Wir Überlebenden, 200 in Kamyschin, gehen regelmäßig zu ihren Eltern, den Frauen und den Kindern, und fragen, wie wir helfen können. Von allein kommen sie selten, sie schämen sich, zu bitten und zu klagen. Manche Frau, die nun mit ihren Kindern allein leben muß, braucht sehr dringend eine Waschmaschine, doch um eine Waschmaschine zu erhalten, muß man fünf oder mehr Jahre warten. Würde der Mann noch leben, könnte er sie vielleicht schneller organisieren, nun ist er tot, und wir versuchen es an seiner Stelle, gehen in Geschäfte

und sprechen mit Behörden. Und da passiert es oft, daß wir an einen hohen Bürokraten geraten, der uns anschimpft: ›Was wollt ihr jungen Scheißer? Damals, als ich aus dem Hitlerkrieg gekommen bin, hat uns auch kein Staat geholfen.‹«
Serjosha erinnert sich an Afghanistan: »Es ist ein so armes Land, kaum daß die Kinder etwas zum Essen haben. Oben auf den Bergen liegt Schnee, und unten am Tal verbrennt die Sonne das Gras. Ich hatte immer Angst vor diesem fremden Land. Einen Neffen der Kirchenältesten Anna aus Kamyschin haben sie gefangen, an den Beinen nach oben aufgehangen und mit Peitschen geschlagen. Sie haben ihm alles kaputtgeschlagen, er wird nie eigene Kinder haben können.«
Das Denkmal für die in Afghanistan Gefallenen steht auf einer Anhöhe an der Peripherie der Stadt. Scharfkantige, unbearbeitete Granitbrocken haben die »Afganizi« zu einem kleinen, sehr spitzen – dem Matterhorn ähnelnden – Berg aufgeschichtet, mit Beton befestigt und mit blutroter Farbe übergossen. Rechts und links vor dem Obelisken 14 Grabplatten mit den Namen der Gefallenen. Sie waren 18, 19 und 20 Jahre alt. Serjosha und Alexander sammeln die alten Blumen, die die Neuvermählten hier niederlegen, von den Grabplatten. Gerd und ich legen auf jede eine von den rostbraunen Astern. 14 Grabplatten für 13 Tote. »Einer ist noch vermißt«, sagt Alexander, »seine Mutter hofft immer noch.«
13 Tote in einer Stadt mit 130 000 Einwohnern. 1 : 10 000. Das wären bei 200 Millionen Sowjetbürgern ...
»Wie denkt ihr heute über diesen Krieg?«
Alexander sagt: »Ich denke darüber wie über jeden Krieg in dieser Zeit, daß Krieg nämlich eine staatlich abgesegnete Perversion ist. Wird ein Mensch von einem Gewaltverbrecher oder Einbrecher getötet, dann bestraft man den Mörder mit dem Tod oder gibt ihm lebenslänglich. Und was für ein Zeitungsrummel wegen der Ermordeten und dessen bemitleidenswerten Angehörigen! Aber wer verurteilt diejenigen,

die den Mord an Zehntausenden Soldaten in den afghanischen Bergen befohlen haben, wer beschreibt die Leiden? Kriege können stattfinden, weil die Politiker, die den Befehl oder die Genehmigung geben, nicht selbst an die Front müssen, weil sie wie bisher zu Hause weiterleben, genau wie die neugierigen Beobachter. Das ist pervers, gleich ob der Mann Breshnew heißt oder Reagan. Und heute zu den Zeiten von Perestroika und Offenheit haben wir uns eins geschworen: Wir werden die ersten sein, die protestieren, wenn unsere Streitkräfte noch einmal in ein fremdes Land geschickt werden. Nur das Volk darf über so etwas entscheiden, nie wieder einer da oben ganz allein. Wir haben genug zu Hause zu tun, was sollen wir in fremden Ländern?«

Serjosha, der friert und seine Hände tief in der Anoraktasche vergraben hat: »Ich bin zweimal verwundet worden. Das erste Mal in Afghanistan. Das zweite Mal zu Hause, als wir die Wahrheit über den Krieg erfahren haben, als wir begriffen haben, daß die Freunde dort zu Unrecht gestorben sind, und die Politiker sich geirrt haben. Diese Mörder ...«

Er trägt die verwelkten Blumen hinter den rotbefleckten Matterhorn-Obelisken, damit wir nicht sehen, daß er weint.

Auf der Rückfahrt lädt Serjosha uns zum Revolutionsfeiertag am 7. November ein. Er sei wie immer allein zu Hause, und gleich den Invaliden aus dem Zweiten Weltkrieg bekäme er an diesem Feiertag ein Extra-Verpflegungspäckchen mit Tee, Keks, Fischkonserven und Konfekt. »Wir könnten zusammen Tee trinken und Kekse essen.«

»Und wir bringen Wodka mit.«

Nein, Wodka dürfe er keinen trinken, nicht einen Tropfen Alkohol.

»Nicht einmal mehr Wodka«, sagt Serjosha.

Mittags stehen Gerd und ich lange an der Vorderwand des Hotels, genießen die letzten Sonnenstrahlen des Herbstes. Anschließend klinken wir wieder an der Tür des Nachbarhauses, doch sie bleibt uns verschlossen. »Irgendwann muß der KGB doch Sprechzeit haben«, flucht Gerd. »Zu Hause könntest du dort nicht einmal die Klinke drücken«, sage ich. Am Nachmittag besichtigen wir den größten Betrieb von Kamyschin, das Textilkombinat. Nach dem Krieg erbaut, damals 20 000 Arbeiterinnen, heute noch 13 000. Jede fünfte Frau aus Kamyschin. Es ist eine Stadt für sich.

Das Büro der Parteisekretärin, einer schwarzhaarigen, braungebrannten, sehr kräftigen und selbstbewußten Kosakin, ist dementsprechend geräumig. Die Kosakin hat wenig Zeit. Sie arbeitet an einem Grundsatzreferat über die Arbeitsmoral der Weberinnen. 1564 von ihnen hätten am 1. Oktober, nach neun Monaten, bereits den Arbeitsplan für 4 Jahre erfüllt. 588 Weberinnen den für 5 Jahre, 80 Weberinnen den für 6 Jahre. 25 für 7 Jahre. 7 für 8 Jahre. Und eine hätte in neun Monaten so viel Stoff gewebt, daß sie neun Jahre Vorsprung erreichen konnte.

Eine Stellvertreterin der Parteisekretärin führt uns hinunter zu den Arbeiterinnen. Sie tragen weiße Haarnetze, manche Kopftücher oder Ohrenschützer. Die Luft in der Maschinenhalle flirrt von allerfeinsten Staubpartikeln. Ich muß husten, und auch an den Stellen, wo aus Rohrschlangen an der Decke zischend Dampf über die ratternden und krachenden vorsintflutlichen Webstühle gesprüht wird, vermag ich kaum zu atmen. Ein Teil der Frauen rennt unentwegt zwischen den Webstühlen hin und her, um gerissene Fäden zu flicken. Die übrigen schleppen zentnerschwere Stoffballen. Ich hebe mir fast einen Bruch, als mich eine Frau gestikulierend auffordert (unterhalten kann man sich nicht), meine Kräfte an solch einem Ballen auszuprobieren. Einer der jungen Männer, die mit Werkzeugtaschen auf Schemeln neben den Webstühlen sitzen (später erfahre ich, daß sie sich »Gehilfe der Weberin« nennen), grinst und zeigt stolz, als sei es seine Arbeit, auf die Frau, die nun den Stoffballen wegschleppt. Sie geht vornübergebeugt, hat einen krummen Tragerücken.

Erst in der Endkontrolle, wo die buntgemusterten Stoffrollen in rasender Geschwindigkeit hinter einer Art erleuchtetem Glasfenster abgespult werden und junge Frauen argwöhnisch stieren, um Fehler zu entdecken, ist es so leise, daß ich endlich Fragen stellen kann. Aber die Mädchen sind wortkarg. Sie monieren lediglich, daß zwar alle im Betrieb davon reden, daß ehrlich nach Leistung abgerechnet werden muß, aber nur sie hätten einen automatischen Meterzähler, die Webstühle dagegen wären so alt, daß nicht einmal die in einer Schicht gewebte Stoffmenge angezeigt würde. Alles würde nur Pi mal Daumen ausgerechnet. »Und wie kann man dann feststellen, daß eine Weberin in den ersten neun Monaten dieses Jahres bereits ihren Plan für die nächsten vier oder fünf Jahre erfüllt hat?«

»Sehr einfach. Sie müßte, um plangleich zu sein, normalerweise 12 Webstühle bedienen, aber sie bedient 48 oder 60.«

»60 gleichzeitig?«

Es gibt keine Antwort, nur Kopfnicken, denn unsere Begleiterin, inzwischen sind noch die Fabrikdirektorin und die Komsomolsekretärin dazugekommen, unterbricht an dieser Stelle. Es sei wichtiger, über die sozialen Vergünstigungen der Textilarbeiterinnen zu sprechen. »Frauen, die den Betrieb verlassen und 20 Jahre bei uns gearbeitet haben, bekommen ein Sparbuch in Höhe eines Jahresverdienstes. Wir haben 20 Kindereinrichtungen, eine Poliklinik, ein prophylaktisches Sanatorium, eine Schwimmhalle und eine Banja« (die kennen wir schon), »ein Diätessen für Frauen, die Nachtschicht erhält ein kostenloses warmes Essen. Das alles kostet uns fast 5 Millionen Rubel im Jahr. Und die müssen von den Betriebsangehörigen ja erst einmal verdient werden.«

Ich frage, ob sie anstelle der ratternden Ungetüme, an denen die Frauen Tag für Tag ein Leben lang stehen müssen, neue, leise, elektronisch gesteuerte, kaufen.

»So gut arbeiten wir noch nicht, daß wir gleichzeitig Sparbuch, Sauna, Diätessen, Kindergärten bezahlen und außerdem neue Maschinen kaufen können. Man muß sich für eines entscheiden.«

»Und wer entscheidet es?«

»Nun, unsere Gesellschaftsordnung – der Sozialismus. Er entscheidet für Kindergärten, Betriebsschwimmhalle, Unterstützung der arbeitenden Mütter. Der Kapitalismus würde sich gegen den Menschen für die neuen Maschinen entscheiden«, behauptet der Komsomolsekretär.

Ich sage: »›Der Sozialismus entscheidet‹ – das ist mir etwas zu allgemein, also wer entscheidet hier konkret?«

»Nun, der Arbeiterrat bestätigt es ...«

»Und wer entscheidet, was der Arbeiterrat bestätigt?«

»Unsere Generaldirektorin, eine prächtige Frau, Abgeordnete, in den Obersten Sowjet gewählt, die einzige aus Kamyschin.«

Ich hatte das schon gelesen, und eigentlich ist der Zweck des Betriebsbesuches für mich der anschließende Termin mit der Generaldirektorin. Endlich werde ich mehr über das sowjetische Wahlsystem erfahren: Kandidaten kämpfen gegeneinander, diejenigen, die das beste Programm haben, die den Wähler überzeugen, erhalten die meisten Stimmen. Wie wird sich da eine Frau durchgesetzt haben?

Die Mädchen vor den erleuchteten Kontrollfenstern kichern, als wir fragen, wo sie wohnen. Eine Wohnung hätten die wenigsten. Über 2000 Frauen ständen auf der Warteliste. »Die meisten von uns leben im Internat.« Ich frage nach der Adresse, vielleicht könnten wir nach Feierabend mal vorbeischauen, um in Ruhe reden zu können. Doch weder die Parteifrau, noch die stellvertretende Fabrikdirektorin noch die Komsomolsekretärin antworten. Niemand verrät uns die Adresse des Internats.

Der Zutritt sei verboten. »Aber die Mädchen sind doch erwachsen, älter als 18«, sage ich. Trotz alledem. Der Zutritt sei für uns verboten. Eine der Arbeiterinnen lacht: »Früher kamen in Kamyschin drei Frauen auf einen Mann, jetzt nur noch zwei. Laßt sie ruhig kommen.« Die Mädchen lachen, ohne aufzuhören. Wir werden weiter herumgeführt. Poliklinik, Teestube. Noch immer hören wir das Lachen der Mädchen. Sogar noch, als wir ehrfürchtig das große Zimmer der Genossin Generaldirektorin betreten.

Sie ist um die Fünfzig, nicht so stattlich und vor Gesundheit strotzend wie die Parteisekretärin. In den Momenten, wo sie nicht kerzengerade sitzt, sich unbeobachtet fühlt und nachdenkt, wirkt sie klein und fast ein wenig hilflos.

Aber sie thront auf einem sehr hohen Sessel hinter einem riesigen Schreibtisch, zur Rechten mehrere Telefone, zur Linken Aktenstapel. Uns plaziert sie auf kleine Stühle am einzigen Besuchertisch, der unmittelbar an den Schreibtisch herangerückt ist. Er sieht aus wie einer der Beistelltische, auf denen Kellner Steaks flambieren. Mit dem Kinn reichen wir gerade bis zur Platte des Schreibtisches. Sie scheint das nicht zu bemerken. Ich bitte sie, sich vorzustellen, wir säßen hier bei einer ihrer Wahlversammlungen, sie müßte sich gegen ihren Kandidaten durchsetzen, was würde sie in solch einem Fall erzählen?

Sie lächelt, und ich denke, nun wird sie sich zu uns heruntersetzen an den kleinen Tisch, aber das Telefon klingelt, und sie bleibt oben am Schreibtisch.

Diese Zeit sei Vergangenheit, jetzt könne sie schon berichten, was sie nach der Wahl erledigt hätte: Sie lächelte noch einmal und sagte dann: »Ein Wählerauftrag für mich war der Bau einer Kinderklinik und eines Zentrums für Diagnose bei Frühgeburten. Schon während des ersten Deputiertenkongresses bin ich zur Regierung gegangen, um moderne Geräte für solch ein Zentrum zu erhalten. Und unseren Arbeiterrat

im Betrieb habe ich davon überzeugt, 500 000 Rubel für die Kinderklinik aus dem Betriebsgewinn zu geben und ein modernes Diagnosegerät zu kaufen. Den Vertrag mit einer japanischen Firma habe ich bereits unterschrieben ...«
Ich sage, daß mich weniger interessiert, was nach der Wahl geschah, als vielmehr, wie sie vor der Wahl gekämpft habe, sich in den Versammlungen der Gegenkandidaten erwehrt habe, vielleicht sogar gegen machtgewohnte Männer.
»Ich habe nicht gegen Männer kämpfen müssen. Ich habe nur gegen Frauen gekämpft. Wissen Sie, bei dieser Wahl gab es außer den frei aufzustellenden Kandidaten beispielsweise 75 Mandate für die sowjetische Frauenorganisation. Und diese hat mich nominiert.
In Moskau bei der zentralen Wahlversammlung der Frauenorganisation waren wir noch 400 Kandidatinnen. Die 75, die in der Abstimmung siegten, waren für den Obersten Sowjet nominiert. Über sie brauchte das Volk nicht mehr abzustimmen.«
Ich frage, was entscheidend gewesen sei für ihre Nominierung in Moskau.
»Mein Vorteil war, daß ich alle sozialen Probleme der Frauen aus eigener Erfahrung kenne. Es gibt nichts, was mich nicht mit ihnen verbindet. Ich weiß, daß viele Textilarbeiterinnen immer noch mit vier oder fünf Kindern in einem oder zwei Zimmern leben. Daß sie wegen des Staubes häufig an Erkrankungen der Atmungsorgane leiden. Daß sie viel zu schwere Stoffballen schleppen müssen. Daß sie oft nach der Arbeit stundenlang anstehen, um ein Kilo Fleisch zu erhalten.«
Ich frage, ob sie Kinder hat, mit denen sie in einem Zimmer wohnen mußte. Nein, sagte sie, sie sei kinderlos. Wahrscheinlich wäre sie auch nie Generaldirektorin geworden, wenn sie Kinder hätte erziehen müssen. Ich frage, ob sie nach der Arbeit stundenlang wegen eines Kilo Fleisches an-

stehen mußte. Nein, das könne sie nicht, wenn sie um 20 oder 21 Uhr aus dem Betrieb gehe, hätten die Läden schon geschlossen. »Aber Sie essen Fleisch am Sonntag?« Sie nickt. Sie spürt meine Enttäuschung und versucht einzulenken: »Aber ich habe mich auch vor und nach der Wahl sehr für den Fußball eingesetzt. Unser Kommando ist in der russischen Meisterschaft.« Das wissen wir, ich nicke, frage, wer das Geld für den Trainingsaufenthalt der Mannschaft auf der Krim bewilligt habe.

»Eigentlich ist es üblich, daß solche großen Summen vom Arbeiterrat bestätigt werden, aber ich habe das selbst unterschrieben. Der Fußball ist nun einmal Michail Haridonows große Liebe, und er tut als 1. Kreissekretär auch viel für unser Kombinat, da können wir auch einmal was für ihn tun.«

Ich will fragen, weshalb etwas für ihn tun? Er ist doch nicht wie eine Weberin dem Plan um fünf Jahre voraus. 5 Jahre Vorsprung – wieviel bringt das einer Weberin? – Nun, vielleicht 30 Rubel Mehrverdienst im Monat. Aber der Trainingsaufenthalt für die Fußballer, vielleicht sind das – nein, das wird sie sowieso nicht sagen –, es werden bestimmt Zehntausende von Rubel sein.

Ich habe das nicht mehr gefragt. Aus Höflichkeit – oder weil es sich schlecht fragen läßt von unten nach oben?

Als sie uns zum Abschied die Hand gibt und wir stehend nun ein wenig größer sind als sie, frage ich, ob für sie jetzt Feierabend sei. Nein, sie könne noch nicht nach Hause, heute würde es wahrscheinlich 23 Uhr werden. Ich frage nach dem Monatslohn, und sie sagt lächelnd: 1000 Rubel sind es nicht. Und ich überlege, was sie für ihren Job in einer westlichen Textilfirma mit 13 000 Beschäftigten verdienen könnte. Sie sind beide beschissen dran: die Arbeiterin, die zentnerschwere Ballen schleppt und stundenlang wegen eines Kilo fetten Fleisches anstehen muß, und ›die Generalin‹, die für 15 Stunden Arbeitszeit täglich keine 1000 Rubel im Mo-

nat hat. Aber wenn für das Nichtfunktionieren der sozialistischen Wirtschaft einmal abgerechnet wird, werden die Arbeiterinnen die Generaldirektorin als Schuldige anklagen.
Wladimir, der treue Begleiter, holt uns ab. Doch wir fahren nur ein Stück mit ihm, wollen uns die Beine noch vertreten und hopsen über die Schlammlöcher der Altstadt. An der Straße, die zum Hotel führt, befindet sich auch das Theater, ich habe Lust, mir ein Stück anzuschauen, aber vor der Tür hängt kein Programmzettel. Die Tür quietscht, als ich sie öffne, der Vorraum ist schummrig beleuchtet, aber genau wie die Kasse menschenleer. Fotos und Plakate von älteren Vorstellungen hängen daneben. Wir gehen weiter und befinden uns plötzlich in einem Raum, an dessen Wänden vielleicht 20 Tischchen und Spiegelchen und Stühlchen stehen – wahrscheinlich die Garderobe für die Schauspieler. Laut schimpfend kommen zwei ältere Frauen auf uns zu, sie fuchteln mit den Armen, als wollten sie fremde Hühner aus ihrem Garten vertreiben. Ob heute keine Vorstellung sei, fragen wir. »Heute nicht, und vielleicht überhaupt nie mehr.« Ob wir uns das Theater anschauen könnten? Nein, hier gebe es gar nichts zu gucken, wir sollten verschwinden. Erst als ich sage, daß meine Frau auch an einem Theater arbeitet, beruhigen sie sich, werden plötzlich sehr still. Die jüngere von beiden erzählt, daß das alte Theater abgebrannt sei, das hier hätte nur ein Provisorium sein sollen. Aber nun – sie zeigt uns Räume, wo der Putz in großen Fladen herunterhängt, die Fußböden Kartoffeläckern gleichen. Wenn man die Heizung in den Proberäumen andrehe, würde es im ganzen Haus wie in einer Sauna dampfen. Man werde das Haus schließen müssen, es wäre so kaputt, daß man es nicht mehr reparieren könne.
Vor dem Hotel wartet Swetlana. Sie bringt uns Briefe von Bewohnern des Dorfes, in dem wir in der vergangenen Woche zusammen mit ihr waren. »Dort, wo ihr nur mit den

Schafen gesprochen habt.« Wir erzählen ihr von unserer Enttäuschung bei der Generaldirektorin, die ohne Volksabstimmung, nur weil sie von der Frauenorganisation limitiert war, Deputierte werden konnte. Swetlana tröstet uns, es gebe auch schon wirklich demokratische Wahlkämpfe, beispielsweise der zwischen dem Schriftsteller Bondarjew und dem jungen Kisiljow, zwar hätte auch dort die Partei versucht einzugreifen ...

Swetlana winkt ab, als ich sie bitte, mehr davon zu erzählen. Ich solle ihre Chefradakteurin fragen, die werde heute noch vorbeikommen und uns ins Kino, zu einer Voraufführung des Filmes *»Interdewotschki«* einladen. Wir hatten in Wolgograd schon vergeblich versucht, Karten für diesen Film zu erhalten. Die Leute schlugen sich, sie standen stundenlang vor der Kasse. Auf dem Filmplakat war eine junge halbnackte Frau mit frivoler Reizwäsche zu sehen. Ihren Busen und die von Strapsen verzierten Schenkel hatte jemand mit Zeitungspapier überklebt. Swetlana protestiert, als ich behaupte, daß die Prüderie in der Provinz noch schlimmer sei als in Moskau. Nein, nicht die Prüderie sei für sie das Schrecklichste, sondern die doppelte Moral. »Da bewachen unsere Väter ihre Töchter wie Gefangene, damit sie keinen Geschlechtsverkehr vor der Ehe haben. Sie treiben die liebeslustigen Mädchen vor lauter Sittlichkeit fast bis zum Wahnsinn. Aber dann schlagen sich die gleichen Väter um Karten für solch einen Film, pöbeln jedes fremde Mädchen, das genauso alt ist wie ihre Tochter, auf der Straße an, als sei es eine Nutte, und im Bus, wenn er so voll ist, daß man sich nicht mehr bewegen kann, reiben sie sich an unsereinem.«

Ich frage Swetlana, weshalb sie nicht mit ins Kino kommt. Sie habe schon genug Eheprobleme zu Hause, ihr Mann sei Kommandeur bei den Kursanten, und der Film werde in diesem Armeeklubhaus gezeigt.

Die Chefredakteurin kommt schon gegen sechs. Wir fahren

im Bus zu ihr nach Hause, ins Neubaugebiet. Vor dem Magazin läßt sie uns warten, sie will noch Käse und Wurst kaufen. Es dauert fast eine halbe Stunde, aber sie hat nur Eier bekommen und Butter auf Marken. Butter auf Marken, also ist es schon sehr schlecht um die Versorgung bestellt? Nein, das mit den Buttermarken sei nur ein Trick von Haridonow. Im vergangenen Jahr hätte es in Kamyschin keine Buttermarken gegeben, da sagten die Wolgograder: Ihr habt genügend Milch, wir werden euch den Plan zur Ablieferung für Wolgograd erhöhen. »Nun haben wir also auch Marken, und man läßt uns in Ruhe.«

Als die Chefredakteurin die Wohnung aufgeschlossen hat, erschrecke ich und gehe ein paar Schritte zurück. Eine zottlige Fellmütze rennt mir zwischen die Beine. O, das sei nur ihr sibirischer Kater, ein herzensgutes Tier. Außer ihm hätte sie noch ihren Sohn, denn ihr Mann hätte sie schon vor 20 Jahren verlassen. Das Wohnzimmer ist verdunkelt, die Sessel sind mit Decken verhangen. Wir setzen uns in die Küche. Auf dem Tisch liegt ein abgegriffenes Kartenspiel. Ich frage die Chefredakteurin, mit wem sie spielt. »Mit mir allein.« Sie will Eier braten, findet aber kein Öl im Haus. Einen Schnaps? Sie sucht zuerst im Kühlschrank und dann vergebens in allen Fächern der Vorratskammer, so als sei sie in der Wohnung zu Besuch. Aber den Kaffee findet sie sofort. Sie brüht ihn sehr stark und mischt ihn mit geschlagenem Eiweiß. Sie raucht hastig und nervös. Der Kaffee ist heiß und stark. Die Eier aber sind hart und verbrannt. »Für wen soll ich denn hier kochen?« fragt sie. Der Sohn sei Student an der Hochschule für Militärärzte.

Während wir die Eier kauen, frage ich sie nach dem Wahlkampf zwischen dem berühmten Bondarjew und dem unbekannten Kisiljow. Sie erzählt: »Der Wahlkampf begann damit, daß ein Schriftsteller des Gebietes Wolgograd eine ganze Zeitungsseite mit Lobpreisungen für den Schriftsteller

Bondarjew verfaßte. Diese Seite mußten wir auf Anweisung der Gebietsparteileitung nachdrucken. Über Kisiljow wurde nichts geschrieben. Aber die Menschen bei uns, die haben nun schon Blut geleckt, die begriffen sofort: Über Bondarjew wird geschrieben, über Kisiljow nichts, also will die Partei den Bondarjew, dann werden wir Kisiljow wählen. Zwei Tage vor der Abstimmung wurde ich in das Kreisgebietskomitee zum Ideologiesekretär bestellt. Er gab mir den Parteiauftrag, sofort eine Seite mit Stimmen von Bürgern zu veröffentlichen, die Gutes über Bondarjew sagen. Ich habe den Auftrag an meine Journalisten weitergegeben, und sie sind losmarschiert. Aber sie brachten nur Meinungen zu Kisiljow mit, lediglich einer hatte auch etwas zu Bondarjew gesagt, aber das war wohl eher neutral. ›Egal, ob Kisiljow oder Bondarjew, es sind doch alles Sauhunde‹, hat er gesagt. Ein Erfolg für die neue Offenheit war, daß die Partei danach nicht wagte, wie früher anzuordnen: Also erfindet gefälligst positive Meinungen zu Bondarjew.«

Der Kaffee ist so stark, daß Gerd Schweißausbrüche und starkes Herzklopfen bekommt. Und das vor diesem Film.

Die Chefredakteurin verabschiedet sich von ihrem sibirischen Kater, sie erzählt uns auf der Treppe, daß ihr Sohn schon in der Schule der beste Schüler gewesen sei, keine Flausen im Kopf gehabt habe. Jetzt gehöre er wieder zu den besten Studenten, und sobald er sein Militärarztdiplom bekommt, »werde ich die Wohnung hier aufgeben und zu ihm ziehen und ihn versorgen und vor allem Bösen im Leben bewahren«.

Im Kulturhaus der Armee, in dem die nichtöffentliche Vorführung stattfindet, drängeln sich die Kursanten, fast glatzköpfig geschorene, unsichere und aufgeregte Jüngelchen, um die Sitzplätze. Für uns hat der Leiter des Hauses gute Mittelplätze reserviert. Der Film erzählt die Geschichte eines schönen Moskauer Mädchens, das heraus will aus dem trostlosen erbärmlichen Arbeitsleben, das seine Träume von schönen Kleidern, von Luxus und Liebe verwirklichen will – und eine Interdjewotschka, ein Mädchen wird, das für Geld mit Ausländern schläft. Vor der Mutter verheimlicht sie ihr Nachtleben, geht am Tag brav zu ihrer Arbeit als Krankenschwester. Bei jeder leidenschaftlichen Bettszene halten die sonst kichernden Kursanten den Atem an, schweigen. Nur die Chefredakteurin neben uns murmelt ununterbrochen: Diese Hure, solch ein Weibsdreck. Der Spießrutenlauf für das Mädchen beginnt, als sie ihren Ausländer heiraten und mit ihm nach Schweden gehen will. Sie braucht Hunderte Papiere, ihren Arbeitskollegen muß sie wie eine Aussätzige Rede und Antwort stehen. Und dann das Leben in der Fremde, sie darf, so sehr sie auch Heimweh nach ihrer Mutter hat, nicht zurück, sie ist heimatlos. Ich sehe, wie Gerd neben mir schluckt, sich die Augen wischt. Lidija, seine Frau, hat diese Hexenjagd selbst erlebt.

Schweigend gehen wir nach der Kinovorstellung ohne Schirm durch den Regen. Gerd antwortet nicht, als die Chefredakteurin ihn nach seiner Meinung über den Film befragt. Sie aber schimpft über diese schlimmen Weibsbilder, die nicht leben wollten, wie es sich für ordentliche Sowjetbürgerinnen gehört, die sich rumtreiben würden, für die billige Sexualität und Liebe zu einem ausländischen Mann wichtiger sei als die heilige Liebe zum Vaterland, was das nur für Mütter seien, die zusehen könnten, wie ihre Töchter ...

Da sagt Gerd, sie solle ruhig sein, er möchte jetzt nicht sprechen. Diese Mädchen seien moralischer als manche verklemmte Stalinistin. Aber die Chefredakteurin duldet jetzt keine andere Meinung, sie sagt: »Einschließen, einschließen muß man solche Töchter.« Und dann wechselt sie urplötzlich das Thema, erzählt von ihrem sibirischen Kater. »Ich kann die Tür offenstehen lassen, er macht keinen Schritt mehr hinaus, er bleibt nur noch in der Wohnung. Einmal, ein einziges Mal, da wollte er hinaus, und ich habe ihn gehen lassen, und nach zwei Tagen kam er angekrochen, er war zerschunden und entkräftet, gezeichnet von dem schlimmen Sexualtrieb und der bösen Welt. Ich habe ihn gepflegt und gesagt: Was machst du nur auf deine alten Tage, mein Lieber? Seitdem ist er nie wieder vor die Tür gegangen.«

An der Haltestelle fährt unser Bus zuerst. Ich bedanke mich bei der Chefredakteurin für den Kinobesuch. Gerd schweigt. Im Hotel sage ich: »Swetlana und Irina werden es nicht leicht haben, das zu schreiben, was sie denken.« Aber Gerd redet nur noch von Lidija. »Kannst du dir überhaupt vorstellen, wie schlimm es für sie war, wegen mir von zu Hause wegzugehen? Und jetzt sitzt sie allein in diesem gottverdammten Marzahn.«

Um ihn abzulenken, öffne ich die Briefe aus Tschuchanastowka, die uns Swetlana gebracht hat.

»Ich arbeite im Schafzuchtkomplex, den Sie besichtigt haben, war aber an jenem Tag mit den Schafen auf der Weide ... Dieses Dorf und die Umgebung, das ist meine Heimat, ich habe keine andere, und hier wächst auch Brot für alle. Mit 13 Jahren habe ich schon gepflügt, nun habe ich drei Söhne, ich wollte ihnen die Liebe zum Dorf geben, aber nur der Kleinste ist noch hier. Das tut weh – hier ist alles so still geworden, so uninteressant. Früher hörte in unserem Dorf in den Sommernächten die Ziehharmonika nicht auf zu spielen, es gab viele Hochzeiten, Kinderlachen in jedem Hof. Aber nun diese schreckliche Stille. Die Fenster sind vernagelt, die Leute gehen in die Stadt. Die Schule ist zerfallen, und der Dorfclub verwandelt sich in einen Schweinestall. Wenn wir mit meiner Frau vor dem Fenster sitzen, tut uns die Seele weh. Und an den Festtagen sehen wir im Fernsehen große Paraden, aber wir im Dorf haben

nicht einmal frisches Brot an solch einem Tag, denn das Brotauto ist einfach wieder einmal am Dorf vorbeigefahren.
M.Z. Matjuzenku.«

»Das Wort Revolution ist wie mit einem Schwert schon in uns Kinder hineingeschnitten worden. Mit 12 Jahren mußte ich arbeiten, mit 16 im Kolchos und immer für die Revolution. Ich lebte beim Onkel, denn die anderen Verwandten hatte Stalin geholt, und ich mähte jeden Tag bis zum Umfallen. Dann mußte ich in den Krieg und wieder für die Revolution und wieder für ein besseres Leben. Ich habe den Krieg in Prag beendet, das Leben aber, ist es anders geworden? Nein, nur die Versprechungen sind besser und geschickter geworden. Kürzlich war ich in der Stadt, da regten sich die Leute auf, weil ich ein Glas Erbsen mehr bekommen habe als die anderen – und ich habe sie den Leuten, die schrieen, daß es besser wäre, wenn wir Alten im Krieg geblieben wären, geschenkt.
N.F. Kolonenko.«

»Ich bin erst zwanzig Jahre und arbeite im Kindergarten – es regnet durch das Dach. Wir stellen Schüsseln und Eimer in das Zimmer. Jedesmal vor dem neuen Schuljahr kommen die Chefs, um sich alles anzuschauen und zu überprüfen. Sie sehen die Löcher im Dach und die Schüsseln und schütteln die Köpfe, atmen tief durch und stöhnen laut und fahren wieder weg. Und nichts ändert sich.
A.N. Beloglasowa«

Gerd sagt: »Sie heißt auf deutsch die Weißäugige.« Und wir raten, was sie für Augen haben wird.

Der nächste Morgen bestätigt, daß die Wirklichkeit oft einem gut inszenierten Theaterstück gleicht. Am Abend hatten wir die Briefe aus Tschuchanastowka gelesen, und heute früh sagt uns Wladimir, daß wir erst am Mittag zu dem Abgeordneten nach Kotowo fahren können, denn er sei überraschend mit Verantwortlichen für Handel, Kultur und

Dienstleistungen zu Haridonow befohlen worden. Es gäbe Beschwerden über die Lebenslage der Bauern in den 48 Dörfern des Kreises Kamyschin.
Als wir Haridonows Zimmer betreten, sitzt er wie immer an seinem Schreibtisch, aber rechts und links stehen wie in der Tanzstunde Stühle an den Wänden und darauf sitzen, sehr brav und gerade, die nicht mehr jungen Männlein und Weiblein. Die Männer in Anzug und Schlips, die Frauen meist in großblumigen Kleidern, mit stark geschminkten Lippen und Augenbrauen. Alle halten sich an ihren Notizbüchern und Kugelschreibern fest. Eine russische Babajaga-Hexe würde entzückt ausrufen: »O, ich rieche Bürokratenfleisch!«
Haridonow spricht sehr leise und väterlich. Herrgott, denke ich, weshalb ist er bloß kein Pope geworden, das wäre vielleicht sinnvoller für ihn. »Ich will jeden einzelnen von euch nicht direkt fragen, wann er das letzte Mal persönlich in einem Dorf gewesen ist, um dort nach dem Rechten zu schauen, denn ich möchte nicht, daß ihr lügen müßt, ohne rot zu werden. Aber ich möchte euch einige Beispiele nennen, wie die Bauern in den Dörfern unseres Kreises leben. Manche Schulen und Kindergärten sind kaum oder nicht geheizt, Sparkassen haben kein Geld zum Auszahlen, um einen Krankenschein für fiebernde Kinder zu erhalten, muß die Frau 40 Kilometer fahren, aber die Autobusse fahren nicht regelmäßig in die Dörfer. Die Brotversorgung ist mangelhaft, das Brot, das auf die Dörfer geliefert wird, oft schlechter als Schweinefutter. Unser Kamyschiner Tanzensemble war schon in Frankreich und in der DDR, aber nicht in einem einzigen Dorf des Kreises.«
Die Frauen und Männer schreiben fleißig, aber interesselos mit. Offenbar gehen Haridonows Worte zu einem Ohr hinein und zum anderen hinaus.
»Schaut den Menschen in den Dörfern endlich in die Augen, wenn ihr mit ihnen sprecht, und versucht nicht mehr, sie zu

betrügen und zu vertrösten. Der russische Bauer ist vieles Leiden gewöhnt, aber man darf ihn nicht mißbrauchen, als wäre er ein Rindvieh, das uns nur Milch zu liefern hat.«

Sie sitzen und schreiben.

Dann wird Haridonow lauter: »Ich verlange, daß ihr euch aufmacht und jeder im Monat mindestens einmal in ein Dorf fährt!«

Sie stehen auf, nehmen ihre Stühle mit und gehen so, wie sie gekommen sind. Nur einer von ihnen hatte erwidert, daß das Brot doch vorzüglich sei, was die Bauern nur wollen ...

Als sie draußen sind, sagt Haridonow zu uns: »Ich kann mir vorstellen, was einige von ihnen jetzt tun werden. Sich aufatmend in ihren Bürosessel fallenlassen und stöhnen, nun, das hätten wir wieder einmal überstanden, sich von der Sekretärin einen Tee brühen lassen, einen Mitarbeiter rufen und ihn anschreien, daß er sich gefälligst darum kümmern soll, daß regelmäßig Brot in die Dörfer gefahren wird. Und dann wird er den Chef vom Großhandel anrufen, er möge es nicht vergessen, er brauche geräucherten Lachs und feste Wurst, das Töchterchen habe doch Geburtstag.«

Ich frage erstaunt: »Und weshalb entlaßt ihr diese Bürokraten nicht?« Haridonow sagt: »Weil wir keine anderen haben – und wenn du einen neuen bekommst, die meisten sind in einem Jahr genauso geworden.«

Gerd philosophiert, daß der Mensch nun mal so beschaffen sei, daß man ihn zur Arbeit zwingen müsse, sonst würde er sich drücken, wo er nur könne. Der Mensch sei ein furchtbarer Egoist, und darauf habe der Kapitalismus sich eingestellt, er bediene diese egoistische menschliche Natur. Der Sozialismus dagegen handele immer dagegen, immer gegen die Natur des Menschen, weil er wie ein trotziges Kind behauptet, der Mensch sei gut.

Haridonow widerspricht: »Jeder muß trotzdem versuchen,

gut zu sein und ehrlich. Und die Partei muß rein und uneigennützig sein wie eine Kinderseele.«

Ich frage, ob er schon viele Parteistrafen erhalten hat.

»Ja, eine, damals war ich noch 1. Sekretär im Landkreis Nowa-Nikolaiska. Der Sowchosvorsteher, der mehr an andere als an sich dachte, hat damals sehr viel Geld für den Bau von Häusern für die Bauern, für Kulturzentren, für Lebensmittelgeschäfte und anderes ausgegeben. Daraufhin beauftragte die Gebietsparteileitung mich, ihn wegen Vergeudung von Staatsgeldern sofort aus der Partei auszuschließen. Ich habe mich geweigert und dafür eine Parteistrafe bekommen. Es war zu Breshnews Zeiten ...«

Wladimir kommt zurück. Das Auto steht bereit. Wir bedanken uns für seine Hilfe. »Er macht fast alles möglich«, sage ich. Haridonow lächelt: »Nun, ihr könnt bei uns alles sehen und alles fragen, aber hoffentlich ist es nicht schon zu spät, wenn euer Buch erscheint.«

Vor dem Kreisparteikomitee hält uns ein Mann in Wattejacke und Ledermütze an. Er ist Parteigruppenorganisator im Walzwerk und hat ein Tonband von der letzten Parteiversammlung. »Wir haben verlangt, dieses Band zu veröffentlichen, aber es wurde uns nicht gestattet, denn das Gesagte sei parteizersetzend. Wenn ihr es hören möchtet, bringe ich es in euer Hotel.«

Am Nachmittag fahren wir nach Kotowo. Wladimir hat dort im Erdgasbaubetrieb einen demokratisch gewählten Arbeiter-Deputierten ausfindig gemacht. Im nach Bohnerwachs riechenden großen Bürozimmer sitzt an einem langen blankgescheuerten Holztisch der 50jährige Schweißer Genadi Dubowitzki in Schlossermontur. Er ist einer der Deputierten des Obersten Sowjets, der höchsten Instanz der Sowjetunion, die über das weitere Schicksal des Landes entscheidet, über das politische Leben von Gorbatschow und Jelzin, über Sozialismus oder Kapitalismus.

Genadi Dubowitzki gibt zu Protokoll: »Ich bin seit 25 Jahren Schweißer, hatte noch nie eine Funktion, aber weil ich versuchte, immer ehrlich das zu sagen, was ich denke, und die Interessen meiner Arbeitsgenossen vertrete, sagten die Kollegen zu mir: Wir wollen wissen, wie es wirklich um die neu verkündete Demokratie in unserem Land steht, wir werden also unseren Genadi Dubowitzki als Kandidat für die Wahl zum Obersten Sowjet nominieren. Sie meldeten mich beim zentralen Wahlbüro in Kamyschin an, und dort standen schon ein Offizier, eine Frau aus dem allmächtigen Textilkombinat, ein Arzt, ein Lehrer, ein ordensgeschmückter Traktorist und andere auf der Liste, mit mir waren es wohl acht. Ich wollte zuerst kneifen, denn jeder sagte: Was willst du als Arbeiter, du bist ungeübt im Reden, du kannst nichts gegen diese Leute ausrichten, noch dazu, wo du ökonomisch nur einen kleinen, armen Betrieb hinter dir hast. Aber bei der geheimen Abstimmung durch die 800 Wahlmänner erhielten der Traktorist und ich die meisten Stimmen. Uns beiden blieben danach sechs Wochen, um im ganzen Gebiet umherzureisen und unsere Programme vorzustellen. Wir bekamen in jedem Kreis einen Helfer, man könnte sagen einen Manager, eine Freistellung von der Arbeit und ein Wahlgeld vom Staat. In den 45 Tagen habe ich auf über 80 Versammlungen gesprochen, und bei jeder dieser Versammlungen bekam ich Aufträge von den Wählern. Also, Genadi Dubowitzki, besorg uns eine neue Kinderkrippe, laß eine neue Schule bauen, kümmere dich darum, daß wir einen Computerraum erhalten. Mit meinem Gegner, dem ordensgeschmückten Traktorist, war ich nur beim Auftritt im Fernsehstudio zusammen. Die schlimmste Frage für mich war, als einer wissen wollte, wie ich über AIDS denke. Bei uns spricht man über so etwas Intimes höchstens hinter vorgehaltener Hand mit seiner Frau oder wenn die Männer besoffen sind. Das Wort Kondom in den Mund zu nehmen, ist unschicklich, und nun sollte ich in aller Öffentlichkeit, alle Verwandten und Bekannten saßen wahrscheinlich vor dem Fernseher, darüber reden.

Leichter war es, die eigene Wahlplattform zu erläutern. An erster Stelle stand bei mir die Ökologie. Ich forderte ein Gesetz, damit alle diejenigen bestraft werden, die Anlagen projektieren, die später die Umwelt belasten. Außerdem habe ich mich für die Mütter und die Rentner eingesetzt, ich habe verlangt, daß Mütter bis zum 4. Lebensjahr der Kinder von der Arbeit befreit werden, den Durchschnittslohn erhalten und auch ihren Arbeitsplatz behalten. Bis zum 10. Lebensjahr der Kinder sollten sie verkürzt arbeiten können und trotzdem den Durchschnittslohn bekommen. Für die Rentner, Kriegsinvaliden und die Invaliden aus dem Afghanistan-Krieg verlangte ich höhere Renten. Wie das zu bezahlen sei? Nun, indem beispielsweise der Militärhaushalt gekürzt wird. Dafür trete ich ein. Wahrscheinlich haben die Wähler aber nicht nur darauf gehört, sondern vielmehr darauf, wie ehrlich, ohne alles Getue man ihre Fragen beantwortet hat. In meinem Lebenslauf, den ich immer aufgesagt habe, ist auch die Zeit im Irak erwähnt, dort habe ich als Schweißer gearbeitet. Und da fragt doch einer in der Versammlung: ›Bürger Dubowitzki, sind Sie in den Irak gegangen, um dort internationalistische patriotische Arbeit für unsere Heimat zu leisten?‹ Ich hätte mir an die Brust klopfen und stolz ›ja‹ sagen können. Aber ich habe geantwortet, daß ich in den Irak gegangen bin, um dort zusätzlich ein bißchen gutes, hartes Geld zu verdienen.

Nach der Wahl hat mich ein Journalist einmal nach meinem taktisch-ideologischen Konzept gefragt. Wie haben Sie denn die Schwächen und Fehler Ihres Gegners analysiert und im Wahlkampf ausgenutzt? Nun, ich habe mich überhaupt nicht darum gekümmert, was mein Gegner gesagt hat, ich habe nur die Probleme der Menschen in den Orten, in denen

ich aufgetreten bin, analysiert. Das Ergebnis bei der Wahl: 39 % für meinen Gegner und 53 % für mich.
Ich war also Deputierter des Obersten Sowjet, und meine Kollegen sagten: Es funktioniert mit der neuen Demokratie, und nun streng dich an, Genadi Dubowitzki, daß du uns nicht blamierst. Nun, ich habe mein Leben nicht geändert, obwohl mich jetzt sehr viele Leute mehr kennen. Aber ich habe vorher schon nicht auf den Boden gespuckt, habe mich nicht besoffen und bin nicht fremdgegangen. An manchen Sprechtagen drängeln sich jetzt mehr als 60 Bürger bei mir, alle wollen Hilfe, und ich kann nicht lügen und sie vertrösten. Die Generaldirektorin vom Textilkombinat beispielsweise hat ungezählte Mitarbeiter in ihrer Verwaltung. Die kann sie beauftragen, sich um die Wähleraufträge zu kümmern, aber ich ... Schauen Sie sich hier um, das Telefon funktioniert oft nicht, dazu eine alte klapprige Schreibmaschine. Außerdem weiß ich natürlich viel zu wenig über die große Politik und die Ökonomie. Als ich im Obersten Sowjet Popow und all die anderen großen schlauen Leute hörte, kam ich mir wie blöd vor. Aber nun, beim zweiten oder dritten Mal, da hört man schon kritischer hin, denn diese klugen Leute sind so weit weg von der Wirklichkeit, wissen überhaupt nicht, was der kleine Mann denkt, sie leben nur von ihren Illusionen. Trotzdem, damit wir uns wirklich um alles kümmern können, sollte man uns von der Arbeit befreien. Ich meine, ganz von der Arbeit befreien, man sollte aus uns Berufsdeputierte machen, uns eine Sekretärin geben und ein Auto und einen Juristen als Berater.«
Ich frage ihn, was seine Kollegen dazu sagen würden, wenn er nicht mehr mit ihnen an den Erdgasleitungen arbeiten, sondern ein neuer Bürokrat werden würde. »Ach, ich bin schon in einigen Jahren Rentner. Auch deshalb habe ich mehr Rente für die alten Leute gefordert.« Er schmunzelt.
Auf der Rückfahrt frage ich Wladimir, wen er gewählt habe.

»Diesen Schweißer. Er machte einen so klugen und menschlichen warmen Eindruck auf mich. Aber nun glaube ich, daß er schon bald nicht mehr die Interessen der Arbeiter vertreten wird. Er wird die Interessen der Staatsbürokraten vertreten, der Bürokraten, die ihn anleiten, wo er sich Rat holen muß, die er beneidet, weil sie Sekretärin, Dienstauto und einen persönlichen Referenten haben. Er wird sehr schnell einer von ihnen sein, wenn er nicht mehr mit seinen Leuten im Graben steht und Rohre schweißt. Und die Bürokratie, die Macht – gleich, wo in der Welt das ist – hat kein Interesse, andere, das sogenannte Volk, an ihrer Entscheidungsfindung zu beteiligen. Im Gegenteil, sie wird immer bestrebt sein, möglichst allein regieren zu können. Das ist das Wesen aller Bürokratie.«

Und du, du gehörst zu dieser Bürokratie?

Er antwortet nicht.

Im Hotel liegen zwei Nachrichten für uns. Swetlana schreibt, heute abend gebe es eine Tanzveranstaltung in der Berufsschule des Textilkombinates, sie würde auch dort sein, wenn wir wollten, könnten wir mitkommen. Die zweite stammt von der Komsomolsekretärin des Textilkombinates. Es sei uns nun doch gestattet, ein Mädcheninternat zu besuchen. Heute abend 18 Uhr. Der 1. Sekretär des Komsomols von Kamyschin werde an diesem Besuch teilnehmen.

Gerd sagt boshaft: »Vielleicht ist in Kamyschin eine Ladung Keuschheitsgürtel eingetroffen.«

Pünktlich fünf Minuten vor 18 Uhr stehen wir vor dem Internat, dessen Adresse die Verantwortlichen uns beim Betriebsrundgang nicht preisgeben durften. In der Dunkelheit sieht das Äußere des Hochhauses sehr gespenstisch aus, denn vor vielen Fenstern tanzen an Stangen und Seilen Mädchenröcke, Blusen und Strümpfe im Wind, aber ich schaue dreimal hin, auch Männerhosen und Männerhemden und

Kinderkleider. Im Hausflur sitzt eine Deschurnaja, eine Diensthabende, in einer kleinen Pförtnerbude. Sie mustert uns zwar argwöhnisch, aber sie ist informiert, wir dürfen ins »Frauenhaus«. Die Leiterin geht mit uns die Treppe hinauf in den Freizeitraum. Tee, Tassen und Plätzchen stehen auf langen weißgedeckten Tischen. Die Mädchen würden gleich kommen, sie hätten Tagschicht gehabt, müßten sich erst noch waschen, umziehen und schön machen.
Und dann gehen Gerd und mir die Augen über. Junge Frauen in Festtagsblusen, geschminkt und parfümiert, daß es sofort wie in einem Kosmetiksalon duftet. Keine von ihnen ist älter als zwanzig oder einundzwanzig, keine trägt einen Ehering. Trotz der Kühle im Raum ist es plötzlich warm und gemütlich. Sie stellen sich freundlich und verlegen lächelnd vor. Tatjana, Swetlana, Lena, Jelena, Ludmilla und Olga sind Weberinnen, Nadeshda ist Kontrolleurin. Außerdem sitzen am Tischende: die Internatsleiterin, die Komsomolsekretärin des Betriebes, die Bibliothekarin und der 1. Komsomolsekretär von Kamyschin. Ich kenne die Rituale solcher organisierter Treffen. Die Leiter erzählen den ausländischen Gästen, wie gut alles im Prinzip funktioniert, wie erfolgreich man arbeitet, nur ein paar Kleinigkeiten seien zu verbessern. Kekse, Tee und schöne Mädchen gehören zu solchen Gesprächen als schmückendes Beiwerk dazu. Auch hier wird es wohl nicht anders werden, denke ich enttäuscht, versuche aber trotzdem, noch vor dem Grundsatzreferat mit den Mädchen ins Gespräch zu kommen, und frage, wie sie hier leben und arbeiten, weshalb es sie nach Kamyschin verschlagen hat, wie es ihnen in dieser Stadt gefällt. Und der Versuch gelingt, denn die Mädchen beachten den 1. Sekretär des Komsomol überhaupt nicht.
Swetlana erzählt, daß sie in einem Dorf, rund 100 Kilometer von Kamyschin entfernt gelebt hat. »Aber was hätte

ich dort werden sollen, es gab keine Arbeit. So bin ich nach Kamyschin gegangen, doch ich habe es bereut.«
Olga kommt von der Krim, hat dort die 8. Klasse abgeschlossen, las eine Anzeige, daß man in Kamyschin zur Textilfacharbeiterin ausgebildet werden könnte, und fuhr von der »schönen Krim in das dreckige Kamyschin«. Natürlich erlernte ich hier einen Beruf, ich hätte sogar noch studieren können. Doch ich frage mich: Olga, was hat es für einen Sinn, wenn du studierst? Danach stehst du nicht mehr am Webstuhl, sondern neben dem Webstuhl. Aber verändert sich etwa mein Leben danach? Könnte ich dann raus aus dem Internatszimmer und in eine richtige Wohnung ziehen? Könnte ich dann irgendwo in der Stadt wenigstens zwei Sorten Eis kaufen? Könnte ich in schicken Schuhen auf asphaltierten Straßen bummeln gehen? Nichts von alledem. Also wozu studieren? In dieser Stadt oder vielleicht sogar im ganzen Land gibt es heute nur zwei Möglichkeiten für ein schönes Leben: Man muß ein Spekulant oder ein Minister werden. Das Studium für die kleinen Leute war immer nur ein Trost, ein Ersatz für die ansonsten nicht erfüllbaren Träume.«
Der Komsomolsekretär ist unruhig geworden, er unterbricht die zierliche Olga: »Aber du könntest ein neuer, ein klügerer Mensch werden, wenn du studierst.«
»Ich will aber kein neuer anderer Mensch werden. Ich will nur anders leben. Ich will tanzen gehen können, wenn ich tanzen möchte, ich möchte heiraten und mit meiner Familie in einer kleinen eigenen Wohnung leben können, ich möchte essen, worauf ich Appetit habe. Ich möchte Auto fahren und verreisen.«
Der 1. Komsomolsekretär widerspricht, es gebe auch in Kamyschin sehr viel Angenehmes, man könne sich hier gut erholen.
Natascha lacht. »Ja, einmal im Monat werden wir zum Kilometer 5 gefahren zu den Kursanten in ihren Tanz-Club – aber

sonst gibt es kein Café, keine Karten für das Theater, wochenlang wird der gleiche Film gespielt.«
Die Internatsleiterin: »Aber Mädchen, ihr habt doch die schöne Wolga hier, man kann an ihr spazierengehen.«
Swetlana: »Spazieren? In Gummistiefeln? Drei Monate habe ich für ein Paar moderne Schuhe gespart, aber sagt mir, wo soll ich sie anziehen? Wozu muß denn eine Frau hier überhaupt schön sein? Und dann noch die Arbeit ... Was erzähle ich, ihr wißt es selbst, der Staub und der Lärm sind so groß, daß man abends kein geflüstertes Wort mehr hört. In der ersten Fabrik regnet es seit Jahren durch das Dach, da stehen die Mädchen im Wasser.«
Die Komsomolsekretärin bestätigt das Gesagte durch eifriges Nicken. »Aber unsere Generaldirektorin als Deputierte des Obersten Sowjet weiß das alles, sie wird sich darum kümmern, schließlich möchte sie das gleiche wie ihr.«
Da sagt Lena, die bisher schweigsam und nachdenklich am Tisch gesessen hat: »Es gibt nur einen Unterschied. Die Generaldirektorin weiß zwar von den Wohnungsproblemen und wie viele Stunden man für Fleisch und Butter anstehen muß. Aber sie merkt es nicht am eigenen Leibe. Sie hat eine gute Wohnung, sie bekommt Fleisch und Butter, es tut ihr alles nicht weh. Sie könnte etwas verändern, doch ihr tut es nicht weh. Wir dagegen, wir merken alles selbst am eigenen Leibe. Uns schmerzt es – aber wir sind hilflos, denn wir können nichts verändern.«
Der 1. Komsomolsekretär ist erregt und sichtbar unzufrieden mit dem Gespräch. Wir ändern das Thema, fragen die Mädchen nach der Liebe.
Oh, die Liebe. Ob wir nicht die Deschurnaja hier unten gesehen hätten?
Aber ihr seid doch erwachsen?
Auch für Erwachsene gibt es eine Internatsordnung, außerdem ist man nicht allein im Zimmer.

Aber ich habe Männerunterhosen auf der Leine gesehen.

»Ja, ja«, sagt Olga, »es wohnen auch Frauen im Internat, die inzwischen geheiratet und Kinder bekommen haben. Nicht hier, aber nebenan lebt die Kalschanowa mit fünf Kindern und ihrem Mann in zwei Internatszimmern. Die Koratina hat sogar schon sieben Kinder. Sie waren allein nach Kamyschin gekommen, dann kam der Mann, dann ein Kind, und sie sind immer noch im Internat. Zwei Kinder, man sagte ›nur ein Provisorium‹, drei Kinder, und nun mit sieben Kindern im Internat.«

Weiß das die Generaldirektorin?

»So viele Briefe, wie diese Frauen geschrieben haben, da müßte sie es doch wissen.«

Ich frage, wie viele Kinder sie sich wünschen.

Nun, hier im Internat nicht eins. Später vielleicht eins, höchstens zwei, sagen die Mädchen. Olga sagt sehr leise: »Wißt ihr, das russische Wort für Familie ist bei uns Semija. Sem – sechs, i – und, ja – ich. Sechs und ich. Aber nur das Wort Familie stimmt noch.«

Als wir gehen, nimmt uns die Bibliothekarin zur Seite. Wir sollten es nicht falsch verstehen, was die Mädchen heute gesagt hätten. Sie seien noch jung, ein bißchen aufmüpfig. »Aber wir russischen Frauen haben so ein großzügiges Herz, wir sind sogar dem Mann gegenüber gern unterwürfig, unsere Sorgen verbergen wir hinter einem Lächeln. Wir sind nicht anspruchsvoll, so leicht glücklich zu machen. Ein Blumenstrauß oder ein freundliches Wort reichen uns.«

Sie ist vielleicht zehn Jahre älter als die Mädchen.

Nur wenige Straßen vom Internat entfernt finden wir die Berufsschule. Komsomolzen lotsen uns durch eine Maschinenhalle und anschließend einen langen Flur entlang, an dessen Wänden Schautafeln mit Bildern zum Arbeitsschutz und zur Ersten Hilfe hängen. Dann hören wir immer lauter und schriller werdende Rockmusik, die schließlich die Phonzahl

der altertümlichen Webstühle um ein Vielfaches übertrifft. Der Tanzsaal ist dunkel, nur ab und zu wird er von Lichtzerhackern hell geblitzt.
Schemenhaft erkenne ich Swetlana. Neben ihr sitzt ein Uniformierter. Es riecht penetrant nach Bohnerwachs. Nach dem Tanz bringen die Kursanten ihre Mädchen zu wackligen Stühlen. Auf den mit Kunststoff belegten Tischen – wahrscheinlich ist es sonst der Speiseraum – stehen Kekse und grüne klebrige Limonade. Swetlana hat uns noch nicht entdeckt, sie lächelt ihr Gegenüber, einen Offizier, zärtlich an, streichelt flüchtig seine Hand. Das Licht geht wieder aus. Im Lichte des Zerhackers flackern wir wie Spukgespenster bis zu Swetlanas Tisch. Die Mädchen hier sind jünger als unsere Gesprächspartnerinnen im Internat. Eine sitzt, ohne zu tanzen, mit einer Gruppe junger Männer am Tisch. Sie hat ein Madonnengesicht. Sie ist wahrscheinlich zu schön, als daß einer der Kursanten es wagt, mit ihr zu tanzen.
Lilia heiße sie. Sie würde gern Lehrerin werden. Aber ihre Stimme sei nicht geeignet, hätten die Ärzte gesagt. Nun wisse sie nicht, was weiter werden würde. Vielleicht Schönheitskönigin, sage ich lächelnd. Ja, solch eine Miss Kamyschin sei im Sommer gewählt worden. Sie natürlich nicht. Ich ermuntere sie, das nächste Mal mitzumachen. Sie fragt: »Meinen Sie, ich hätte wirklich Chancen?« Ich nicke, und dann sehe ich die Schönheitskönigin Lilia mit vollgepackten Einkaufstaschen an beiden Händen durch den Schlamm der Altstadt waten, die Tür eines der zerfallenen Häuser öffnen, ein wodkabetrunkener Mann schreit, wann das Essen endlich auf den Tisch käme, ein krankes Kind ohne Medizin im kalten Zimmer hat Fieber.
Ich frage Lilia, ob viele dieser Mädchen davon träumen, Schönheitskönigin zu werden. »Ich weiß nicht, aber wenn schon nicht Schönheitskönigin, dann wenigstens Schauspielerin oder Stewardeß oder Verkäuferin in einer Boutique.«

Ich tanze mit Swetlana und sage: »Dein Mann am Tisch wird doch nicht eifersüchtig sein.« Sie erwidert verlegen: »Das ist nicht mein Mann, mein Mann hat heute Nachtdienst in der Kaserne.« Sie schmiegt sich eng an beim Tanzen. »Wenn wir uns nicht ein bißchen glücklich machen, so lange wir jung sind ... sonst ist doch alles schmutzig und hoffnungslos. Früher war unsere Stadt auch schon so verdreckt, die Dörfer waren so arm, aber da hatten wir eine saubere, eine heilige, eine tröstende sozialistische Moral. Nun wissen wir, daß auch diese Moral unsauber war, verlogen. Und nun ist also alles verkommen: unsere Straße und unsere Moral.«
Wir bleiben nicht bis zum Schluß. Gehen durch den Flur mit den Arbeitsschutzanweisungen. Die Kursanten halten ihre Schönheitsköniginnen, ihre Filmschauspielerinnen, ihre Stewardessen, ihre Boutiqueverkäuferinnen in den Armen.
Draußen in der Nacht kehren Frauen in Stiefeln und Wattejacken den Straßenschmutz auf Schaufeln, schippen ihn in Karren. Torkelnde Männer beschimpfen ihre Ehefrauen, die die Betrunkenen nach Hause schleppen. Und im Hotel wischen die Frauen schon wieder.
Die Kirchenglocken wecken uns am nächsten Morgen. Wladimir, der neben der Kirche wohnt, hatte einmal geflucht: Sie läuten schon eine halbe Stunde bevor der Gottesdienst beginnt. »Wenn wir nichts essen, schaffen wir es noch«, sagt Gerd. Wir essen nichts, springen wie Känguruhs mit leerem Magen über die Pfützen und rennen dann im Dauerlauf durch den Park. Wir stutzen, als eine uns offenbar bekannte Person den gleichen Weg geht, und bleiben stehen, denn vor uns läuft Michail Haridonow. Wir fragen ihn, ob er auch zum Gottesdienst will. Er lächelt, zwar seien alle in seiner Familie getauft ..., »aber ich gehe zum Parteihaus, am Sonnabend kann ich in Ruhe arbeiten.« »Gibt es schwierige neue Probleme?« »Nichts Besonderes, der ewige Kleinkrieg gegen die übergeordnete Leitung und gegen die Gleichgültigkeit

der eigenen Mitarbeiter. Im Gebietskomitee haben sie jetzt angewiesen, daß unser Kreis noch weniger Milch und noch weniger Butter bekommt, obwohl wir fast das Doppelte an Milch liefern wie vor einem Jahr. Das kann ich keinem Menschen hier in Kamyschin erklären, das werde ich auch nicht mitverantworten, dann trete ich lieber ab als Erster.«
Wir sagen, daß wir es eilig haben. »Ja«, lächelt Haridonow, »Parteiversammlungen und Gottesdienste beginnen immer pünktlich. Sie könnten eine Erfindung der Deutschen sein.« Vor dem Gehen bittet er, Pater Iwan Grüße von ihm zu bestellen. »Und wißt ihr überhaupt, welch großer kirchlicher Feiertag heute begangen wird?« Wir verneinen. »Man ehrt den heiligen Dimitri vom Don, er hat in der Schlacht die Mongolen besiegt, und heute gedenkt man deshalb in den russisch-orthodoxen Kirchen aller Toten, die in den Kriegen für unser Vaterland gefallen sind.«
Wir rennen zur Kirche, er spaziert zum Parteibüro.
Auf dem Kirchhof steht ein fast 50 m langer Tisch, er ist gedeckt mit Speisen und Obst und geschmückt mit Kerzen und Kreuzen und Blumen. Wir haben keine Zeit, uns das genauer anzuschauen, denn Anna, die Kirchenälteste, wartet schon vor dem Gotteshaus auf uns. Die Gläubigen stehen dichtgedrängt bis zum Eingang, 800 werden es sein oder vielleicht mehr. Anna bahnt sich mit dem Ellenbogen wie ein Eisbrecher einen Weg durch die Gläubigen, wir in der Fahrrinne hinterher bis nach vorn zum Altar, zur Tür des Heiligtums. Diese Tür, gemalt mit Ikonen und geschmückt mit Gold wie das Tor zum Paradies, verbirgt den Raum, in dem das große heilige Kruzifix steht und all die heiligen Gegenstände liegen. Anna rückt uns vorsorglich zwei Stühle zurecht, die einzigen Stühle in der Kirche. Wir sind benommen von der murmelnden Menge der Menschen, vom Geruch des Weihrauchs. In der Mitte der Kirche steht ein ähnlicher Tisch, nur kleiner als im Hof. Hunderte Kerzen spenden

Wärme. Rechts von der heiligen Tür steht ein zweiter Chor, Anna sagt, das sei ein professioneller künstlerischer Kirchenchor. Die Frauen dort sind noch jung. Sie beginnen zu singen. Erst dumpf und leise, dann sehr schrill. Die Tür zum Heiligtum wird geöffnet. Stille. Und aus der Tür hört man tiefen klagenden Sologesang, der immer lauter wird. Pater Iwan, ehrwürdig in Samt und Gold, das Kreuz tragend, tritt aus der Tür vor die Gläubigen. Sie fallen auf die Knie. »Gospodin, Gospodin. Herrgott, Herrgott«. Der Diakon eilt, die Weihrauchkugel an einer goldenen Kette schwingend, durch die Kirche. Auch wir bekommen etwas vom Rauch ab. Der Chor der alten Weiber betet in einem gleichförmigen Singsang die Namen der Toten. Dann beginnt der professionelle Kirchenchor zu singen. Schöne getragene Melodien, sie ähneln den schwermütigen russischen Volksliedern. Sie endlich befreien mich aus der Erstarrung des Rituals, ich öffne mich und schließe die Augen.

Später, Pater Iwan hat nicht einmal 10 Minuten gepredigt (»Die Toten sind bei uns. Sie werden uns helfen, daß wir eines Tages alles Gold, was auf der Erde für Waffen ausgegeben wird, zu einem breiten Goldgürtel schmieden, der die gesamte Erde umschließt.«), beginne ich zu beobachten. Neben der ikonengeschmückten und vergoldeten, nun offenstehenden Tür zum Heiligtum gibt es noch eine zweite unauffälligere. Durch diese verschwindet ab und zu der Diakon, dem ein alter Mann eingesammelte Zettel überreicht, auf denen die Namen der Toten stehen, für die öffentlich gebetet werden soll. Und für die ihre Angehörigen Kerzen gespendet haben. Ein junger Kirchendiener singt die das Ritual überleitenden Worte, und weil ich ihn von hinten sehen kann, merke ich, daß er hinter sein vorgehaltenes Kreuz einen Spickzettel geklebt hat. Die Frauen des Berufschores knabbern in ihren Pausen Konfekt. Und die alten Frauen singen unentwegt »Gospodin, Gospodin« und »Betet für unsere Toten«. Eine Frau, etwas jünger als meine Mutter, kniet in der ersten Reihe der Gläubigen. Als sie ihr vom Kopftuch bedecktes Gesicht hebt, sehe ich, daß sie weint. Ihr Mann? Ihre Söhne? Weshalb denke ich in diesen Minuten zuerst an Hitler und nicht an Stalin?

Der junge Kirchendiener kommt zu uns. Pater Iwan hat ihn beauftragt, uns zu holen. Wir würden schlecht aussehen, wir sollten ein bißchen essen und trinken. Er führt uns durch die Zetteltür in ein Nachbarzimmer des Heiligtums und schenkt uns heißen roten Dessertwein in goldene, mit dem Kreuz signierte Schälchen ein. Dazu reicht er das pilzartige heilige weiße Gebäck. Ich frage ihn, ob ihn seine Mitschüler hänseln, weil er als Kirchendiener arbeitet. Er schüttelt den Kopf. »Einige beneiden mich sogar, weil ich weiß, wo ich hingehen kann, wenn meine Seele oder mein Körper frieren.« Er schenkt uns und auch sich Wein nach, fordert uns auf, mehr zu essen. Der Diakon schwenkt inzwischen die Weihrauchkugel. Pater Iwan singt und segnet.

Nach dem Gottesdienst versammeln sich die Gläubigen im Hof, stehen an der langen Tafel, die übervoll ist mit Brot und Hirsebrei, Nüssen und Krautsalat, Äpfeln und Fett, Butter und Bienenhonig, Plinsen und Bonbons. Anna erklärt uns, daß Pater Iwan all diese Speisen gesegnet hat. Früher hätten sie die Früchte, Brote und Breie wohltätig in Gefängnissen und Krankenhäusern verteilt, aber seitdem das verboten sei, würde man es sich anschließend untereinander schenken. Eine Frau bringt uns ein Schälchen Reis, eine andere fladenähnliches Brot, eine dritte fetten Speck. Wir verabschieden uns schnell, um keine durch unsere Ablehnung zu beleidigen.

Die Sonne scheint. Wir bummeln. Auf dem Weg von der Wolga zum Hotel treffen wir einen kleinen hageren Mann im hellen Trenchcoat, der uns neugierig beobachtet. Vor dem Hotel bleiben wir stehen, und er umkreist uns wie eine

Katze den Milchnapf. Dann fragt er unvermittelt: »Sie sind doch Deutsche, ich höre es an der Sprache.« Und ohne unser Nicken zu beachten: »Wissen Sie, meine Mutter hat mir von den Deutschen, die hier vor dem Krieg in Kamyschin gelebt haben, erzählt. Sie besaßen kleine Pferde mit Glocken dran, und immer war alles sauber und ordentlich. Entschuldigen Sie, ich habe mich noch nicht vorgestellt, ich heiße Alexander Blustein. Ja, Sie können mich auch fotografieren, ich werde sowieso aus diesem Land ausreisen.«

Ich unterbreche ihn, frage, ob er einen Tee bei uns im Hotelzimmer trinken möchte. Aber er tritt unruhig von einem Bein auf das andere, spricht in Bruchstücken und gehetzt, nimmt die Hände dabei zur Hilfe, so als beteilige er sich an einem Schnellsprechwettbewerb. Von Beruf sei er ursprünglich Koch, später Ingenieur für Lebensmittel, jetzt Erdölarbeiter. Aber das sei alles nicht wichtig, das Wichtigste: »Ich bin ein Jude. Und ich will weg aus diesem Land, ich war deshalb schon in der USA-Botschaft in Moskau, aber dort stehen nur die reichen Leute. Und vor der BRD-Botschaft, da stehen zwar die kleinen Leute, die Bäuerlein, in Schlangen. Aber ich bin eben ein Jude, deshalb will ich nicht nach Deutschland, ich habe Angst vor den Deutschen. Wenn es ihnen wieder schlecht geht, werden sie die Juden massakrieren. Mein Vater hat mir nicht viel erzählt, aber immer hat er gesagt: Wenn du einmal weggehst, geh nie zu den Deutschen. Er war im Lager, nein, nicht bei Hitler, er war bei Stalin im Lager. Aber das habe ich erst nach seinem Tode 1984 erfahren. Von 1939 bis 1951 war er eingesperrt in einem Lager. Ich habe nun schon an alle Archive geschrieben, auch beim KGB nachgefragt, aber es gibt nicht eine einzige Gerichtsakte, kein Urteil, ich weiß nicht, wessen man meinen Vater beschuldigt hat.

Ich selbst habe von 1983 bis zum vergangenen Jahr im Gefängnis gesessen. Im Gegensatz zu meinem Vater weiß ich, weshalb, ich weiß es sogar besser, als es das Urteil besagt. Viereinhalb Jahre wegen Spekulation, heißt es dort. Wahr ist, ich habe ein Auto gekauft und es dann teurer weiterverkauft. Der eigentliche Grund für die Verhaftung ist ein anderer. Ich habe hier in Kamyschin einen ehemaligen Schulfreund, einen Hauptmann der Miliz, angezeigt. Er hatte im Textilkombinat Arbeiter angeworben, die dort wertvolle Stoffe stahlen, und die Miliz angewiesen, diese Leute an der Wache nicht zu kontrollieren. Stoffe für 90 000 Rubel wurden geklaut. Als es herauskam, sperrte man die kleinen Diebe ein. Aber der Hauptmann blieb draußen. Ich habe ihn angezeigt – und danach verhaftete man mich wegen der Autogeschichte. Ich habe mich die ersten zwanzige Monate im Gefängnis immer wieder über die Ungerechtigkeit beschwert, aber die Aufseher sagten: Solange du dich beschwerst, kommst du hier nicht heraus. Ich beschwerte mich also nicht mehr, und ich wurde auf Bewährung herausgelassen. Das heißt, ich durfte draußen arbeiten, mußte aber drinnen schlafen. Zum Schluß schenkten sie mir noch drei Monate. Nun bin ich Erdölarbeiter auf der Gegenseite der Wolga. Ich verdiene auf dem Bohrturm 500 Rubel. Ich könnte damit zufrieden sein, aber ich fühle mich so beleidigt durch dieses Land, dieses System. Deshalb werde ich nicht mehr hier leben. Die Unkultur wächst in unserem Land von Jahr zu Jahr immer mehr. Es gibt kaum noch Idealisten, es gibt kaum noch Leute, die für das Volk leiden wollen. Deshalb kann auch die Perestroika nicht funktionieren. Vor allem aber muß ich aus diesem Land heraus, weil der Haß der Russen auf andere Nationalitäten immer größer wird. Ich höre sie oft sagen: ›Die Juden, die Deutschen und die Armenier, die bringen den Russen nur Unglück.‹ Aber das sind doch die besten Arbeiter, die leidenschaftlichsten und die genauesten, die wir haben. Gott sei Dank wissen nicht viele Menschen aus meiner Umgebung, daß ich Jude bin. Aber ich zucke immer zusammen, wenn sie sagen, daß so ein Saujude wieder den besten Posten bekommen hat, dann denke ich, daß sie mich meinen. Dann weiß ich, wie die Leute hier über mich und die anderen Juden denken. Und wenn sie wirklich einmal erfahren, daß ich auch Jude bin ...«

Er holt aus seinem Einkaufsbeutel ein Glas Honig, Äpfel und Erdbeerkonfitüre und drückt uns alles in die Hand. Vielleicht, sagt er auf einmal lächelnd, vielleicht werde ich nicht mehr lange in Kamyschin sein müssen. Er geht so schnell, wie er gesprochen hat.

Am Sonntag versuchen wir Lidija in Berlin wieder anzurufen, aber diesmal haben wir kein Glück. Die Leitungen nach Berlin seien vorerst technisch gesperrt, sagt die Schalterfrau. Offenbar sind sie das auch für die Medien, denn wir erfahren immer weniger, was zu Hause geschieht. Lediglich, daß die Menschen in fast allen Städten der DDR demonstrieren, ist in den hiesigen, uns zugänglichen Zeitungen zu lesen. Was wird mit dem Sozialismus in der DDR, braucht man unsere SU-Erfahrungen überhaupt noch? Wir reden es uns ständig gegenseitig ein. Und freuen uns, daß wir am Montag dabeisein werden, wenn der Arbeiterrat des Kranwerkes wirklich neue sozialistische Demokratie praktiziert, nicht nur über Betriebsprobleme befindet, sondern darüber hinaus gesellschaftliche kommunale Entscheidungen fällt. Das Theater möchte die Bühne und den Saal des Kulturhauses vom Kranwerk pachten, damit die Vorstellungen – obgleich das Theater vor dem Zusammenbruch steht – für Kamyschin weitergehen können.

Am Montagmorgen – die Sitzung des Arbeiterrates beginnt erst nachmittags – tun wir das, was wir fast jeden Morgen tun: Wir klinken an der Tür zum KGB. Und zucken erschrocken zurück. Sie ist offen. Der Hausflur gleicht dem Lagerraum einer Baufirma, und auch auf den Treppen stehen

Farbeimer, Verdunklungsrollos und Fensterbretter. Wir tappen die knarrenden Treppen hinauf, unvorstellbar, daß hier die höchstgeheime Kreisverwaltung des KGB residieren soll. Im 1. Stockwerk wird in einigen Zimmern gemalert. Bürotische sind mit Zeitungen abgedeckt, Teppiche eingerollt. Endlich finden wir im Wirrwarr einen Tüncher. Ja, wir wären richtig im KGB. Der stellvertretende Chef sitze vorn im Zimmer rechts. »Und verwaltet das Chaos?« frage ich lächelnd. »Es sieht nur so aus, beim KGB gibt's kein Chaos«, sagt der Maler lachend.

Der stellvertretende Kreischef der Kamyschiner Staatssicherheit sitzt allein in einem großen Zimmer. Im gewaltigen Bücherschrank stehen sämtliche Leninbände. Ein Bild von Dserschingkij, dem Gründer des KGB, hängt an der Wand hinter dem Schreibtisch.

Der Stellvertreter bittet um unsere Pässe, schaut interessiert hinein, aber wahrscheinlich weiß er längst, daß wir seit Mitte Oktober in Kamyschin sind.

»Ich heiße Juri Beswerchow, bin hier nur der Stellvertreter, aber wenn Sie trotzdem Fragen an mich haben ...«

»Sie sind der erste vom KGB, mit dem ich sprechen kann.«

Nun, es sei früher alles geheimer gewesen, im Moment bemühe man sich, den Leuten in den Betrieben und sogar durch das Fernsehen zu erklären, was der KGB wirklich macht.

Und ist der KGB kontrollierbar?

Nach neuen Gesetzen ist er nicht nur formal wie früher, sondern auch praktisch vom Obersten Sowjet kontrollierbar. Auch Staatsgeheimnisse müssen wir preisgeben, dann aber in geschlossener Sitzung.

In Kamyschin auch?

»Nein, im Moment kontrolliert uns nur der 1. Kreissekretär, ein Beschluß zur Kontrolle durch den Sowjet wird erst erarbeitet.«

»Also könnten Sie, falls Sie den 1. Kreissekretär der Korruption und staatsgefährdender Dinge verdächtigen, überhaupt nicht zur Rechenschaft ziehen lassen?«

Keine Antwort.

»Welche Aufgaben haben Sie heute?«

»Einen Mann haben wir zur Zeit abgestellt, der lediglich die Nachfragen der Kamyschiner Bürger wegen der Stalinschen Repressalien bearbeitet. Die meisten von uns sollten sich eigentlich mit staatsgefährdenden ideologischen Fragen beschäftigen können. Aber zur Zeit ist die Wirtschaftskriminalität unser Schwerpunkt."

»Dafür haben Sie doch die Kriminalpolizei?«

»Die Wirtschaftskriminalität in unserem Land hat solch ein Ausmaß angenommen, daß die Kriminalpolizei allein ihrer nicht mehr Herr wird. Außerdem nehmen diese ökonomischen Probleme nun politische Dimensionen an, denn sie wenden sich gegen die Perestroika. Deshalb müssen wir eingreifen.«

»Wie geschieht das?«

»Wir haben extra ausgebildete Leute eingesetzt, die diese kriminellen ökonomischen Banden, die ähnlich wie die Mafia Kooperativen und andere Menschen erpressen, aufspüren und bekämpfen. In Kamyschin haben wir fünf von diesen Banden. Der Kampf gegen die Banden ist ein offener, es gibt aber auch einen versteckten, der viel schwieriger ist.«

»Gegen Wirtschaftsspione?«

»Nein, beispielsweise gegen Leiter von Betrieben, gegen angeblich verdienstvolle Genossen, die aber jetzt Waren bewußt unterschlagen, die Waggons nicht entladen lassen, die den Wohnungsbau sabotieren, alles tun, um die Stimmung der Leute gegen die Perestroika anzuheizen. Die Gegnerschaft der Perestroika ist größer, als wir denken und schreiben. Es sind vor allem die Leute, die früher gut auf Kosten anderer gelebt haben. Sie stammen aus dem Partei- und

Staatsapparat, dem Handel und der Wirtschaft, sie haben Angst um ihre Posten und ihre Privilegien, sie verschlimmern die Probleme des Landes, damit die Perestroika im Volk umgebracht wird. Sie arbeiten mit den ökonomischen Banden zusammen. Sie sitzen so weit oben, daß sie sogar Valuta illegal verschieben können.«

»Wie schwer ist es, diese Leute auszukundschaften?«

»Es ist fast unmöglich. Nehmen Sie doch die Verantwortlichen für den Straßenbau in Kamyschin. Unsere Straßen sind so schlecht, der Schlamm ist so tief, daß ich sagen könnte, sie sabotieren es bewußt. Aber wie wollen wir unterscheiden, ob sie nur schlampern oder ob sie die Perestroika sabotieren wollen?«

»Glauben Sie, daß der Sozialismus noch eine Chance hat?«

»Wenn er keine Chance mehr hätte, müßte man die politischen Verantwortlichen, die diese Alternative der Menschheit für eine bessere Gesellschaftsordnung verspielt haben, erschießen lassen.«

Der stellvertretende Staatssicherheitschef von Kamyschin geleitet uns höchstpersönlich durch den Wirrwarr von Balken, Brettern und Bohlen. Die Tür ist inzwischen wieder verschlossen. »Jeden Donnerstag und Freitag haben wir einen ›Tag der offenen Tür‹ für die Bürger«, sagt Beswerchow, »für jeden, der eine Frage oder eine Klage hat.«

Zur Versammlung des Arbeiterrates vom Kranwerk mit den Theaterleuten kommen wir zu spät. Alle sitzen schon, und ein kleiner Mann mit schwarzen Haaren und armenischem Schnurrbart spricht. Noch bevor ich auf seine Worte achte, verwundert mich die Sitzordnung in dem schmalen kleinen Raum, in dem auf Regalen Unmengen von Agitationsbroschüren liegen. Vermutlich ist das hier also die Betriebsbildungsstätte. An einem langen Tisch sitzen die Vertreter des Theaters, Dramaturgen, der Intendant, eine schöne Schauspielerin, und die Funktionäre des Kranwerkes. Und im letzten tischlosen Viertel des Raumes, mit Stühlen, die dicht an dicht nebeneinander stehen, von einer Wand bis zur anderen, sitzen die Mitglieder des Arbeiterrates, es werden 30 oder 40 sein. Manche von ihnen sind noch in ihrer Arbeitskluft. Ähnliches kenne ich nur vom Theater, gestellte Massenszenen, daneben die handelnden Personen.

Der kleine Schnurrbärtige ist wirklich ein Armenier, der Intendant des Theaters. »Wir kommen als Bittende zu euch. Das Kinotheater Pobeda, in dem wir bisher spielten und probten, muß wegen Baufälligkeit geschlossen werden. Wir möchten nun in eurem Kulturhaus auftreten, zahlen auch Pacht, sprechen genau ab, wann wir die Bühne brauchen ...«

Gemurmel hinten im Arbeiterrat. Einer ruft: »Das ist unser Kulturhaus, da bestimmen wir, wer reinkommt!«

Dann meldet sich eine Frau aus der Masse. »Wir haben im Betrieb drei Tanzgruppen, zwei Chöre – die Bühne brauchen wir für uns.«

Der Intendant: »Es wird nur eine Übergangsregelung sein, bis man das Pobeda rekonstruiert hat, wir haben Mittel genehmigt bekommen ...«

Zwischenruf vom Arbeiterrat: »Ihr werdet doch nie Geld haben, ihr Künstler, und wenn, dann laßt ihr alles doch nur wieder verkommen.«

Der Intendant: »Du vom Arbeiterrat und wir vom Theater sind doch sozusagen Gleichgesinnte. Wie ihr wißt, haben Theaterleute vor gut einem Jahr den alten unfähigen Chef abgesetzt, die Geschicke selbst in die Hände genommen. Wir können uns nun selbst finanzieren, und in einem Jahr sind wir in mehr als 370 Vorstellungen aufgetreten. Auch ihr als Arbeiterrat habt die Dinge im Betrieb nun selbst in die Hand genommen.«

Gemurmel in der Masse. »Aber es gibt einen Unterschied, wir haben was, und ihr habt nichts.«

Dann ruft einer: »Ja, früher hätte die Partei einfach angeordnet, daß wir das Theater in unser Klubhaus hineinlassen. Aber heute können wir endlich selbst entscheiden, und das werden wir uns gut überlegen.«

Der Intendant: »Wir geben sehr viele Vorstellungen für Kinder und Jugendliche. Ihr wißt, welche Sorgen wir mit den Kindern und Jugendlichen auf der Straße haben. Wir könnten also von eurem Kulturhaus aus sehr viele Kinder erreichen.«

Der Arbeiterrat: »Das ist für die Kinder der Stadt wichtig, nicht für die Kinder unserer Kranwerker.«

Die Theaterleute: »Wir wollen euch doch nichts wegnehmen. Wir würden eure Bühne mit neuer Technik, Stereo, Lichtanlagen ausrüsten. Wir würden euch sogar anbieten, daß ihr das Theater als Betrieb kaufen könnt, dann wären wir euer Betriebstheater.«

Da steht einer aus der Masse auf. »Die Kollegen meiner Abteilung sind dagegen, daß wir das Theater in unser Kulturhaus hineinlassen. Ich habe versprochen, das hier zu vertreten.«

Die Theaterleute: »Wenn ihr uns nicht helft, wird es in Kamyschin kein Theater mehr geben. Eine Stadt ohne Theater ist eine Schande, wie wollen wir ohne Kultur leben?«

Der Arbeiterrat: »Was geht uns das an? Man kann doch nicht die Kranwerker verantwortlich machen für die Schlamperei in der Stadt.«

Der Intendant: »Habt ihr keine Verantwortung mehr im Leib? Ihr seid doch unsere einzige Hoffnung, wir müssen das Theater im nächsten Monat schließen. In Wolski würden sie uns sofort übernehmen, sie wollen uns haben. Aber wir wollen in Kamyschin bleiben.«

Einer vom Arbeiterrat, wahrscheinlich ein Angestellter in Schlips und Anzug: »Wir Arbeiter haben heute die Macht, und wir sagen euch: Wir haben das Kulturhaus nicht für euch gebaut, sondern für uns.«

Die schöne Schauspielerin steht auf, ihre Tränen und das Schluchzen sind nicht gespielt. »Wir bedanken uns bei euch, daß ihr euch Sorgen macht um eure Kultur im Betrieb. Und deshalb werden wir heute das Theater schließen und morgen die Kunstschule, übermorgen die Musikschule.«

Wir fahren in der Straßenbahn nach Hause, eingekeilt in einer bewegungslosen Masse.

Im Hotel ist mir zum Heulen zumute, ich trinke den Wodka gleich aus der Flasche. »Arbeiterrat, neue Demokratie, weißt du, Gerd, was das ist? Gruppenegoismus, nicht über den eigenen Kirchturm gucken können«, sage ich. »Zu Hause demonstrieren sie, also gut, man muß ihnen endlich alle Freiheiten geben, man muß sie selbst bestimmen lassen. Aber was ist, wenn das Volk gar nicht so klug ist, einen guten, ehrlichen neuen Sozialismus zu wollen, sondern blind den Versuchungen der westlichen Konsumgesellschaft nachläuft?«

Gerd: »Das Volk ist letzten Endes immer klug, seine Weisheit wird sich durchsetzen. Es wird Gut und Schlecht unterscheiden können.«

Ich: »Scheiß auf diese Weisheit, ich glaube nicht daran.«

Gerd: »Weißt du, was du da sagst? Genau das, was Honekker und diese Leute immer im geheimen gedacht haben: Das Volk, das ist nur eine Masse von Kleinbürgern, deshalb kann man sie nicht frei entscheiden lassen, muß man ihnen mißtrauen, muß man sie überwachen, muß man sie führen. Und du, du bist in deinen Gedanken nicht besser. Wer nicht an das Volk glaubt, ist so schlimm wie Honecker.«

Wir schreien uns an. Es ist das erste Mal auf dieser Reise, und wir finden auch keinen Kompromiß. Wahrscheinlich hat mich die Enttäuschung, Hoffnung, der Verlust meiner Illusion so sehr verbittert. Der Arbeiterrat war meine letzte Hoffnung.

Ich weiß nicht, ob es Gerd war oder ich, der am nächsten

Morgen sagt: »Wir wollten Tamara, die schöne stille Lehrerin, noch einmal besuchen.« Wir rufen an, und sie hat Zeit. Der Direktor ist nicht in der Schule, wir können uns in sein Grünpflanzenbüro setzen. Tamara Resch hat heute ein buntes lustiges Kleid an, sie sieht fröhlicher aus als bei unserem letzten Besuch, und ich bemerke, daß sie hellblaue Augen hat. Tamara sagt: »Ich hatte nicht gedacht, daß Sie wirklich noch einmal kommen. Nur wegen mir?«
»Nur wegen Ihnen«, sagt Gerd, und er lügt nicht.
Aber auch sie kann uns keine Hoffnung geben.
»Gestern habe ich im Unterricht über die führende Rolle der KPdSU gesprochen. Die Schüler fragten mich: ›Tamara Resch, sind Sie in der Partei?‹ ›Ja.‹ ›Wodurch aber unterscheiden Sie sich von meiner Mutter, die nicht in der Partei ist, aber die gleiche Hochschulbildung hat wie Sie. Was hat Ihnen die Partei als Mensch gegeben, was meine Mutter nicht hat?‹ Ich sagte: ›Wenn ich ehrlich bin, hat sie mir nichts gegeben. Aber ich stehe für sie ein, weil ich will und weil ich glaube, daß sie sich noch wandelt.‹ Da klopften mir die Schüler freundlich auf die Schulter und sagten: ›Da können Sie wohl noch lange warten.‹ Ich glaube, daß die Partei nur dann überleben kann, wenn sie endlich von unten erneuert wird, nicht von oben durch Haridonow. Die Genossen an der Basis kennen sich, man muß ihnen nur endlich Mut machen, daß sie wieder ehrlich zueinander sind, daß sie sagen, was sie voneinander denken. Dann könnten wir viele schlechte Menschen – Karrieristen beispielsweise – aus der Partei entfernen, auch an unserer Schule. Und sogar die Parteilosen müßten das Recht bekommen, über die Genossen zu urteilen.« Sie lächelt. »Ich weiß, Sie denken jetzt, ich bin eine Idealistin, eine Träumerin.«
Wir schütteln den Kopf.
Gerd lädt sie ein, uns in der DDR zu besuchen, »weil wir

auch Träumer sind«. Sie sagt: »Hoffentlich werden Sie es nicht vergessen in dieser unruhigen Zeit.«

Wir schütteln wieder die Köpfe.

Auf dem Rückweg hält ein Auto. Ein Mann steigt aus und sagt, daß Pater Iwan uns sucht. Der Erzbischof von Saratow und Wolgograd werde in Kamyschin Rast machen, und der Pater lade uns dazu in die Kirche ein.

Der Erzbischof von Saratow und sein Begleiter kommen fünf Minuten nach uns auf dem Kirchenhof an. Der Fahrer des schwarzen Wolga öffnet die Tür, und ein Hüne steigt als erster aus. Er ist groß und kräftig wie ein Recke aus einem russischen Märchen, sieht in seinem langen schwarzen Mantel verwegen wie einer von Dumas französischen Reitern aus. Immer ist er in Bewegung, entweder er spricht oder ordnet mit den Händen an – er ist im wahrsten Sinne des Wortes auf der Durchreise.

Im Haus des Paters ist inzwischen der Tisch gedeckt. Auch das Dankgebet vor dem Bildnis des heiligen Nikolai absolviert der Erzbischof in Eile. Kaum daß er sitzt, greift er schon nach den ersten Vorspeisen. Sekt wird eingeschenkt. Es ist, nachdem Serjosha, der Fahrer uns eine Flasche besorgt hat, das zweite Mal, daß wir in Kamyschin Sekt trinken. Nicht einmal Haridonow konnte uns welchen anbieten.

Der Erzbischof ißt und spricht zugleich. Also, er sei gerade wieder von einer Reise aus Israel zurück. Er sei dort schon früher drei Jahre als Botschafter der orthodoxen russischen Kirche gewesen ... Nun ja, Suppe würde er noch nehmen ... Woher wir kämen ... Berlin, da sei er vor kurzem gewesen ... Thüringen? ... Natürlich Weimar, das kenne er ... Und Dresden, neulich sei er in Dresden gewesen ... Er lobt die Sülze und erzählt: »Ich war also in Dresden und wollte in die Semper-Oper gehen. Doch man sagte mir, es gäbe keine Karten, alles sei ausverkauft und außerdem nur für Devisen erhältlich ... Die Suppe ist wirklich ausgezeichnet, ich nehme noch was ... Da bin ich selbst an die Kasse gegangen, und sie sagen mir, nein, es gibt keine Karten mehr ... Nein, kein Schwarzbrot, sondern Weißbrot ... Also habe ich mich in meiner ganzen Größe aufrecht hingestellt und mit lauter Stimme gesagt: ›Wissen Sie überhaupt, wer ich bin?‹ ... Ein Wodka zur Verdauung ist immer gut ... ›Ich bin der Erzbischof von STALINGRAD!‹ ... Man fragte mich sofort, in welcher Reihe ich sitzen möchte ...« Pater Iwan gießt vom Wodka nach, und während er mein Glas füllt, streichelt er mir vertraulich, so als wolle er mich beruhigen, übers Haar und lächelt. Nur einmal wird der Redefluß des Erzbischofs ruhiger, als er von einer Begegnung auf dem diesjährigen evangelischen Kirchentag in Westberlin erzählt. Er habe dort über Schuld und Vergebung gesprochen und darüber, daß die deutschen Faschisten nicht das Volk gewesen wären. (Ich will mich streiten mit ihm, doch er hat keine Zeit zum Streiten.) »Nach meiner Rede kam ein Mann zu mir und bekannte, daß er in der SS gewesen sei. Er fragte: ›Darf ich Ihnen in die Augen schauen?‹ Ich erlaubte es ihm.« Er schmatzt die Melone genußvoll, der Saft tropft vom Kinn.

Das Essen ist nach 20 Minuten beendet – der Erzbischof will noch weiter bis Wolgograd. Schon im Stehen beantwortet er mir meine Fragen. In seiner Diözese, die sich von Saratow bis Wolgograd erstrecke, gäbe es wieder 46 arbeitende Kirchen, nach der Perestroika seien 14 zusätzlich geöffnet worden. »Wir glauben an Gorbatschow, auch wenn er jetzt ökonomische Schwierigkeiten hat. Aber er hat uns die Offenheit gegeben. Deshalb rufe ich mein Volk auf, auch wenn es nicht meine Sache ist, zu arbeiten und zu arbeiten.« Er glaube, daß es zur Zeit viel Sabotage in der Wirtschaft gebe, denn wenn es erst mit der Wirtschaft abwärtsgehe, würde es auch mit Glasnost abwärtsgehen. »Wir beten jeden Tag, daß Genosse Gorbatschow gesund bleibt und daß ihm Gott Kraft gibt. Er sieht jetzt so müde aus. Aber ihn dürfen der Mut und die Kraft nicht verlassen, das darf nicht sein.«

Ja, Äpfel könne man ihm für unterwegs mitgeben, sagt er, zu Pater Iwan, die Fahrt sei lang. Gerd und mir überreicht sein Begleiter, der Pater der großen Saratower Kirche der Dreieinigkeit, seine Visitenkarte. Falls wir ihn in Saratow besuchen möchten.

Die Fahrt nach Saratow haben Gerd und ich für das Wochenende geplant. Aber wir schwanken immer noch, ob wir Haridonow sagen sollen, daß wir ohne offizielle Erlaubnis in das für Ausländer gesperrte Gebiet fahren, oder ob wir uns heimlich auf die Socken machen.

Am Nachmittag hören wir uns das nicht zur Veröffentlichung freigegebene Band von der Parteiversammlung im Walzwerk an. Diskutiert wird darüber, ob es eine oder mehrere Parteien in der Sowjetunion geben solle und ob der Sozialismus überhaupt noch machbar sei. Die Namen der Sprechenden sind nicht genau auszumachen, man redet laut und disziplinlos durcheinander. Nur die Stimme des Parteisekretärs ist deutlich zu erkennen. Wahrscheinlich stand vor ihm das Mikrophon.

Abteilungsleiter für Löhne: »Die verkündete moralisch-politische Einheit in unserer Partei gab es doch nie, nicht einmal in der Revolution selbst. Nur bei der Vertreibung der Kulaken, später der Wolgadeutschen und bei Stalins Repressalien gab es eine politisch-moralische Einheit, nämlich die Einheit der Unmoral. Die Partei wird nie die Interessen aller vertreten können, dazu gibt es viel zu viele Probleme in unserem Land. Sie kann nur eine Partei von vielen sein.«

Zwischenruf: »Du bist dafür, den Artikel 6 der sowjetischen Verfassung zu streichen?«

Der Abteilungsleiter für Löhne: »Ja, ich bin dafür, den 6. Artikel aus der Verfassung, der die führende Rolle der Partei betrifft, zu streichen.«

Der Abteilungsleiter für Rationalisierung: »Was gibt uns denn diese Diskussion? Wir freuen uns, daß wir die Freiheit haben, über die Möglichkeit eines Mehrparteiensystems zu sprechen. Aber damit haben wir noch lange nicht die Freiheit, das Mehrparteiensystem auch zu verwirklichen.«
Der Parteisekretär: »Gibt ein Mehrparteiensystem unserem Land denn mehr Demokratie? Demokratie hängt nicht davon ab, wie viele Parteien existieren.«
Zwischenruf: »Es werden noch viele bereuen, was sie heute hier gesagt haben!«
Gelächter.
Eine Stimme ohne Name und Funktion: »Wozu ist unsere Partei eigentlich noch nötig? Sie hat doch das moralische Recht ihrer Existenz verwirkt. Alle Beschlüsse in den letzten 70 Jahren sind durch den Apparat angewiesen worden, keiner ist in der Partei selbst entstanden.«
Sergej Liskow: »Wir brauchen endlich Oppositionsparteien, damit die Willkür der Partei und der Machtmißbrauch verhindert werden. Wie ist es denn in der Praxis? Ein Anruf des 1. Sekretärs der Partei beim Kreisstaatsanwalt genügt, und schon werden Gesetze geändert.«
Zwischenruf: »Wer die Partei beleidigt, beleidigt das ganze sowjetische Volk.«
Zwischenruf: »Die Apparatschiki sind nicht die Partei und nicht das Volk.«
Parteisekretär (hilflos): »Wir sind doch alles kulturvolle Menschen, Genossen, ich bitte um Kultur beim Meinungsstreit.«
Zwischenruf: »Laßt endlich die Arbeiterklasse bestimmen, was in diesem Land geschieht.«
Juri Shoboljew, stellvertretender Chefingenieur: »Die Arbeiterklasse, das wird nicht gehen. Da hat beispielsweise der Arbeiterrat beschlossen, damit wir endlich effektiv und marktwirtschaftlich arbeiten können, daß für ein bestimmtes

Teil nicht mehr ein Rubel Lohn gezahlt wird, sondern nur noch 43 Kopeken, was dem Wert der geleisteten Arbeit entspricht. Und was tun die Arbeiter nach dem demokratischen Beschluß ihres Arbeiterrates? Sie streiken. Sie streiken, bis der Direktor wieder einen Rubel zahlt, also nicht erarbeitetes Geld, und es geht weiter abwärts.«

Zwischenruf: »Wir brauchen endlich Arbeitslose, damit die Marktwirtschaft funktionieren kann, damit die Arbeiter gezwungen werden, ordentlich zu arbeiten.«

Parteisekretär: »Wollt ihr alle Ideale, für die unsere Großväter in die Revolution gegangen sind, verraten?«

Zwischenruf: »Wir lügen uns doch hier in diesen Tagen selbst an. Es geht schon lange nicht mehr um Reformer oder Nichtreformer, um Marktwirtschaft oder Planwirtschaft. Das alles ist doch nur ein Mäntelchen, das wir uns schamhaft umhängen, um nicht die ganze Wahrheit sagen zu müssen. Denn es gibt nur zwei Fronten: entweder Marktwirtschaft und Kapitalismus oder Sozialismus in den alten Strukturen und führende Rolle der Partei.«

Die Aufzeichnungen werden immer unverständlicher, man redet völlig durcheinander.

»Ihr redet nur und handelt nicht ...« »begünstigt die Feinde des Sozialismus ...« »Lenin war für mehr Parteien ...« »der Sozialismus hat keine Zukunft mehr ...« »Wer weiß denn schon, was wirklich die Wahrheit sein wird ...«

Wir überspielen das Band auf Kassette, um es mit nach Hause zu nehmen. Vielleicht ist es in 10 Jahren ein unwiederbringliches Zeitdokument, sagt Gerd.

Wofür?

Am nächsten Tag wird in Kamyschin begonnen, die staubigen Straßen mit roten Fahnen und bunten Lichterketten zu schmücken. Und auf der Straße des Oktobers, die zum Kreisparteikomitee führt, stehen Teeröfen. Ich traue jedoch meinen Augen nicht, denn Arbeiter schütten lediglich Teer-

split in die ausgetrockneten staubgefüllten Löcher, von denen manche so groß sind wie ein Kinderplanschbecken. Wahrscheinlich wird das nicht einmal bis zum Feiertag des 7. November, dem 72. Jahrestag der Großen Sozialistischen Oktoberrevolution, halten. Und ich frage mich, was ich mit dem Verantwortlichen machen würde, wenn ich der KGB-Chef wäre und entscheiden müßte, ob es Schlamperei oder bewußte Sabotage gegen die Perestroika ist. Gegenüber von der Gebietsparteileitung wird schon der Tribünen-Platz gefegt. Hinter der Tribüne und seitlich von ihr steht ein Metallgerüst, an dem die Wappen aller sowjetischen Unionsrepubliken aufgereiht sind. Früher hingen dort die überlebensgroßen Porträts der Politbüro-Mitglieder, aber als sie in letzter Zeit immer häufiger wechselten, hatte man sie herausgenommen und durch die Wappen der Republik ersetzt, erzählt Wladimir. Ich befürchte, daß auch sie bald zwar nicht ausgewechselt, aber eines nach dem anderen abgenommen werden müssen. Und was wird dann mit den leeren Feldern?
Im Vorzimmer von Michail Haridonow (wir wollen ihn nun doch über unsere Reise nach Saratow informieren) wartet ein alter Mann auf uns, den ich mir mit Bart und rotem Mantel sehr gut als ein freundliches altes Väterchen Frost vorstellen könnte. Wladimir sagt, daß sei einer der Parteiveteranen des Kreises Kamyschin: »Während des Krieges war Alexej Worobjeb 1. Sekretär in einem Landkreis und von 1945 bis 1949 hier in Kamyschin Vorsitzender des Exekutivkomitees, bei euch würde man sagen, ein Kreisvorsitzender oder Landrat. Dann hat man ihn von einem auf den anderen Tag aus der Partei herausgeschmissen und für zweieinhalb Jahre in ein Lager gesteckt.«
»Nach 1949 hat es mich erwischt, ich wurde über Nacht verhaftet. Man beschuldigte mich, in fünf Jahren 500 Rubel, die ich aber für die Unterbringung von Gästen aus der Moskauer Zentrale ausgegeben hatte, veruntreut zu haben. 15

leitende Genossen aus dem Gebiet Stalingrad haben sie damals mit einem Schlag verhaftet. Es war eine neue Leitung eingesetzt, und die wollte beweisen, wie konsequent sie war, also brauchte sie Opfer.«

Als wir uns verabschieden, um zu Haridonow zu gehen, sagt er: »Die Zeit, in der die übergeordnete Leitung unbequeme Untergebene einfach ins Lager stecken konnte, ist vorbei. Aber geblieben ist: Der 1. Sekretär des Gebietes entscheidet, ob der 1. Sekretär eines Kreises gut oder schlecht arbeitet, ob er bleibt oder abgelöst werden muß. Genosse Haridonow wird es euch bestätigen.«

Wir bitten Haridonow nicht um diese Bestätigung. Wir reden erst über die Milchlieferung, dann erzählen wir vom Erzbischof, dann fragen wir nach der Demonstration am Tag der Oktoberrevolution. Michail Haridonow kennt wahrscheinlich die Bestimmung, daß Saratow ohne Genehmigung für Ausländer gesperrt ist. Wenn wir ihm von unserer geplanten Reise erzählen, machen wir ihn zum Mitwisser. Er könnte dann Schwierigkeiten bekommen. Gerd beginnt diplomatisch zu erzählen, daß in seiner Seminargruppe an der Akademie für Gesellschaftswissenschaften in Berlin auch Serjosha aus Saratow studiert. Der habe ihn gebeten Grüße und Geschenke an seine Frau Lena zu überbringen, und nun wäre es doch gut, wenn ...

Haridonow unterbricht ihn und fragt: »Wann wollt ihr losfahren?«

»Am Sonnabend.«

»Und seid ihr am Feiertag zurück?«

Wir nicken.

»Und womit wollt ihr nach Saratow fahren?«

Mit dem Bus.

»Ihr werdet keine Billets mehr bekommen, am Sonnabend sind die Busse ausverkauft, und wer kein Billet hat, kann nicht mitfahren.«

»Gibt es noch eine andere Möglichkeit?«
»Nein, das ist die einzige.«
Nach einer Pause sagt er: »Ich werde euch am Sonnabend früh um 7 Uhr ein Auto zum Hotel schicken, das euch nach Saratow bringt.«
Weshalb tut er das? Ich erinnere mich daran, daß er uns an jenem Abend, als wir ihn zu Hause besucht hatten, von seiner Kindheit in einem kleinen Steppendorf erzählte. »Von klein auf mußte ich wie alle anderen Kinder des Dorfes mitarbeiten. Zuerst habe ich die Kuh und die Schafe früh zur Herde auf die Weide gebracht und sie abends wieder geholt. Später mußte ich Kartoffeln auflesen, das Gemüse gießen, die Tiere füttern. Als ich 11 Jahre alt war, habe ich schon regelmäßig im Kolchos gearbeitet und mit Ochsen und Stieren das Getreide eingefahren. Wir hatten auch Pferde in der Nachbarschaft, und als Kind durfte ich schon reiten. Das waren meine glücklichsten Stunden. Wenn ein Fohlen herangewachsen war und es eingeritten werden sollte, da rief der Pferdehirt meist: ›He, Michail, komm her‹, und er setzte mich zehnjährigen Knirps im Winter auf solch ein Fohlen und jagte es mit mir in die verschneite Steppe hinaus. Ich habe mich in der Mähne festgekrallt, einfach immer nur festgehalten und gedacht: ›Du darfst nicht loslassen‹, bis das Fohlen endlich müde wurde. Manchmal dauerte es zwei oder drei Stunden, aber mitten in der Steppe dann dieses Gefühl: Jetzt bin ich der Herr über das Pferd. Es hat mich anerkannt. Und ich bin dann von der Steppe in das Dorf geritten, natürlich direkt auf die Hauptstraße, damit alle sehen, was ich geschafft habe, und meine Freunde, die genau so alt waren wie ich, bekamen große Augen. Einmal bin ich als elfjähriger allein, ohne den Erwachsenen etwas zu sagen, viele Kilometer bis in das Dorf meiner Großeltern geritten. Ich habe dort, wie es sich gehört das Pferd angebunden, und dann bin ich zu den Großeltern in die Stube gegangen und habe ge-

sagt; ›Guten Tag, hier bin ich mit meinem Pferd.‹ Als ich dann nach Hause wollte, habe ich den Großvater gebeten: ›Großvater, bitte setz mich wieder auf das Pferd, ich bin noch zu klein, ich komme da nicht hinauf.‹ Und der Großvater hat das große Pferd gesehen, hat die Hände über den Kopf zusammengeschlagen und gesagt: ›Junge, wer hat dich mit diesem großen Pferd hierher geschickt?‹ Sie wollten mich nicht allein zurückreiten lassen. Aber ich bestand darauf. ›Großvater, ich bin mit dem Pferd hierhergekommen, ich reite also auch mit dem Pferd wieder zurück‹, und so ist es geschehen.«
Die vorerst letzte Kamyschiner Neuigkeit erfahren wir frühmorgens auf der Hoteltreppe. Ein Mann ist in den Hungerstreik getreten, ein Arbeiter im Textilkombinat, den man ohne sein Einverständnis von seiner Maschine an eine andere umgesetzt hat. »O Gott, dieser Arme, nichts zu essen hat dieser arme Mann«, klagen die Putzfrauen und schneuzen sich in ihre Wischeimer.
Der Fahrer, ein fast 60 Jahre alter Mann, kommt pünktlich. Geschwätzig ist er nicht. Er stiert immerzu angestrengt geradeaus und fährt die 200 Kilometer lange, teilweise vereiste und vom Nebel verschluckte Landstraße nach Saratow gleichmäßig mit 100 km/h. Es gibt unterwegs auch nichts zu erläutern, denn wir kreuzen lediglich zwei oder drei Dörfer. Nur einmal, als wir uns nach den verwelkten und frischen Blumensträußen, die an manchen Stellen der Straße im Schmutz liegen, erkundigen, wird er laut und erregt: »Die Toten. Das ist die Spur der Toten, der Erfrorenen.« Und dann schimpft er: »Auf dem Meer erkennen sie die Schiffbrüchigen mit ihrem Satellit aus dem Weltraum. Mit Raketen können sie heutzutage aus 10 Kilometer hoch fliegenden Flugzeugen genau den Soldaten mit der braunen Uniform und den grünen Schulterklappen treffen und nicht den 20 Meter neben ihm stehenden Soldaten in der grauen Uniform

mit den blauen Schulterklappen. Aber hier, wenn man auf dieser Landstraße bei −40 Grad in einen Schneesturm kommt und steckenbleibt, sieht einen keiner, hilft einem keiner. Da erfriert man erbärmlich, mitten im zivilisierten Europa.«

Er flucht dann noch einmal, als wir in Saratow nach der Straße fragen müssen, in der Lena wohnt. Sie ist zu Hause, eine hübsche, gut gewachsene Dreiundzwanzigjährige. Sie umarmt uns, als wären wir ihr Mann Serjosha. Gerd beteuert, daß ihr Ehemann in Berlin treu sei, bis spät in die Nacht über den Büchern sitzen müsse. Ja, auch bei ihr würden die Nachbarn aufpassen, daß kein fremder Mann zu Besuch käme, und die Mutter habe ihr verboten, in der Zwischenzeit allein ins Kino zu gehen, erzählt Lena. Nun, die Moral, die wäre schon wichtig! Sie habe neulich im Fernsehen den ersten sowjetischen Film gesehen, in dem eine Frau völlig nackt war und noch ein bißchen mehr. »Die kleine Vera«. Das sei fast schon Pornographie gewesen, und viele Zuschauer hätten nach der Sendung an das Fernsehen geschrieben und geklagt: »Was habt ihr da nur angerichtet? Diese Schande, diese arme junge schöne Frau! Niemals wird sie einen Mann bekommen, nachdem das ganze Land sie nackt gesehen hat.« Das Fernsehen konnte die Zuschauer beruhigen. Die Schauspielerin war schon verheiratet, und ihr Mann hatte es ihr erlaubt.

Lena hat das Besuchsprogramm für uns schon geplant. Zuerst könnten wir die Stadt anschauen, und danach wären wir zum Abendessen bei ihren Eltern eingeladen. Wir nehmen die Geschenke gleich mit: für die Mutter Creme und Parfüm, für den Vater unsere letzte Flasche deutschen Schnaps, einen sogenannten »Kristall-Wodka«, im Volksmund »Blauer Würger« genannt.

In die Stadt Saratow verliebe ich mich im Gegensatz zu Kamyschin auf den ersten Blick. Endlich wieder Bürgersteige, auf denen man laufen kann, Straßen zum Bummeln, Geschäfte zum Gucken. Saratow war jahrhundertelang eines der bedeutendsten Handelszentren von Rußland, Station zwischen Moskau und den östlichen und südwestlichen Landesteilen. Sogar einen Fußgängerboulevard, ähnlich denen deutscher Kleinstädte, finden wir. Hier steht ein Kooperativ-Café neben dem anderen, es gibt Schmuckläden, Videosalons. Kirowska-Prospekt heißt die Straße heute, früher war es die Njemetzkaja Uliza, die Deutsche Straße. Hier wohnten und verkauften die deutschen Händler und Geschäftsleute ihre Waren. Am entgegengesetzten Ende der Straße steht die einem Zirkusbau ähnelnde Markthalle von Saratow. Und die Stände innen sind wirklich gefüllt mit Lebensmitteln, zwar fast unerschwinglich teuer, aber die Saratower drängeln sich und probieren bei jedem Händler vom Sauerkraut, den eingelegten Tomaten und bei den vielleicht 50 Honigverkäufern den »allerbesten« Honig. Halbe Ochsen liegen hier auf den Verkaufstischen und Erdnüsse, Zitronen und auch Granatäpfel von der besten Sorte. Sie werden meistens von Georgiern oder Usbeken angeboten. Lena schimpft: »Wir Russen haben ihnen geholfen, ihre Länder mit unserer Industrie und unseren Rohstoffen aufzubauen, reich zu machen. Und nun kommen sie hierher und machen große Geschäfte mit unserem Mangel und unserer Armut.« Ob wir auch das Café sehen möchten, in dem sie ihre Hochzeit mit Serjosha gefeiert habe? Wir müßten entschuldigen, daß sie so viel von ihm spreche, aber es sei schwer so allein und sie könne von Saratow aus nicht einmal ein Telegramm nach Berlin schicken, denn Saratow gehöre zu den geheimen Zonen des Landes. – Das Café ist nicht gemütlich wie die in der Deutschen Straße, es ist größer, Tische und Stühle sind aus Kunststoff, dazu geschmacklose Grünpflanzen. Aber es hat eine kleine Bühne und eine Tanzfläche. Ich habe angenommen, Lenas Augen würden hier in Erinnerung an ihren

Hochzeitstag strahlen, aber sie schaut nicht sehr glücklich drein. Nein, das sei nicht wegen der Heirat mit Serjosha, obwohl es so einfach nicht gewesen sei. »Ich war erst 19 und schon mit Tanja schwanger, und die Mutter war dagegen, so jung zu heiraten. Aber sie war dann schließlich still, denn wenn man nachrechnet, also ich bin jetzt 23 und die Mutter ist vierzig ... 100 Gäste waren hier – 100 Gäste – und wir, die Brautleute, stehen vorne, und bis wir alle Glückwünsche entgegengenommen hatten, hundertmal eine kleine Rede, waren wir fast verhungert. Und erst recht verdurstet. Es gab zur Hochzeit nur Pepsi. Keinen Tropfen Alkohol. Es war die Zeit der ersten großen Gorbatschow-Antialkohol-Kampagne. Damals exmatrikulierte man hier an der Hochschule sogar noch Studenten des fünften Studienjahres, weil sie ein paar Gläschen Wodka getrunken hatten. Und unsere Hochzeit sollte eine Beispielhochzeit sein, die erste große alkoholfreie Hochzeit in Saratow. Deshalb bekamen wir auch das Café ohne Miete und kostenlos eine Folkloregruppe gestellt, die Musik machte. Aber es war alles traurig und kalt, niemand von den Gästen rief ›bitter‹ – wie das bei anderen Hochzeiten üblich ist. Je mehr man trinkt, um so häufiger wird ›bitter‹ gerufen, Braut und Bräutigam müssen sich dann küssen.«
Wir fragen, weshalb gerade sie diese antialkoholische Beispielhochzeit feierten? Trinkt Serjosha nicht? Nein, das sei nicht der Grund. »Mein Vater ist im Gebiet Saratow der Vorsitzende der freiwilligen Organisation zum Kampf gegen den Alkoholismus.«
Wir sind froh, daß sie uns das gesagt hat, denn wir können uns die Peinlichkeit vorstellen, wenn wir den »Blauen Würger« als Geschenk ausgepackt hätten. »Ach, nehmt ihn nur mit, den Wodka«, sagt Lena und lächelt.
Sie zeigt uns die alten kleinen Kirchen der Stadt und die große Kirche der Dreifaltigkeit. Sie hat ihre Tochter Tanja

vor zwei Jahren taufen lassen. Dann führt uns Lena zu einem fünfstöckigen Haus mit blinden Fenster-Augen und großen klaffenden Mauerwunden. Es ist schon geräumt, und wir verstehen nicht, weshalb sie es uns zeigen will. »Hier hat Gagarin von 1951 bis 1955 das Technikum besucht. Nun bricht es zusammen, weil es erst drei Stockwerke hatte und man einfach noch zwei draufsetzte. 30 Kilometer von hier ist Gagarin nach seinem ersten Weltraumflug gelandet. Und jetzt diskutiert man in der Öffentlichkeit, ob die Mannschaft, die seinen letzten Testflug leitete – er stürzte dabei ab und verunglückte tödlich –, betrunken war.« Sie zeigt uns die Institute und die Universität, an denen auch Wagilow, der weltbekannte Genetiker, lehrte. »Er ist später als Stalins Gefangener hier im Gefängnis von Saratow gestorben. Sein Bruder, der Präsident der Akademie der Landwirtschaft, hat damals bei Stalin immer um Gnade für seinen Bruder gebeten. Das einzige, was Stalin dem Gelehrten gewährte, waren Papier und Bleistift. Stalin hatte die größte Angst vor den Naturwissenschaftlern. Sie erschienen ihm gefährlicher als die Philosophen. Philosophen widerrufen sehr schnell, sie können sich anpassen. Naturwissenschaftler aber bleiben bei ihren Erkenntnissen. Deshalb hat er fast alle großen Naturwissenschaftler unseres Landes erschießen lassen. Die Genreserve der Sowjetunion ist damals zerstört worden.« Auch Lenas Großvater, ein Bauer, sei unter Stalin für acht Jahre ins Lager gesteckt worden. »Er war ein fleißiger Bauer, und seine Nachbarn, die immer nur faul auf dem Ofen lagen, hatten einen anonymen Brief geschrieben, in dem sie ihn bezichtigten, über Stalin gespottet zu haben.« Noch im Jahre 1962, als mein Vater Komsomolsekretär wurde und studieren wollte, fragte man ihn: ›Wie stehst du zu deinem Vater?‹ Denn in seiner Akte war vermerkt: Sohn eines Feindes, eines Kulaken. Er durfte nicht studieren.«

Eine auffallend saubere Straße, die uns Lena zeigt, ist für den

Verkehr gesperrt. Gesperrt für Autos außer mit den Nummern 50, 60 und 70: Partei, Staatsapparat und Staatssicherheit. »Hier sitzen die Genossen vom Gebietskomitee der Partei. Sie brauchen bei der Arbeit ihre Ruhe, sagen sie, deshalb darf hier keiner entlangfahren.«

Lenas Vater öffnet uns. Er ist ein schwerer korpulenter Mann und bekundet mit tiefer, lauter Stimme, wie sehr er sich über unseren Besuch freut. Wir sollten Wolodja zu ihm sagen. Verlegen und stotternd, wir hätten nicht gewußt, es solle keine Provokation sein, packen wir unser Mitbringsel aus. Er studiert das Etikett. »Hoho – ein Wodka«, sagte er, »habt ihr also in Deutschland auch solches Teufelszeug?« Wir entschuldigen uns noch einmal, aber er winkt ab, das mache gar nichts. Nun, er sei der Vorsitzende, sozusagen der Präsident aller Antialkoholiker im Gebiet von Saratow, das sei eine Funktion beispielsweise wie der Vorsitzende einer Freundschaftsgesellschaft Sowjetunion – Zypern, so etwas werde von oben verteilt, und weil er an der Hochschule für Handelsgenossenschaften als Dozent arbeite und mit dem Handel mit Alkohol zu tun habe, sei er wahrscheinlich zu diesem Posten gekommen. In seiner Eigenschaft als Vorsitzender habe er sogar schon Schriften verfaßt. Und während er uns an den reich gedeckten Tisch bittet, holt er eine vierzigseitige Broschüre. Er hat sie selbst geschrieben und der vollständige Titel lautet *Gesamtsowjetische freiwillige Gesellschaft zum Kampf für Nüchternheit des Saratower Gebietes. Alkoholische Traditionen der mikro-sozialen Umwelt und des Kampfes mit ihnen (Probleme der Erziehung der Persönlichkeit/Methodische Empfehlungen).*

Aber nun sollten wir essen. Wir sind hungrig vom Laufen, aber da in der Sowjetunion essen nicht immer ein Abwickeln von Kauvorgängen ist, sondern man sich dabei unterhalten kann, darf man auch in einer Broschüre blättern, und weil ich neugierig bin, was unser Gastgeber geschrieben hat, übersetzt mir Gerd einige Passagen.

»Lenin sagte: Den Alkoholismus besiegen kann nur eine Gesellschaft, die frei ist von antagonistischen Klassengegensätzen. Im Gegensatz zu kapitalistischen Ländern, die Wodka und anderen solchen Dreck in Umlauf bringen, werden wir das nicht zulassen. Es würde uns zum Kapitalismus zurückwerfen, es ist nur gut für den Handel, aber er bringt nicht vorwärts zum Sozialismus ...«

Wolodja studiert wieder das Etikett der mitgebrachten Wodkaflasche. Also heute, es seien Gäste hier, vielleicht sollte man doch ein Gläschen – da sehe ich, daß wirklich schon Schnapsgläser auf dem Tisch stehen. Gläser, die 100 Gramm fassen.

»Die Ursachen für das Säufertum liegen in der schwachen Entwicklung der geistigen und sozialen Bedürfnisse einzelner Menschen. Die Natur, wie bekannt ist, läßt keine Leere zu. In solchen Fällen wird das geistige Vakuum erstaunlich schnell durch Wodka ausgefüllt. Wer seine Freiräume nicht vernünftig ausfüllen kann, der sieht als Hauptquelle für Freude und Heiterkeit den Wodka.«

Ich würde sagen, meint Wolodja, eure Flasche, das ist ein Gastgeschenk, die stellen wir erst einmal zur Seite. Was trinkt ihr, Wodka oder Cognac. Wir entscheiden uns für Cognac.

»Wodka ist die Quelle von kollektiven Orgien, die Tischfeiern verwandeln sich oft in einen Kult des ständigen Trinkens und Toastsprechens. Die Toaste lösen sich mit blitzartiger Geschwindigkeit einander ab, solange bis man, vom Alkohol hingerissen, in eine Art säuferische Euphorie verfällt.«

Wolodja hat inzwischen von unserem Wodka gekostet. »Also, ich muß schon sagen, ein guter Wodka ist das, den ihr da in Deutschland macht. Und Gastgeschenk ist

Gastgeschenk. Trinkt ihr also unseren Cognac und ich trinke euren Wodka.«

»Als Grundlage gemeinsamer Besäufnisse werden die Beziehungen in Arbeitskollektiven ›warm, herzlich, informell‹, und zwar immer dann, wenn es im Interesse der gesamten Gesellschaft notwendig wäre, daß diese Beziehungen streng und offiziell blieben.«

Wolodja gießt die 100-Gramm-Gläser jetzt randvoll. Wer keine 100 Gramm vertrage, das sei kein richtiger Russe.

»Fürchte die, die Dir Geschenke bringen – Geschenkkörbe! Denn dort befindet sich neben Apfelsinen auch Wodka. Die Zeiten, als Säufer es vorzogen, allein zu saufen, sind vorbei. Der moderne Säufer leidet an Einsamkeit, er sucht Gleichgesinnte. Das Ziel ist: ›Gemeinsam auf die Gesundheit trinken und sich die Gesundheit dabei kaputtmachen.‹«

Wolodja, der den Arm auf Gerds Schulter gelegt hat: »Soll ich euch mal sagen, was wir nach der verdammten alkoholfreien Hochzeit gemacht haben? Gefroren haben wir im Café. Und dann sind wir nach Hause und haben zwei Tage lang richtig gefeiert.«

»Unser Ziel ist es: Von der Gesellschaft der Nüchternheit zur nüchternen Gesellschaft. Wenn der Mensch eine wirkliche Persönlichkeit ist, kann er die alkoholischen Traditionen überwinden.« Wir machen die Broschüre zu.

Als alle Flaschen, auch der »Blaue Würger«, leer sind, holt Wolodja noch süßen Portwein. Gegen Mitternacht bringen uns Lena und ihr Vater zur Straßenbahn. Lena und Gerd gehen vorneweg, Wolodja und ich hinterher. Die beiden müssen nach jeweils 50 Metern stehenbleiben und auf uns warten, denn Wolodja und ich umarmen uns immer wieder und versichern uns unter Bruderküssen, daß wir für immer und ewig die besten Freunde bleiben.

Endlich in der Wohnung – Lena übernachtet bei ihren Eltern –, versuchen Gerd und ich die Schlafcouch herzurichten, aber plötzlich sagt Gerd: »Nee, hier kann ich nicht schlafen, guck mal!« Oben auf dem Bücherschrank thront, ich reibe mir die Augen, aber so besoffen kann man doch gar nicht sein, oben auf dem Bücherschrank thront eine große Büste von Stalin. Gerd stöhnt: »Serjosha, mein von der Perestroika begeisterter Parteistudent – und hier steht Stalin!« Wir sind uns beide einig, mit Stalin in einem Zimmer, das geht nicht. Aber wohin mit der schweren Büste? Wir stellen sie schließlich aufs Klo. Früh um sechs Uhr wache ich auf, muß mal, gehe zur Toilette – und erschrecke, ich sitze fünf Minuten auf der Brille, aber der guckt mich immerzu an. Nicht mal das kann ich in seinem Beisein. Er muß weg hier, und weil mir nichts Besseres einfällt, verfrachte ich ihn in den Kühlschrank.

Als Gerd sich waschen will, sucht er Stalin. »Wohin hast du ihn gebracht?« »In den Kühlschrank gesteckt«, sage ich. »Gut«, sagt Gerd »das hat er verdient, er hat selbst Millionen Menschen in die sibirische Kälte verbannt.«

Um 10 Uhr erscheint Wolodja. Er ist im Gegensatz zu uns putzmunter und quietschvergnügt. Das sei doch nur ein kleiner Umtrunk gewesen, gestern abend, sagt er und lädt uns in sein Auto. Er hatte versprochen, mit uns nach Engels zu fahren, in die ehemalige Hauptstadt der Wolgadeutschen. Sie ist von Saratow nur durch die Wolga getrennt, man könnte auch sagen, Engels ist mit Saratow durch eine kilometerlange Brücke über den breiten Fluß verbunden.

Engels ist schmutzig und grau wie Kamyschin. Im Gegensatz zu Saratow frißt hier das Wolgawasser an den Fundamenten. Die Häuser, manche in deutscher Fachwerkbauweise errichtet, zerfallen. Die Straßen bestehen aus notdürftig zugeschütteten Schlammkuhlen. An einigen früheren Geschäften, deren Fenster vernagelt sind, kann man mit Phantasie noch »Kolonialwaren« oder »Feine Konditorei« in deutscher Schrift entziffern. Sonst erinnert auf den ersten

Blick nichts an die ehemalige Hauptstadt der Wolgadeutschen. Wolodja arbeitet hier in einer Zweigstelle der Hochschule der sowjetischen Handelsgenossenschaft. Er zeigt uns den Backsteinbau. In der Hochschule würden jetzt auch Kooperanten geschult. »Wir bringen ihnen die Marktwirtschaft bei oder, was ehrlicher klingt: Wir bereiten sie auf den Kapitalismus vor. Denn Perestroika, das ist doch nichts anderes als der friedliche Übergang vom Sozialismus zum Kapitalismus, auch wenn es sich Gorbatschow erst anders erträumt hatte. Die Marktwirtschaft wird in allen Bereichen unseres Lebens bestimmend sein. Ich hatte mich zur Wahl gestellt, als der Dekanposten ausgeschrieben wurde. Nun, ich bin nicht gewählt worden, nicht, weil ich vielleicht schlechter war als die anderen, sondern weil ich als Humanist nur das gesagt und versprochen habe, was ich später auch halten kann. Die anderen aber, die versprachen den Studenten höhere Stipendien, den Dozenten mehr Wohnungen. Und so haben also die Demagogen gewonnen, die Marktwirtschaft in der bürgerlichen Demokratie.«

Von Dominik Hollmann haben wir die Adresse einer alten Wolgadeutschen erhalten, die in Engels wohnen soll. Frau Barbier in der Uliza Persidemoja 48. Als Wolodja mit dem Auto bis zu den Achsen im Dreck steckt, laufen wir. Die Uliza Persidemoja, die früher wirklich eine Straße war, ist von seit Jahren gefällten Bäumen versperrt. Wir finden an einem der brüchigen Bretterzäune endlich die Nummer 48. Das Haus ist noch kleiner, noch baufälliger als das der wolgadeutschen Bauernfamilie, die wir auf dem Land besucht hatten. Frau Barbier spricht noch Deutsch, sie bittet uns herein. Wir ducken uns, finden auch irgendwo eine Sitzgelegenheit in der winzigen Stube. Nein, hier kein Wort von der Gegenwart, denke ich, und bitte, daß mir die alte Frau von der Vergangenheit der Wolgadeutschen erzählt.

Es sei doch alles Vergangenheit, sagt sie. »Wenn man wie ich

81 Jahre alt ist, dann gibt es nur noch die Vergangenheit. Oder soll ich mich etwa darüber freuen, was dieser dumme Jockel, der Gorbatschow, in diesem Land anstellt? Das hatten wir doch in unserer deutschen Wolgarepublik alles schon einmal, nun erfindet er das Fahrrad noch einmal. Unsere Kolchosen haben damals nur die Kombines gekauft, die sie wirklich bezahlen konnten, wir hatten die wirtschaftliche Rechnungsführung, jeder Bauer bekam nur das bezahlt, was er erarbeitet hatte. Aber heute, da funktioniert die Ökonomie vor lauter Ökonomen überhaupt nicht mehr. Den Kopf in der Stadt frisieren zu lassen, kostet einen Rubel und 60 Kopeken. Aber ein Krautkopf vom Land, der kostet zwanzigmal weniger, nur acht Kopeken. Aber was für Arbeit steckt in solch einem Krautkopf! Wir haben hier eine Hochschule für Handelsgenossenschaften. Da kommt eine Studentin dieser Hochschule zu mir und sagt, Genossin Barbier, haben Sie nicht solch ein politökonomisches Lehrbuch, ich brauche es für die Prüfung. Ich hab ihr gesagt: ›Meine Liebe, da steht sowieso nur ein Scheiß drin, sag das deinem Rektor.‹«

Wolodja zuckt zusammen, verlegen sagt er: »Ich bin der Rektor dieser Schule.« Da lacht die alte Frau aus vollem Hals und will sich nicht wieder beruhigen. Dann fragt sie Wolodja: »Wissen Sie eigentlich, was Ihre Hochschule früher war, wer sie gebaut hat? Das haben wir Deutschen gemacht. Es gab nämlich in den dreißiger Jahren schon eine deutsche Handelsgenossenschaft an der Wolga. Die meisten Gebäude hier in Engels haben wir gebaut. Die Pädagogische Hochschule, die Raketenschule, das Fleischkombinat. Eine deutsche Schule gab es auch in Engels, wir haben übrigens lange überlegt, ob es Engels oder Liebknecht heißen soll. Aber heute – nicht einmal unser Museum, wo wir unsere ganze Geschichte gesammelt hatten, haben sie uns gelassen. Da gab es übrigens die Geschichte vom Kirgisen-Michel, wißt ihr,

die Kirgisen haben die Wolgadeutschen immer am Sonntag angegriffen, wenn sie in der Kirche waren.« Wir sagen, daß wir die Geschichte kennen. »Aber daß Clara Zetkin in Engels war, zusammen mit Lenins Frau Krupskaja, und hier in einer Rede die gleichen Rechte für die Frauen wie für die Mannsleute gefordert hat, wißt ihr das auch?« Wir schütteln die Köpfe. »Daß die erste Frau, die in Rußland einen Traktor gefahren hat, hier aus Engels kommt, daß 1927 über 7000 junge Wolgadeutsche, auch ich war drei Jahre dabei, nach Stalingrad gegangen sind und mit Hacken und Schaufeln und bloßen Händen das Traktorenwerk aufgebaut haben, jenes Traktorenwerk, das danach für die deutschen Faschisten uneinnehmbar wurde?«
Wir fragen Frau Barbier, welchen Beruf sie gehabt hat.
»Ich habe in der Regierung der Wolgadeutschen Republik gearbeitet, ich war dort verantwortlich für Frauenfragen.«
Mir wird plötzlich übel, mir sackt der Magen wieder weg wie an jenem Nachmittag, als wir von Honeckers Absetzung erfuhren. Ich weiß nicht, ob es die stickige Luft in der modrigen kleinen Küche ist oder die Alkoholnachwirkung. Während Gerd weiter mit der alten weißhaarigen Frau Barbier redet, schaue ich mich um. Vier Töpfe stehen auf dem Bord, dazu ein paar Tassen, ein paar wacklige Stühle neben dem Tisch, ein Bettgestell, eine porzellanene Waschschüssel, wahrscheinlich könnte man alles auf einen Handwagen laden. Nein, das ist keine Bescheidenheit – das ist bittere Armut. Eine Frau, früher Mitglied der Regierung ...
Sie sagt uns, wo wir auf dem Friedhof die Gräber der Wolgadeutschen finden.
Wir suchen sehr lange und fragen auch die Russen, die wir auf dem in ordentliche Quadrate eingeteilten Friedhof treffen. Aber keiner kann uns genau sagen, wo sich der Teil befindet, auf dem vor 1941 die Deutschen begraben wurden.
Mit den lebenden Wolgadeutschen haben wir mehr Glück,

denn ohne daß wir uns bei ihm angekündigt haben, treffen wir in Saratow den stellvertretenden Vorsitzenden der Wolgadeutschen Gesellschaft »Wiedergeburt«, Juri Haar. Er ist auf den ersten Blick das, was man klischeehaft einen jungen dynamischen Managertyp nennt, noch keine vierzig, Dozent am Institut für Mechanisierung der Landwirtschaft in Saratow.

Er kennt den Kampf der Wolgadeutschen zur Wiederherstellung ihrer autonomen Republik wie kaum ein anderer, denn er war einer der Initiatoren. »Dabei spreche ich die deutsche Sprache nicht, und vor drei Jahren wußte ich fast nichts über die Wolgadeutschen. Doch als Aspirant des Saratower Institutes mußte ich sehr oft auf die Dörfer fahren, Ergebnisse der Ernte sammeln, Statistiken über die Mechanisierung anfertigen. Und hier traf ich Bauern mit deutschen Namen, sie erzählten mir ihre Geschichte, und ich begann das alles aufzuschreiben. Ich besorgte mir Karten und Fotos von der alten Wolgarepublik. 28 000 km^2 war sie groß, fünf Kreise des heutigen Wolgograder Gebietes gehörten dazu und sieben aus dem jetzigen Saratower Gebiet. Inzwischen sind etwa 20 000 Deutsche in ihre alte Heimat zurückgekommen. Meine Mutter ist hier geboren, ich dagegen bin in Kasachstan, im Ort der Verbannung aufgewachsen. 1987 entstand der Gedanke, daß wir eine Gesellschaft gründen müssen, die die Autonomie unserer Wolgarepublik wiederherstellt. Neun Menschen waren wir, die sich damals in Engels getroffen haben, ein Statut und ein Programm entwarfen. Das Statut haben wir an alle möglichen uns bekannten Adressen in der Sowjetunion geschickt und die dort lebenden Deutschen um ihre Meinung gefragt. Gleichzeitig teilte uns die Saratower Staatsanwaltschaft mit, daß es verboten sei, solch eine Organisation der Wolgadeutschen zu gründen. Wir müßten dazu nach Moskau zum Obersten Sowjet fahren. Also haben wir Statut und Programm in den Obersten Sowjet gebracht, und am 5. Januar 1988 erhielten wir eine Eingangsbestätigung. Mehr haben wir nicht bekommen, nur eine Eingangsbestätigung. Und weil der Oberste Sowjet nicht antwortete, sind wir im April mit 15 Wolgadeutschen nach Moskau gefahren, wollten uns beim ZK und beim Obersten Sowjet beschweren. Man hat uns aber lediglich auf der allerniedrigsten Ebene empfangen, im Bürgerbüro des Obersten Sowjets, dort, wo alle zur Sprechzeit empfangen werden. Das Statut, sagte man uns, sei verschwunden, und wir haben ihnen ein neues gegeben. Aber wieder geschah nichts. Daraufhin haben wir im Sommer die nächste Delegation nach Moskau geschickt, die blieb länger, insgesamt 25 Tage und versuchte immer wieder, von der Obrigkeit empfangen zu werden. Das ist eine alte russische Methode aus der Zarenzeit. Das Statut war wieder verschwunden, und wir haben wieder ein neues abgegeben. Als die Delegation schon 22 Tage in Moskau ausgeharrt hatte, haben wir ein Telegramm an die da oben geschickt und gedroht, daß wir die internationale Öffentlichkeit über das Unrecht, das den Sowjetdeutschen in der Sowjetunion geschieht, informieren. Man bekam Angst, und wir konnten den Abteilungsleiter der Unterabteilung für zwischennationale Beziehungen im ZK der KPdSU, Tifor Michailowitsch, sprechen.

Aber was konnte so ein Unterabteilungsleiter in unserer wichtigen Angelegenheit schon entscheiden? Er hat unser Statut entgegengenommen, aber mit der Gründung unserer Vereinigung waren wir keinen Schritt weitergekommen. Im Oktober schickten wir die nächste Delegation nach Moskau. 105 Wolgadeutsche aus 36 Gebieten. Und als wieder nichts entschieden werden sollte, sind alle 105 in das Empfangszimmer gegangen und haben gesagt: ›Wir bleiben so lange hier, bis man mit uns spricht und unsere Sache entscheidet.‹ Da haben sie wohl begriffen, daß wir ernst machen, und sie versprachen, bis Ende 1988 unseren Antrag auf die Gründung einer Gesellschaft zur Wiederherstellung der deutschen Autonomie zu beraten. Aber es waren wiederum nur Versprechen, und nun beschlossen wir, unsere Gesellschaft ›Wiedergeburt‹ im März 1989 auch ohne Genehmigung zu gründen. Da drohte man mit der Verhaftung der Leiter. Für eine Gesellschaft der Liebhaber von Katzen könnten wir sofort eine Genehmigung haben, sagte man uns in der Staatsanwaltschaft in Saratow. Aber solch eine mit Sprengstoff versehene politische, mit der nationalen Frage verbundene Gesellschaft, nein, das könne man nicht genehmigen. Also bin ich noch einmal nach Moskau gefahren. Ich bin ins ZK gegangen und habe gesagt, daß wir die Genehmigung brauchen, aber daß wir auch ohne Genehmigung unsere Vereinigung gründen. Im ZK sagte man mir, entsprechend der Verfassung könne das nur der Oberste Sowjet entscheiden. Ich sagte: Das Statut liegt über ein Jahr im Obersten Sowjet, aber wir haben keine Antwort bekommen. Ganz egal, sagten die Verantwortlichen, geht noch einmal dorthin, und wenn sie nicht helfen, dann kommt zurück und beschwert euch bei uns über den Obersten Sowjet, dann werden wir Maßnahmen einleiten. Also bin ich zum Obersten Sowjet gegangen, und dort sagt man: Ja, Genosse, du weißt doch, solche diffizilen politischen Probleme entscheidet man nur im ZK. Da können wir gar nichts machen. Ich habe geschrien: ›Ich war im ZK, dort hat man mich weggejagt. Nun bin ich bei euch, man jagt mich wieder weg. Kennt ihr überhaupt eure Verantwortung für all diese vielen deutschen Menschen, es geht schließlich um das Schicksal eines Volkes, dem allergrößtes Unrecht geschehen ist?!‹

Sie versprachen, alle Unterlagen dem Minister zu übergeben. Drei Tage vor dem Gründungskongreß erhielten wir die Genehmigung. 105 gewählte Delegierte und 30 Gäste und mindestens noch einmal soviel Journalisten waren wir, als wir Anfang März in Moskau die Gesellschaft ›Wiedergeburt‹

gründeten. Aber bis heute sind wir eine nichtformelle, also nicht vom Justizminister eingetragene Organisation. Wir dürfen also auch keine Kandidaten für die Wahl zum Obersten Sowjet stellen. Andere inzwischen eingetragene Organisationen haben sich mit uns solidarisiert, sie übernahmen unsere Kandidaten, und so gibt es zur Zeit schon zehn Wolgadeutsche als Deputierte in den höchsten Organen. Einer von ihnen trat bereits am ersten Sitzungstag im Obersten Sowjet auf. Und er hat es wirklich geschafft, in drei Minuten Redezeit sowohl die Kandidatur von Gorbatschow zu unterstützen, als auch das Land darüber zu informieren, daß es 2 Millionen von vertriebenen Wolgadeutschen gibt, die ein Recht haben, ihre Autonomie wiederherzustellen. Auch Aitmatow hat uns unterstützt. Man beschäftigt sich nun in den Kommissionen des Obersten Sowjets mit der Neugründung der deutschen Wolgarepublik.
Aber die Saratower Parteichefs wollen keine Wolgarepublik, sie hetzen die Russen gegen uns auf. Es gibt Flugblätter mit Texten wie ›Deutsche Faschisten, wir hatten genug unter euch zu leiden‹, ›Die Wolgadeutschen wollen wieder die Deutschen in unser Land holen, wollen das Saratower Gebiet kolonialisieren‹. Die Russen sagen, sie sollen doch ihre Republik dort gründen, wo sie in der Verbannung leben. Aber das werden wir nicht tun, dann wäre das Unrecht plötzlich das Recht. Es gibt auch Vorschläge, Kaliningrad, das ehemalige Königsberg, zur Hauptstadt der Wolgadeutschen zu machen. Aber dann würde man sagen, daß die Deutschen diese Provinz sehr bald wieder ›heim ins Reich‹ holen. Deshalb bestehen wir darauf, daß wir an der Stelle der Gräber und der Wiege unserer Vorfahren die wolgadeutsche Republik gründen. Wir könnten gemeinsame Betriebe mit der BRD aufbauen und die Kultur und die Ideologie, beispielsweise die Schulbildung, zusammen mit der DDR organisieren. Aber noch sagen die Spitzenfunktionäre von Sara-

tow: Wir werden euch notfalls mit Waffen daran hindern, dann gibt es ein Bergkarabach hier an der Wolga. Aber wir wollen um Himmels willen unsere Autonomie nicht um den Preis eines Bürgerkrieges erkämpfen.«

Wolodja holt uns ab. Wir fragen ihn, welche Meinung er zu einer neuen deutschen Wolgarepublik rings um Saratow hat. »Ich bin dafür. Es kann nur besser werden, deutscher Fleiß, deutsche Ordnung ...« »Aber die wenigsten Wolgadeutschen glauben noch daran, jährlich gehen Zehntausende in die BRD«, sagt Juri Haar.

Morgen müssen wir nach Kamyschin zurückfahren, wir wollen pünktlich zum Feiertag bei Haridonow sein. Wolodja ist sehr skeptisch, es werde fast unmöglich sein, für morgen noch zwei Busfahrscheine zu erhalten. Er geht mit uns zum zentralen Saratower Busbahnhof. Eine große Halle, ein halbes Dutzend Schalter, aber außer an einem hängen überall Zettel, daß zur Zeit geschlossen sei, man gleich wiederkäme usw. An dem offenen Schalter sitzt eine Frau und strickt. Sie sagt, sie habe für Fernfahrten keine Karten mehr. Wolodja läuft wie ein kleiner dummer Junge etwa zwei Stunden von einem Verwaltungszimmer in das andere. Aber überall ist geschlossen, oder er wird wegen Nichtzuständigkeit abgewiesen. Schließlich geht er zur Einsatzleitung der Miliz auf dem Busbahnhof. Er sagt, daß wir Ausländer seien, wir müßten morgen pünktlich zurück, aber auch hier weist man ihn ab. Er solle morgen noch einmal vorsprechen.

Als wir nach Hause gehen, ist Wolodja so gedemütigt, daß er uns nicht einmal mehr zu einem Schnaps einlädt. Lena war inzwischen in der Wohnung. Sie hat uns Wurst und Käse in den Kühlschrank gestellt und Stalin herausgenommen. Wir frühstücken am anderen Morgen in aller Ruhe. Wolodja kommt, um noch einmal zum Busbahnhof zu gehen. Wir schlagen ihm vor, daß er notfalls im Gebietsparteikomitee oder beim Erzbischof vorsprechen solle. Wahrscheinlich wäre die Chance, einen Fahrschein zu bekommen, beim Erzbischof größer, sagt Wolodja.

Lena kommt, um uns Geschenke für ihren Serjosha mitzugeben. Eine dicke Fellmütze, damit sein schlauer Kopf beim Studieren nicht friert. Sie errötet, als wir sie nach der Stalinbüste fragen. Oh, Serjosha hätte die Büste aus dem Institut mitgebracht, als man Stalin dort auf den Müll werfen wollte. Nein, er wäre natürlich auch gegen die stalinschen Repressalien. »Aber er ist zu begeistert von Stalins Willensstärke.« Sie hat Stalin nun in eine Plastiktüte gesteckt und auf den Balkon gestellt. »Ich würde ihn am liebsten selbst wegschmeißen. Aber wenn der Hausherr nach seinem Studium zurückkommt und sieht, daß ich ohne seine Einwilligung … nein, das ist unmöglich.«

Wolodja bringt wirklich zwei Karten für den Bus. Er sagt nicht, wie er es geschafft hat. Bevor wir abfahren, setzen wir uns und trinken ein Glas auf die glückliche Reise, eines auf unser Wiedersehen und eines auf den bevorstehenden Feiertag der Oktoberrevolution.

Der Bus ist wahrhaftig bis auf den letzten Platz besetzt, es darf keiner stehen, aber gegen einige Rubel Aufschlag läßt der Fahrer zusammenrücken, und vollends überladen wird der nagelneue Ikarus, als an der einzigen Haltestelle im Dorf Krasnaja Armija die Bauern halbe geschlachtete Ochsen und Schweine in die Gänge stapeln.

Am Vorabend des Revolutionstages sind wir wieder in Kamyschin. Die Putzfrauen liegen auf den Knien und schrubben die Hoteltreppen und die langen Korridore für den Feiertag.

Schon eine Stunde vor Beginn der angekündigten Demonstration sammeln sich die Oberen von Kamyschin mit alten Kriegs- und Parteiveteranen im Haus des Kreisparteikomitees. Als Wladimir uns endlich entdeckt, ist er sichtlich erleichtert, daß wir pünktlich aus Saratow zurückgekommen

sind. Er gibt uns zwei auf schlechtem Papier gedruckte Ehrenkarten, die uns berechtigen, auf der Tribüne zu stehen. Er selbst werde unten marschieren. Haridonow gratuliert uns zum ›Tag der Revolution.‹ Ich sage ihm, daß ich noch nie auf einer Tribüne gestanden habe, daß es mir auch sehr unangenehm sei. Er sagt, daß auch sie lange darüber nachgedacht hätten, am 1. Mai wäre aus diesem Grund die Demonstration ausgefallen, man wollte nur gemeinsam spazierengehen, einen Bummel machen, aber das hätte nicht funktioniert. Ich denke mir, wahrscheinlich, weil man in Kamyschin nur demonstrieren kann, denn zum Bummeln und Spazierengehen eignen sich die Straßen kaum. Die teergeflickten Schlammulden sind schon wieder aufgerissen. Auch zum Tag der Oktoberrevolution hätten sie die Demonstration schon abgesagt, aber es wären sehr viele Betriebe gekommen und hätten gefordert, daß sie an diesem Tag demonstrieren wollen. Sonst könne man annehmen, daß überhaupt niemand mehr für die Revolution sei.
Die Tribüne ist niedrig, es gibt keinen Absperrdienst, kein Vorzeigen der Ausweise. Es stehen nur wenige politische Chefs dort oben, die meisten Tribünengäste sind Veteranen. Neben uns steht der Chef der tschechischen Bauleute, die hier seit etwa zehn Jahren Fabriken und Häuser errichten. Er zeigt uns eine Zeitung von gestern, in der ausführlich über »die größte Demonstration der Geschichte der DDR« berichtet wird. Mehr als eine halbe Million Bürger hätten sich am Sonnabend auf dem Berliner Alexanderplatz versammelt, um ihre Forderungen nach Freiheit, Demokratie und Perestroika zu formulieren. Stefan Heym wird zitiert und Markus Wolf, Bärbel Bohley und Christa Wolf. »Die revolutionäre Bewegung hat auch unsere Sprache befreit ... Wir staunen, was wir offenbar schon lange gedacht haben und was wir uns jetzt laut zurufen: ›Demokratie – jetzt oder nie‹, und wir meinen Volksherrschaft ... Ich würde von

einer revolutionären Erneuerung sprechen. Revolutionen gehen von unten aus.«
Der Tscheche sagt: »Nun habt ihr Deutschen endlich auch eine richtige Revolution. Wir hatten unsere schon vor 21 Jahren, aber damals habt ihr geholfen, sie zu ersticken. Seit 1945 redet ihr in eurem Land ständig von der Revolution, aber in Wahrheit habt ihr doch nur den Befehlen fremder Mächte gehorcht und nie das gemacht, was das Volk wollte.«
Mir wird kalt auf der Tribüne, ich hüpfe von einem Bein auf das andere. Michail Haridonow dagegen wird um so heiterer, je länger der Demonstrationszug dauert. Vor dem Beginn hatte er Sorge, daß heute, wo nur noch freiwillig demonstriert wird, lediglich ein Häufchen Getreuer kommen werde. Bilder trägt man keine, auch keine Losungen, nur rote Fahnen.
Nach der Demonstration gibt es im Vorzimmer des Bürgermeisters einen Empfang mit Schnaps und Tee und belegten Broten. Haridonow ist dort, Galina, die Stadtparteisekretärin, der Bürgermeister, die Generaldirektorin und die Parteisekretärin des Textilkombinates ... und Gerd und ich. Toast auf die Revolution. Später, nach dem vierten Glas Cognac, sagt jemand in der Runde: »Vielleicht hat die Revolution damals im falschen Land begonnen? Was wäre aus dem Sozialismus geworden, wenn ihn nicht Bauern und Terroristen in Rußland, sondern Arbeiter und Demokraten 1917 in Deutschland oder Frankreich ausprobiert hätten?«
Die Generaldirektorin sagt: »Ich habe auch immer dem Bild geglaubt, das wir alle kennen: Die Revolutionäre stürmen die breite Treppe zum Winterpalais hinauf. Neulich hat mir eine Leningraderin gesagt, daß es nicht so war. Nie und nimmer ist ein Muschik über die große Vordertreppe in das Schloß gegangen, und auch das Winterpalais haben die russischen Muschiki dort gestürmt, wo sie gewohnt wa-

ren, in ein Schloß zu gehen: durch den Hintereingang. Die Revolution in Rußland ist durch den Hintereingang gekommen.«

Ich frage die Generaldirektorin, ob sie von den unbeschreiblich schlechten sozialen Zuständen in ihren Internaten weiß, Familien mit sieben und fünf Kindern in zwei Zimmern. Sie winkt ab, heutzutage würden in Kamyschin noch einige Tausend auf eine Wohnung warten. »Wir haben im Betrieb Invaliden des Afghanistan-Krieges, wir haben Veteranen, wir haben außer diesen beiden Frauen noch fast 200 mit mehr als vier Kindern. Alle brauchen eine Wohnung. Ich muß mich da an die Möglichkeiten des Planes halten und an den Wohnungsvergabeplan. Wen sollte ich bevorzugen?«

Ich halte mich zurück, ich will heute nichts über Fußballtrainer und Fußballspieler sagen.

Haridonow erhebt sein Glas und trinkt auf die arbeitenden fleißigen Menschen. Dann sagt er der Generaldirektorin: »Man kann als Leiter nicht alles nur vom Plan aus sehen. Als ich 1. Kreissekretär in einer Landgegend war, gab es keinen Plan und kein Material für die Dörfer, um eine asphaltierte Straße zu bauen. Sie hatten gute Schwarzerde, wie tief man im Frühjahr dort versank, muß ich euch nicht sagen. Und ich hatte als Kind selbst in einem Dorf gelebt, das im Frühjahr im Schlamm versank. Ich bekam damals eine Blinddarmvereiterung, und man mußte mich mit einem Traktor in die Kreisstadt fahren. Unterwegs platzte auf dem holpernden Traktor der vereiterte Blinddarm. Seitdem kämpfe ich auch außerhalb des Planes darum, daß in allen Dörfern Straßen gebaut werden.«

»Aber nicht jeder 1. Kreissekretär hat als Kind in einem abgelegenen Dorf gewohnt. Und nicht jeder 1. Kreissekretär mußte wegen einer Blinddarmentzündung mit dem Traktor ins Krankenhaus gebracht werden«, sage ich.

Am Nachmittag wollen wir, wie versprochen, den in Afgha-

nistan schwer verwundeten Serjosha besuchen. Aber im Gewirr der Neubauten finden wir seine Wohnung nicht. Wir sind traurig. Und wir bleiben es, obwohl uns Wladimir in den nächsten Tagen noch alle gewünschten Gesprächspartner besorgt und sich bemüht, daß wir keine Minute Leerlauf haben. Sind wir schon müde geworden? Oder haben wir Heimweh? Oder glauben wir, hier alles erfragt und gesehen zu haben? Oder interessieren uns Glasnost und Perestroika in Kamyschin nicht mehr, wollen wir lieber wissen, was zu Hause geschieht? Vielleicht ist dort alles auch viel spannender. Aber unser Rückflugticket ist erst für den 17. November bestätigt, also müssen wir bleiben. Und jeden Tag laufen wir zum Zeitungskiosk, um Neuigkeiten aus der Heimat zu erfahren, doch die Berichte sind spärlich. Wir reden ununterbrochen mit allen möglichen Leuten, aber nun schon nicht mehr aus purer Neugier, sondern um uns abzulenken.
Und dann jener Abend, an dem wir im Hotelzimmer Gerds Fernsehapparat wiederum überlistet haben und ein Bild sehen, zwar ohne Ton, aber die wichtigsten Meldungen der sowjetischen Abendschau können wir verfolgen. Und plötzlich beginnt das Bild wieder zu wandern, Zeile für Zeile nach oben, immer schneller. In der Flackerei erkennen wir Berlin und dann die Mauer und schließlich ohne Ton und ständig nach unten oder oben laufend sehen wir Zerrbilder, uns unverständlich: Flaschen werden gegen die Mauer geschmissen. Menschen stehen auf der Mauer, jubeln, klettern hinüber ... Grenzsoldaten verziehen ihr Gesicht zu lachenden Grimassen ... Wir verstehen nichts mehr. »Wahrscheinlich haben sie die Grenze geöffnet«, sagt Gerd. »Als wir die Mauer bauten, wollten sie den Sozialismus retten, also werden sie ihn jetzt endgültig opfern, wozu aber Sozialismus ohne Mauer, dafür ist es zu spät.«
Wir haben noch Wodka. Der hilft ...
Am nächsten Morgen allerdings hilft nur noch ein stunden-

langer Spaziergang an der Wolga. Wir haben Kopfschmerzen und sprechen kaum ein Wort miteinander. Die Wolga, trüb ist sie und schwerfällig wie eine Schwangere. Das andere Ufer können wir nicht mehr erkennen. Wolga – Matka, Mütterchen Rußland! Mit diesem Spaziergang an ihrem Ufer beginnt unser Abschied von Kamyschin, von Saratow und von Wolgograd. Wir wollen noch den Umweltbeauftragten für Kamyschin und die Ökologie der Wolga, Alexander Scharf, sprechen, aber er ist seit zwei Tagen auf der Wolga verschollen. Er ist mit seinem Boot hinaus auf den Fluß, irgendwo draußen hat ihn der Nebel verschluckt. Und man hat ihn immer noch nicht gefunden, berichtet uns der Hygieneinspektor von Kamyschin, Viktor Semekow. Als wenn die verwundete Wolga sich rächen wolle. Dabei habe Alexander Scharf so viel getan, um sie zu schützen. »Auch wir von der Hygiene-Abteilung unterstützen ihn täglich mit Messungen an der Wolga. Aber das ist so, als ob man einem zum Sterben verurteilten Krebskranken täglich zur Beruhigung den Puls mißt.«
So schlimm? frage ich. Ja, noch könne man an einigen Stellen der Wolga, auch hier in Kamyschin, baden gehen, aber sonst sei ihr riesiger Organismus von Abwässern schon zerstört. Algenteppiche würden im Sommer auf ihr wuchern. Sie sei wegen der Staudämme ein See geworden, kein Fluß mehr. »Was haben wir bloß an ihr gesündigt: Wir haben riesige Fabriken rechts und links an ihren Ufern gebaut, nur weil es dort billiger war. Die Wolga mußte die Lastkähne mit Material für diese Fabriken tragen, sie mußte ihr Wasser von den unersättlichen Absaugmäulern schlucken lassen, und sie selbst mußte die schaumig-giftigen Abwässer der Fabriken trinken. Soll ich Ihnen sagen, wie unsere Vorfahren die Wolga noch geschützt haben? Zar Peter I. erließ beispielsweise einen Befehl, wie die russische Flotte sich in Flüssen zu verhalten habe. Wenn ein Schiff dort gesäubert oder repa-

riert wurde, mußten alle Abfälle vom Schiff hinunter an Land gebracht werden. Wenn ein Matrose eine Schaufel Unrat in den Fluß warf oder wenn ein Offizier es duldete, bekam er beim ersten Mal einen Monat keinen Lohn. Beim zweiten Mal erhielt er ein halbes Jahr lang keinen Lohn. Beim dritten Mal wurde der Offizier zum Matrosen degradiert und der Matrose wurde zur Zwangsarbeit nach Sibirien geschickt. Die Hälfte der Menschen, die heute an der Wolga wohnen, müßten demnach nach Sibirien geschickt werden. Der Tod der Wolga würde unser Tod sein. Nur wenn wir sie retten, werden auch wir überleben können. Und dabei ist es völlig gleich, ob das unter Marktwirtschaft oder Planwirtschaft, unter dem Kapitalismus oder unter dem Sozialismus geschieht. Nur wenn wir die Wolga, Mütterchen Rußland, retten, werden auch wir überleben.«

Der Abschied von Swetlana und Irina ist der rührendste. Wir bekommen Kleinmädchenküsse, und die beiden sagen, daß es nun noch langweiliger würde in ihrer Kamyschiner Redaktion, denn jetzt kämen nicht täglich zwei junge Männer, um nach Liebesbriefen zu fragen.

Der Abschied von unserem treuen Begleiter Wladimir ist zumindestens für Gerd der schmerzlichste. Denn Wladimirs Frau läßt es sich nicht nehmen, noch vor unserer Abreise Gerds Zahnplombe zu reparieren. In Berlin hätte er, so sagt er, nach seiner Anmeldung noch zwei Monate warten müssen.

Und dann gehen wir noch einmal zu Pater Iwan in die Nikolaikirche. Er verspricht, uns zu besuchen, er ist noch nie in Deutschland gewesen. Äpfel gibt er uns mit auf die Reise und ein Glas mit rotem Kaviar. Und dann steckt er uns ein kleines Bild, ein Medaillon mit dem Porträt des heiligen Nikolai, an. Er sei der Schutzherr der Seefahrer, und er möge auch uns beschützen bei allen Stürmen des künftigen Lebens, denn »wahrscheinlich werden wir in den nächsten Jahren in eurem Land und auch in unserem Land viele, viele Rettungsboote zu Wasser lassen müssen«. Wir umarmen uns lange, dann gehen wir schweigend, ich wische mir über die Augen. Nie vor dieser Begegnung mit Pater Iwan habe ich Kirche und Mensch so einträchtig miteinander verbunden erlebt.

Michail Haridonow lädt uns zum Abschied in die Banja ein. Nein, nicht in die neben der Schwimmhalle, sondern in eine echte russische Banja, eine kleine Holzsauna am Fluß Ilowka. Während der Fahrt erzählen wir Haridonow von unserem Abschiedsbesuch beim Pater. Der 1. Kreissekretär sagt: »Pater Iwan hat mir ausrichten lassen, daß er nun doch als Deputierter für den Stadtsowjet kandidieren wird.«

Die Banja liegt fernab von den Dörfern. Nur einige Häuschen vom Ferienlager des Textilkombinates stehen in dem schonungsähnlichen lichten Wäldchen. Das Flüßchen schlängelt sich durch das Schilf. An der Stelle, wo das kleine Banjahaus steht, hat man das Schilf abgehauen und einen schmalen Steg in das Wasser gebaut. Mich friert, wenn ich den Fluß und das vereiste Schilf sehe. Es werden drei oder vier Grad minus draußen sein, aber Haridonow sagt lächelnd: »Beim ersten Mal in der Schwimmhalle konntet ihr ins warme Wasser des Beckens springen. Aber heute, wo ihr nun schon so lange in Kamyschin seid, müßt ihr in das kalte Wasser springen, so wie es russischer Brauch ist.«

Ein Stapel weißrändiges Birkenholz liegt im Vorraum, von dem aus der ziegelsteinerne Saunaofen beheizt wird. Während wir in Handtücher gewickelt frierend auf einer Bank sitzen, legt Michail Haridonow Holz auf die Glut. Dann gehen wir hinein, dunkel ist es drin, doch hier empfinde ich die Hitze nicht als beißend, es riecht angenehm nach Holzfeuer. Ich schließe die Augen, der Schweiß beginnt zu rinnen. Haridonow hat Kwas oder Bier mit hineingenommen, das

schüttet er nun an die Steine des Saunaofens, zischend verdampft es, und Brotgeruch verbreitet sich. Weltvergessen genieße ich. Bis Haridonow sagt: Genug fürs erste Mal, wir müssen uns abkühlen. Er läuft als erster auf den Steg und springt ins Wasser. Da, wo er eingetaucht ist, dampft es. Ich gehe vorsichtig, um nicht auszurutschen, auf dem Steg entlang, springe nicht, sondern hangle mich langsam hinein in das eisigkalte Wasser des Flüßchens. Millionenfache Nadelstiche. Aber als ich merke, daß die anderen mich beobachten, werde ich wie so oft bei solchen Gelegenheiten leichtsinnig, und prustend tauche ich unter. Im gleichen Moment spüre ich einen furchtbar stechenden Schmerz im Kopf – ich schwimme schnell zurück ans Ufer. Neben der Banja brennt ein Holzfeuer. Zwei Männer mit Pelzkappen braten dort Schaschlik, nebenan raucht ein Samowar. Dort handwerkeln zwei Frauen, eine im Schaffellmantel, das ist – ja, die Kosakenparteisekretärin vom Textilkombinat, und eine im dunklen Ledermantel, die Generaldirektorin. Als wir wieder in der Sauna sitzen, Haridonow hat zuvor den Aschenrost gerüttelt und Holz nachgelegt, frage ich Haridonow, was die Parteisekretärin und die Generaldirektorin hier tun? Er sagt: Nun, sie bereiten uns ein Essen, wie sich das gehört, denn nach der Sauna müssen die Männer essen und trinken. Als wir das zweite Mal aus der Sauna kommen, mein Kopf schmerzt immer noch, winken sie uns. Dieses Mal bin ich vorsichtiger. Ich behalte den Kopf über dem Wasser.
Nach dem dritten Saunagang ist das Schaschlik fertig, und der Teesud im Samowar kocht. Die zwei Frauen haben den Tisch gedeckt. Die Schaschlikspieße mit durftendem Fleisch stecken in frischem schwarzem und weißem Brot. Aufgeschnittene rote saftige Melonen und Wodka aus Tassen und schwarzer Tee aus Gläsern. Mein Kopf schmerzt in der Wärme, ich trinke mehr als sonst, um den Schmerz zu betäuben. Die zwei Frauen achten darauf, daß unsere Teller im-

mer gefüllt sind. Sie schenken uns auch Cognac und Wodka nach. Trinken selbst. Wenn wir die Tür öffnen, dampft es, draußen wird es immer kälter. Reihum sagen wir Toastsprüche. Auf die Heimat, auf die Frauen trinken wir. Dann steht Michail Haridonow auf: »Liebe Freunde, ihr werdet jetzt wieder nach Hause fahren. Wir haben euch alles gezeigt, unsere Arbeit, unsere Fehler, unsere Hoffnungen und unsere Ängste – eben unsere ganze Seele. Laßt uns zum Abschied darauf trinken: Was auch immer in unserem Land und in eurem Land noch geschehen wird, vergeßt nicht, daß wir, daß die Russen eure Freunde waren und eure Freunde bleiben werden.«

Wir singen die alten schwermütigen russischen Volkslieder und ich trinke viel zu viel. Ich trinke zum ersten Mal während dieser Reise ohne Maß und Verstand. Esse, singe, trinke, umarme die Frauen und Haridonow ... ein Abschied für immer. Von diesen Menschen ... von unseren Träumen.

Wir singen und trinken bis spät in die Nacht. Gerd hat Mühe, mich ins Auto zu bugsieren. Später im Hotel hilft er mir, die Koffer zu packen. Der schwarze Wolga bringt uns am nächsten Morgen nach Wolgograd, von dort fliegen wir nach Moskau.

Mit dem Taxi – wir handeln den geforderten zehnfach überhöhten Preis um die Hälfte herunter – fahren wir zu Gerds Schwiegereltern. Wieder sitzen die alten Frauen in der nur noch spärlichen Sonne vor dem Haus und stricken und gukken und schwatzen. In dem häßlichen Hausflur liegen immer noch Schrauben und Muttern und Drahtseile, Zahnkränze und Ketten durcheinander. Der große Fahrstuhl ist noch nicht repariert. Diema umarmt uns, überzeugt sich, daß wir noch gut beieinander sind, dann läuft sie schnell, um Brot und Smetana zu kaufen, und Wladimir Pawlowitsch setzt sich zu uns in die Küche, um zu hören, wie wir die politische Situation in der Provinz beurteilen. Auf dem

Kühlschrank steht wieder ein Gurkenglas mit Wasser. Gerd sagt: »Es ist wohl hoffnungslos, die Menschen dort haben keine Ideale mehr. Nur der Pater und der 1. Parteisekretär glauben noch an die Zukunft.«
Von Moskau aus können wir Lidija anrufen. Sie bestätigt uns, daß die Mauer wirklich offen ist. Gestern sei sie mit allen Kindern in Westberlin gewesen. Wenn sie das Geld zusammenlege, könne sie vielleicht für Gerd einen Computer, einen gebrauchten Computer kaufen. Es klingt alles wie ein Märchen ...
Wir müssen noch drei Tage in Moskau bleiben. Ins Leninmausoleum gehe ich nicht. Am Tag unserer Abfahrt klingelt am frühen Morgen die Nachbarin, sie weint und spricht abgehackt. Ihr Mann, der so viele Jahre im Ausland gedient habe, sogar den Putsch in Chile habe er erlebt, dieser gute, treue Mann, der immer nur an das Wohl des Landes gedacht habe ... nein, das könne doch nicht das Ende sein, nur weil der Fahrstuhl nicht funktioniere ... erschießen müßte man sie, diese Verbrecher. Diema versucht, sie zu beruhigen. Der Mann hat heute nacht einen Schlaganfall erlitten. Er ist immer noch bewußtlos. Nun ist der Arzt gekommen, man muß ihn sofort ins Krankenhaus schaffen, aber mit der Trage ist es unmöglich, das enge Treppenhaus hinunterzugelangen. Und der große Fahrstuhl ... sie schluchzt.
Wir gehen hinüber zu ihr. Der Mann im Bett ist bartstoppelig, die eingefallenen Augen sind geschlossen, er sieht wie ein Toter aus. Er ist sehr schwer, ich kann ihn kaum halten, als wir ihn auf die Bahre legen. Dann schleppen wir ihn bis zu den Fahrstühlen. Vor dem Lastenaufzug liegen auch hier oben Schrauben, Seile, Zahnräder, Ketten. Der Pfleger sagt: »Wir müssen ihn halt in den kleinen Fahrstuhl hineinquetschen.« Ich protestiere, sage, daß er das nicht überlebt, doch sie haben schon begonnen, schieben ihn aufrecht wie eine Mumie hinein, zum ersten Mal höre ich eine Regung, er

stöhnt, obwohl bewußtlos, wie ein hilfloses leidendes Tier. Ich versuche, ihm den Kopf zu halten, denn immer wieder sackt er, obwohl er angebunden ist, an der Rückwand des Fahrstuhls nach unten. Der Pfleger, der im Fahrstuhl steht, versucht, ihn noch mehr hineinzuziehen, aber es gelingt nicht. Der Pfleger draußen will die Tür schließen, doch ein Bein des alten Mannes hängt draußen, steif wie das eines Toten. Zu zweit versuchen sie, es seitlich hineinzubiegen, aber das Bein bleibt draußen, so als wisse der Mann, wenn diese Tür zugeht, ist das Leben zu Ende. Der Pfleger innen schimpft, geht mit nach draußen, drückt und biegt das Bein, dabei rutscht der Mann, obwohl ich ihn verzweifelt halte, mit dem Kopf wieder nach unten. Gerds Schwiegermutter hält die Frau des Mannes, die immer wieder schluchzt: »Sein Bein, sein Bein, sein Bein.« Dann fehlen nur noch Zentimeter, einer dreht den Fuß zur Seite, die Tür geht zu. Während wir nach unten fahren, fühlt der Pfleger den Puls. Ist er etwa schon tot? Ich möchte schreien ... Unten angekommen, wartet der Arzt, er sagt: »Er lebt doch noch.« Wir stolpern mit der Bahre über die Schrauben und Seile, die Zahnräder und die Ketten ... Die Ketten! »... ihr habt nichts anderes zu verlieren als eure Ketten ...« Ich stehe im kalten Hausflur und heule Rotz und Wasser.

Wir fliegen mit der Interflug. Während der zweieinhalb Stunden bis zur Landung lese ich die neuesten DDR-Zeitungen. Ich begreife erschrocken, daß wir in einer völlig anderen, fremden Welt ankommen. In Schönefeld warten unsere Familien. Lidija mit den drei Kindern und Carola mit unseren zweien. Sie sieht das Bündel Zeitungen, das ich obenauf in meiner Tasche liegen habe, und sagt: »Ihr kommt zu spät!«
»Ja,« sage ich, »wir sind alle zu spät gekommen. Mindestens 21 Jahre zu spät ...«

Drei Tage später soll ich in Meiningen bei der Demonstration der Künstler des Bezirkes Suhl (analog zu der vom 4. November in Berlin) sprechen. Ich sitze zwei Nächte und zwei Tage vor meinem weißen Papier, lese Zeitungen und versuche, eine Rede zu formulieren. Ich will über den Umbau und die Offenheit in der Sowjetunion berichten. Aber ich sage kein einziges Wort zur Perestroika an der Wolga ... Mein Schweigen dauert ein Jahr.

Dann sah ich Anfang Dezember ein Foto in allen großen deutschen Zeitungen. Eine abgehärmte Russin, elend wie aus einem KZ Hitlers oder Stalins, nimmt weinend vor Glück ein Lebensmittelpaket der deutschen Rußlandhilfe entgegen. Dazu ein Aufruf von Kohl an alle Deutschen, sie möchten den hungernden Russen zu Hilfe kommen. Dann die ersten Berichte über die Leningrader, die Gras und Rinde essen würden wie während der Blockade. Und schließlich die Notiz in der hiesigen Zeitung: »Suhl spendet für die hungernde Partnerstadt Kaluga. Lkw-Transport an die Oka noch vor Weihnachten.« Kaluga! Dort hatte für mich als Mitglied der 40-Jahre-DDR-Kulturdelegation aus Suhl die Hoffnungssuche im Jahr 1989 begonnen. Und nun sollen dort vielleicht BRD-Bürger aus Suhl mit Butter und Mehl und Gries ankommen und mit der Geste des Überlegenen Almosen verteilen. Zum ersten Mal rufe ich die neugewählte Staatsmacht an, frage bei der Stadtverwaltung, wer den Hilfstransport nach Kaluga begleiten wird. »Es fährt nur ein Lkw ohne offizielle Begleiter.«
Ich sage, daß es dann vielleicht möglich wäre, mich mitzunehmen, als Begleiter und Berichterstatter.
Im Hintergrund höre ich, wie eine Frau die andere fragt: »Scherzer – das ist doch dieser Rote. Den etwa zu den Russen lassen ...«
Aber anscheinend bin ich mit meinem Telefonat an eine fal-

sche, nichtkompetente Stelle geraten. Sie verbinden mich deshalb mit dem Persönlichen Referenten des Oberbürgermeisters. Und der verspricht, meine Bitte weiterzuleiten.

Danach rufe ich täglich an. Doch auch fünf Tage vor der Abfahrt ist noch nichts entschieden. Ich bekomme hohes Fieber, und der Arzt diagnostiziert eine langwierige Erkältung. Am nächsten Tag teilt der Persönliche Referent mit, daß der Oberbürgermeister nichts dagegen habe, daß ich den Transport begleite. »Aber es sei trotzdem nicht möglich. Der Fuhrunternehmer hat es abgelehnt, denn im Fahrerhaus gibt es nur zwei Sitze, einen für den Fahrer und einen für den Beifahrer.«

Ich gehe zu dem Fuhrunternehmer, sage, daß ich unbedingt mitfahren muß nach Kaluga, notfalls würde ich mich auf die Ladefläche setzen. Der Fuhrunternehmer aber meint, daß ich dort hinten bei diesen Temperaturen erfrieren würde. Aber vielleicht sollte ich die Fahrer fragen, wenn sie einverstanden wären, daß ich in die Schlafkoje krieche ...

Das Fieber steigt weiter. Der Arzt sagt, nachdem ich ihm zwei Handbreit picklige Rötung an der Hüfte gezeigt habe: Das ist eine Gürtelrose. Die alten Weiber im Dorf sagen, wenn sie ganz rum ist, der Ring sich geschlossen hat, stirbt man.

Ich sage: »Doktor, spritzen Sie, was sie wollen, aber in vier Tagen muß ich 2500 Kilometer im Lkw überstehen.«

Er fragt: »Mußt du denn unbedingt mitfahren?«

»Ja«, sage ich, »ich muß.«

Einer der Fahrer wohnt in unserem Dorf Dietzhausen. »Natürlich kannst du mitkommen. Hock dich einfach in die Mitte zwischen uns auf den Motorblock.«

Die Spritzen wirken. Vorsichtshalber gibt mir der Doktor noch eine halbe Hausapotheke mit. Außerdem kaufe ich mir eine russische Fellmütze, dicke lange Unterhosen und

eine Kiste Suppen, Konserven, Brot, Wurst und Wodka. Am Abend vor der Abfahrt bringe ich diese Kiste zu Andreas, dem Fahrer aus unserem Dorf. Er sitzt im Unterhemd in der kleinen warmen Stube, sortiert Dokumente und Geld und versichert seiner Frau, die das Baby wickelt, daß er am Heiligen Abend zurück ist. Komme, was wolle! Die Frau hat am Mittag den ›blauen Brief‹ erhalten. Als sie das Baby gewindelt hat, gibt sie ihrem Mann eine große Plastiktüte mit Spielzeug und Süßigkeiten. »Aber verschenke es nur an ein Kind. Die Kinder können noch nichts dafür. Nur die Großen sind schuld am Elend.«
Vor der Abfahrt poliert Andreas Schiffner den Mercedes-Stern auf Hochglanz und bittet den Chef, ihn einstweilen im Panzerschrank aufzubewahren. »Die Russen würden ihn sowieso nur abschrauben.«
Er läßt mich zuerst einsteigen. Ich turne die Tritte bis zur Fahrerkabine hinauf, lege mir das dickwollige Fell meines größten Schafbockes auf die Motorhaube. Andreas Schiffner (28), links neben mir auf dem Fahrersitz, Heinz Bickel (29), rechts auf dem Beifahrersitz. Auf dem Suhler Güterbahnhof liegt Schneematsch. Andreas gibt vorsichtig Gas, damit die 320 PS die Räder nicht durchdrehen lassen. 20 Tonnen Fracht haben wir auf dem 13 m langen Gefährt geladen. Kekse, Kinderpelze, Reis, Konserven, Schokolade, Nudeln und Hunderte Pakete von Suhler Kindern. Fuhrunternehmer Leypold wartet persönlich an der Ausfahrt. Reporter fotografieren. Unbekannte winken. Unser Schiff legt ab. In drei oder vier Tagen wollen wir im 2500 Kilometer entfernten sowjetischen Kaluga ankommen. Schneestürme oder Pannen nicht eingerechnet.
An die Kühlerhaube unseres Mercedes sind zwei große rote Kreuze geklebt, auf den Längsplanken steht russisch und deutsch »Hilfsaktion Suhl – Kaluga«. Entgegenkommende Fahrzeuge grüßen mit Lichthupen. Ich fühle mich gut, in der

Kabine ist es pudelwarm. Ich ziehe mir die Schuhe aus, mache mich auf dem Fell lang, stemme die Füße gegen die Frontscheibe. Heinz reicht mir ein Bier. Als wir vorsichtig von Oberhof nach Luisenthal hinunterkurven, kommen zwei MAN-Laster den Berg herauf. Die Fahrer bedauern uns über Sprechfunk im bayerischen Dialekt: »Ihr werdet rote Affenärsche haben, wenn ihr in Moskau ankommt. Nach Rußland fährt man nicht mit solchen harten Mercedes-Kisten.« Heinz klärt mich über die Hierarchie der Lkw-Kutscher auf. Mercedes hätte zwar das beste Service-Netz, aber die Sitze seien eben hart. MAN sei schon komfortabler. »Und zum Scania-Fahrer mußt du adlig geboren sein. Die redet man mit ›Sie‹ an.« Der zweite MAN-Kutscher schimpft: »Was fahrt ihr das Zeug rüber – das fressen sowieso nur die Oberkommunisten.«
Andreas drückt die Sprechtaste. »Wir verteilen es an die Unterkommunisten.«
Der MAN-Kutscher: »Nehmt am besten eine Kalaschnikow mit und macht kurzen Prozeß mit den Bonzen dort.« Dann schwärmen die zwei MAN-Fahrer über den dicken Schnee auf den Oberhofer Fichten.
Als es dunkel wird, erreichen wir Leipzig. Freitag abend – ich habe wenig Hoffnung, daß der Genosse Konsul, bei dem wir die Visa holen sollen, noch arbeitet. Aber im Konsulat brennt noch Licht. Drei Wachhabende sitzen in der Wache. Zwei Besucher sitzen im Besucherzimmer. Ein dürrer, nervöser Intellektueller und ein dicker, mit Brillantenringen verzierter Intellektueller, der die DDR-Fahne als Abzeichen am Revers trägt. Als der dicke Abzeichenträger vorgelassen wird, schreit der dünne Intellektuelle: »Ist ja klar, daß die roten Russen ihre roten Genossen vorlassen«, schmeißt die Tür und geht. Der Vizekonsul hat unsere Visa schon gestempelt. Er schreibt noch eine handschriftliche Notiz, bittet die sowjetischen Institutionen, uns behilflich zu sein. Dann ver-

abschiedet er sich. Ich hatte ein gutes Wort für die Reise erwartet, aber er ist ganz Bürokrat.
Autobahn Richtung Frankfurt. Heinz versucht zu schlafen, aber bei jeder Verkehrsmeldung schreckt er auf. »Autobahn Frankfurt/Oder. Für Lkw acht Kilometer Stau, 12 Stunden Wartezeit an der Grenze.« Der Stau verringert sich bis auf sieben Kilometer, weniger wird es nicht. Und wir wollen Weihnachten wieder zu Hause sein.
Ich sage: »Wir fahren runter von der Autobahn, in die Stadt hinein und von dort aus an die Grenze, vielleicht lassen sie uns durch.« An der Frankfurter Tankstelle erkundigen wir uns nach dem Weg zur Grenze. »Hinter dem Supermarkt rechts ab«, sagt der Tankwart. Der Supermarkt entpuppt sich als großes, grell erleuchtetes Pornozentrum. Sozusagen der am weitesten nach Osten vorgeschobene Posten. An der Brücke über die Oder stehen wenige Pkw vor dem Schlagbaum. Ich renne zum deutschen Grenzer, der läßt für uns eine Spur freimachen, und fünf Minuten später fahren wir über die »Brücke des Friedens«. Mir fehlt die Andacht. Es ist die Brücke, auf der sich nach dem Krieg Millionen Deutsche und Polen begegneten. Bis wir sie aus Angst vor Solidarnocs dichtmachten und später wegen der »polnischen Landplage« geschlossen ließen.
In Polen beginnt es zu schneien. Um 23 Uhr rasten wir vor einer neugebauten holzgeschmückten Gaststätte. Viele Lkw mit Kennzeichen aus alten bundesdeutschen Städten stehen davor. Wir könnten nun auch einkehren. Wir sind zum ersten Mal mit harter Währung im Osten. Wahrscheinlich müßten wir nur 10 DM auf den Tisch legen, und es würden Eier und Schinken serviert. Für 50 DM könnten wir vielleicht sogar polnische Puppen tanzen lassen. Aber Heinz, der im Dorf Rohr wohnt, sagt: »Ich habe Hausmacherwurst mit. Selbstgeschlachtete. Und meine Schweine kriegen nur das Beste.« Seine hausgemachte Leberwurst ist vorzüglich.

Danach legt sich Andreas in die Koje. Heinz fährt, und ich versuche, auf dem Beifahrersitz munter zu bleiben. Aber der stetige Schneefall macht mich schläfrig, und in der Nacht ist Polen auch auf der Europastraße Nr. 1 finster. Gegen 5 Uhr früh beleben sich die polnischen Straßen. In den Dörfern karren Bauern mit Kühen oder klapprigen Pferdchen ein oder zwei Milchkannen zur Sammelstelle. Wahlplakate hängen an fast allen diesen aus groben Stangen zusammengenagelten Milchbänken. Meistens ist das pausbäckige Gesicht von Walesa zu sehen. Einmal hat man es mit Papierblumen bekränzt. Ein anderes Mal durchgestrichen und ein Bild vom Papst danebengehängt. Aufschrift: »Nur der heilige Vater kann unser armes Polen noch erretten«.

Am Sonnabend um 10 Uhr erreichen wir die polnisch-sowjetische Grenze. Vor uns stehen vielleicht 50 Lkw im Stau. Ich steige aus, gehe nach vorn. Ein kleiner polnischer Paßbeamter mit Nickelbrille sagt im fast akzentfreien Deutsch: »Habt ihr Zigaretten, dann geht's schneller.« Wir haben keine Zigaretten, wir sind Nichtraucher. »Nun, dann wartet eine Stunde oder zwei oder drei.« Ich beginne zu verhandeln, aber der kleine Uniformierte schneidet mir mit einer heftigen Handbewegung das Wort ab. »Ihr schafft alles nach Rußland, doch wir Polen haben genauso gelitten unter euch im Krieg und erleiden heute den gleichen Hunger. Aber ihr Deutsche seid schon immer berechnend gewesen. Und deshalb bezahlt ihr den Russen heute die Einheit mit Butter und Wurst. Uns Polen jedoch bespuckt ihr und weist uns aus, wenn wir bei euch mit Butter und Wurst handeln. Aber ich sage euch: Wenn die Russen erst alle reisen können, wenn sie genau wie wir über euch kommen, dann ... Denen ihr Weihnachten Brot bringt, die werdet ihr Ostern kreuzigen ... Habt ihr wenigstens Bier?«

Ich renne zum Auto, hole Bier. Er winkt uns durch. Am polnischen Zoll fahren wir einfach vorbei. Andreas sagt:

»Mensch, wenn die schießen.« »Hier schießt doch niemand«, sagt Heinz.
Dann am hohen Mast Hammer und Sichel und der rote Stern. Sowjetische Grenzstation. Ich hoffe, daß sie uns Hilfebringer begrüßen und sofort weiterschicken. Aber zuerst der Befehl: Keiner verläßt das Auto! Ein Soldat und ein Spürhund inspizieren die Ladung. Dann müssen wir auf die Grube fahren. Kontrolle von unten. Pässe abgeben. Zollerklärung ausfüllen. Schließlich schickt mich ein Offizier mit den Frachtbriefen in das Zollhaus. Das Zollhaus ist ein Tollhaus. Hundert Lkw-Fahrer warten hier, kämpfen um einen Platz in der winzigen Frachtabfertigung. Als ich mich in dieses Zimmer hineingedrängelt habe, befiehlt ein Hüne von Natschalnik im schwarzen Schaffellmantel, daß ihn einer der zwei Beamten zum Frühstück begleite. Ein dritter Beamter steht lediglich neben dem Schalter und notiert das Gewicht der Solidaritätsnudeln und Solidaritätsschokolade. Für die Statistik. Niemand beachtet den handschriftlichen Zettel des Vizekonsuls, den ich verzweifelt über den Schalter reiche. Nach einer Stunde bin ich dran, fülle Papier auf Papier aus und erhalte Stempel auf Stempel. Der Natschalnik macht immer noch Frühstück. Vor dem Zimmer drängeln inzwischen noch mehr Chauffeure. Ein großer Konvoi des DRK aus Münster ist angekommen. Sie haben Dolmetscher und Organisatoren mit. Dann haben wir alle Stempel für die Sojus. Der Schlagbaum öffnet sich. Wir dürfen ins Mutterland der Revolution.
Gleich hinter Brest an der Europastraße nach Moskau halten wir an der ersten Tankstelle, aber der Tankwart nimmt keinen der in Brest für 80 Pfennig pro Liter gekauften Dieseltalons. Aber wenn wir D-Mark hätten ... Für 30 Pfennig den Liter. Allerdings ohne Stempel und ohne Quittung. Ein anderer Russe öffnet die Beifahrertür, reibt Daumen und Zeigefinger gegeneinander. »Nun tauschen, für 1 DM 10 Ru-

bel.« Ich glaube, ich höre nicht recht. Aber er nickt. »10 Rubel für eine deutsche Mark!« Ein Jahr zuvor bezahlte ich auf der Bank ordentlich 3 Mark für einen Rubel. Eine Flasche Krim-Sekt kostete mich damals 10 Rubel, also 30 Mark. Jetzt könnte ich mit 30 DM 30 Flaschen Krim-Sekt kaufen. Wir fahren weiter, ohne zu tanken.

Am Nachmittag habe ich trotz Schaffell Kreuzschmerzen. Andreas und Heinz grienen, wir machen Pause. Die Siedlung nahe der Magistrale heißt Leninsk. Wir versuchen, den Spirituskocher in Gang zu setzen, um unsere Bohnen- und Nudelkonserven zu erwärmen. Neugierige scharen sich um uns. Aber keiner interessiert sich für den nichtfunktionierenden Spirituskocher, niemand fragt, wie ich das von Russen kenne, nach dem Woher und dem Wohin. Statt dessen: Zigaretten! Bier! Cola! Stereotyp wiederholte Forderungen, obwohl wir immer den Kopf schütteln. Streunenden Hunden gleich kommen sie immer wieder, erst die kleinen, dann die größeren Schulkinder, schließlich Halbwüchsige. Drohend. In einem halbfertigen, aber inzwischen schon wieder zerfallenen zweigeschossigen Ziegelhaus befindet sich offenbar das Hauptquartier. Von dort werden sie immer wieder mit den gleichen Fragen geschickt. Als wir den Fehler machen und eine Flasche Bier und eine Flasche Cola herausgeben, werden sie noch aggressiver. Ich fluche auf den Spirituskocher, die Suppe ist immer noch kalt. Eine Mutter kommt mit ihrem kleinen Jungen vorbei. Wir schenken ihm eine Mandarine. Sie kramt einen Rubel aus der Manteltasche und will die Mandarine bezahlen. Wir geben ihr zwei Hände voll. Sie schaut uns lange an, dann sagt sie: »Meinen Vater haben die Deutschen getötet, aber das ist lange her. Ich wünsche euch eine glückliche Reise.« Sie geht zu den jungen Leuten im Ziegelhaus, gestikuliert heftig, anschließend kommt keiner mehr. Wir essen die Suppe lauwarm.

Nachts gegen 22 Uhr, wir haben Minsk hinter uns, sagt An-

dreas, daß wir gut in der Zeit liegen und uns eine Handvoll Schlaf, vielleicht sogar Wasser zum Waschen genehmigen könnten. Wir fahren von der Magistrale in die 100 000-Einwohner-Stadt Borisow. Die Miliz bildet nach unser Ankunft sofort einen Aktionsstab.
Der Lkw wird hinter dicken Eisentüren verschlossen. Wir können uns in der Toilette neben der Ausnüchterungszelle waschen. Andreas und Heinz legen sich ins Auto, ich nehme mein Schaffell, und der stellvertretende Milizchef Waleri Krapiwkow bringt mich in sein Büro. Ich könne auf der Besucherbank schlafen. Er druckst noch, setzt sich an seinen Schreibtisch, dann sagt er, daß er in den 70er Jahren in Weimar zur Schule gegangen sei. Sein Vater war dort Offizier. Vor der Miliz wühlen zwei Männer in den Mülltonnen. Ein Uniformierter vertreibt sie mit dem Gummiknüppel. Waleri Krapiwkow entschuldigend: »Sonst lassen wir sie wühlen, aber heute sind Sie, sind Ausländer hier.« »Haben die Leute Hunger?« frage ich. »Ja, sie versaufen alles Geld, da bleiben nur die Mülltonnen.« Ich bin zu müde, um ausführlicher zu fragen, aber da beginnt der stellvertretende Milizchef ungefragt zu philosophieren. »Die Armut bei uns wird immer größer, wir merken es, weil täglich mehr Verbrechen verübt werden. Unser großes reiches Land am Rande des Ruins? Ich sehe eine Ursache: Wir haben seit 1917 immer nur eines getan: Wir haben gekämpft. Für den Sieg der Revolution gekämpft, für die Elektrifizierung gekämpft, im sozialistischen Wettbewerb gekämpft. Wir haben immer nur gekämpft. Wir hätten weniger kämpfen und mehr arbeiten sollen. Nun ist es schon zu spät. Die Menschen kämpfen wieder. Sie überfallen Autotransporte, sie kämpfen um die Perestroika oder um Privilegien. Sie kämpfen um Devisen oder um die Ausreise aus diesem Land. Machen Sie Ihr Auto auf oder Ihr Land, und unser Volk wird über Ihre Waren herfallen wie ein Schwarm von Heuschrecken.«

Ich frage ihn, ob er Angst hat, daß die Menschen eines Tages die Schuldigen für ihren verlorenen Lebenstraum suchen und die Parteien-, KGB- und Miliz-Zentren stürmen. »Ja, ich habe Angst, denn hier wird es nicht friedlich ausgehen. Wir sind schon nicht mehr fähig, einander zuzuhören. Wir sind zu hungrig zum Dialog. Wir werden wie wilde Tiere aufeinander losgehen.« Ich schlafe schlecht. Unter mir in der Zelle hat man eine alte Prostituierte oder Alkoholikerin eingesperrt. Sie schreit und trommelt gegen die Wände, als ginge es ihr ans Leben. Am Morgen läßt Waleri Krapiwkow pünktlich um 6 Uhr wecken.
Am Nachmittag biegen wir 200 Kilometer vor Moskau von der Magistrale ab auf eine Nebenstraße nach Kaluga. Sie ist spiegelglatt von Eis und Schnee. Wir fahren fast im Schritt. Russische Winteridylle. Dörfer mit Holzhäuschen wie aus dem Märchenbuch. Kinder, in Pelze gehüllt, sitzen auf Schlitten und lassen sich von ihren Hunden ziehen. Plötzlich sagt Heinz: »Vor 50 Jahren ist mein Großvater vielleicht hier entlang gefahren.« Wir schweigen. Abends sehen wir die Lichter von Kaluga. Ein Milizauto hat uns schon erwartet. Wir fahren mit Blaulichtbegleitung in die Stadt an der Oka. Meine zweite Heimat. Fünf- oder sechsmal war ich hier. Die Strapazen der Fahrt sind vergessen, ich möchte singen, die Stadt und die Menschen begrüßen. Aber plötzlich verstumme ich, beginne zu frieren. Ich bin hier noch nie so angekommen. Eine DM für zehn Rubel und 20 Tonnen Hungerhilfe. Ich bin froh, daß man uns nicht im erinnerungsträchtigen Hotel »Kaluga« unterbringt, sondern im »Prioknaja«, dort habe ich noch nie übernachtet. Ein warmes Bad. Dann die offizielle Begrüßung durch einen Vertreter des Stadtsowjets. Immer wieder fragt er nach meiner Funktion. Ich sei doch der Natschalnik, der Delegationsleiter, welche Funktion ich hätte. Er müsse das dem Bürgermeister melden. Ich schreibe Bücher, sage ich. Nun, das sei

aber keine Funktion. Da lasse ich den alten Bezirk Suhl und den Schriftstellerverband der DDR noch einmal auferstehen und sage: »Ich bin Vorsitzender des Schriftstellerverbandes im Bezirk Suhl.« Er notiert es und ist zufrieden.

Am nächsten Morgen fahren wir mit dem Lkw in Kinderheime, Waisenschulen und ins Haus der Invaliden. 570 alte Menschen sind dort untergebracht. Während wir die Ladeklappe öffnen und die Küchenhilfen die Pakete zum Wirtschaftseingang tragen, stehen einige der Invaliden vor der Tür. Sie stützen sich auf selbstgebaute Holzkrücken. Zigaretten, nicht einmal Zigaretten hätten sie, murren die Männer. »Sogar im Graben an der Front hatten wir unsere Papyrossi – aber jetzt, während der unseligen Perestroika ...«

Ich frage nach Brot. Brot hätten sie, auch Kefir und Nudeln, ein wenig Fleisch und Butter. Ein Mann mit roter Armbinde, er stellt sich als Diensthabender Igor Altunin vor, sagt mir: »Es waren nur Hitler und Stalin, die unsere Völker ins Unglück gestürzt haben. Nun aber bestimmen unsere Völker selbst, sind wir Freunde.« Da geht ein kleiner, schmächtiger Mann auf den Diensthabenden zu. Er trägt den Orden der Teilnehmer im Großen Vaterländischen Krieg. »Ich will dir etwas sagen, Igor Altunin. Du weißt, ich bin schon 88 Jahre, ich habe also schon länger über unser Leben nachdenken können als du. Es waren nicht nur Hitler und Stalin. Wir waren es, das Volk. Was wären sie ohne ihr dummes Volk gewesen? Ich bin bis Berlin gekommen, ich habe auf diesem Weg Tausende Tote gesehen. Und heute fragt mich mein eigener Sohn, ob ich schon den Witz kenne, den man sich jetzt erzählt. Ein Veteran des Krieges und ein junger Mann treffen sich. Als der Veteran vom Krieg erzählt, sagt der junge Mann: ›Ach Väterchen, warum mußtet ihr unbedingt siegen? Hättet ihr verloren, könnten wir heute amerikanische Zigaretten rauchen, holländischen fetten Käse essen und große deutsche Autos fahren.‹ Und dann spuckt der

Mann, der Kriegsteilnehmer Iwan Schuleblow, der bis Berlin gekommen ist, auf den Boden, nimmt seinen Orden und schmeißt ihn auf die Erde. Er zeigt auf unsere Ladung und sagt: »Man kann einen Menschen auch mit Güte beleidigen. Ihr gebt uns Nudeln und nehmt uns dafür unser Letztes.«
Zwar bleiben die Vertreter des Kaluger Stadtsowjets bei der Verteilung und den Gesprächen höflich im Hintergrund, aber zwei, manchmal drei »Wolgas« begleiten unseren Lkw von Heim zu Heim. Wahrscheinlich hätte ich bei der Ankunft am Sonntagabend nicht vorschnell verlangen sollen, die Spenden an Waisenheime, Schulen und Invalidenhäuser persönlich zu verteilen, denn als wir am Montag morgen um acht Uhr im Stadtsowjet erscheinen, sitzen bereits ein Dutzend Mitglieder der Kommission für soziale Fragen Stuhl an Stuhl wie Hühner auf der Stange an der Wand des vielleicht zehn Meter langen, aber nur drei Meter breiten Büros. Und immerzu kommen neue aufgeregte ältere Damen in wadenlangen dicken Wollkleidern hereingetrippelt. Sie bringen Listen und Akten – Männer in mausgrauen oder dunkelblauen Anzügen und farblosen Schlipsen sortieren die Listen und Akten. Um 8.30 Uhr verkündet die Leiterin der Kommission, sie trägt als einzige ein weinrotes Kleid, daß entschieden worden sei, in welcher Reihenfolge wir die Spenden verteilen: Zuerst die Schule für behinderte Kinder, dann das Waisenhaus, danach das Haus der Invaliden, dann das Internat der 1. Schule, dann ... Alle seien bereits telefonisch verständigt worden. Der Rest der Spenden werde an alleinwohnende Invaliden und Veteranen vergeben, und sollten dann immer noch Pakete übrigbleiben, würde man sie in die Kreise Uljanowa und Chwastowitschi bringen. »Dort wohnen die Menschen des Gebietes Kaluga, die direkt vom Atomunglück in Tschernobyl betroffen worden sind.«
Dann kurven wir durch Kaluga. Vor uns Miliz mit Blaulicht und hinter uns die Wolga-Karawane der Verantwortlichen.

Wir halten vor der Schule der geistig behinderten Kinder. Andreas und Heinz hieven die Plane in die Höhe, die Kinder stürmen aus dem Haus. Vorfreude. Ich gehe in die Küche der Schule. Graupen und Nudeln und einige Tüten Reis stehen in den Regalen. Ein Tontopf mit Schmalz und Weißkraut-Köpfen auf dem steinernen Fußboden. Die Köchin, eine rundliche Fünfzigerin, ist verwirrt, wischt sich die Hände an der Schürze ab. Natascha heiße sie, 15 Jahre würde sie hier schon kochen. Ob die Kinder hungern? Nein, sagt sie, die Kinder hungern bei uns zuletzt. Wenn eine russische Familie mit fünf Kindern nur noch 10 Scheiben Brot hat, dann bekommen die Kinder neun davon, der Mann eine, und die Frau klaubt sich die Krümel auf.
Die nächste Station, Schule und Heim für Waisenkinder, befindet sich außerhalb von Kaluga im Dorf Asarowa. Der Direktor Popow begrüßt uns. Kinderjubel wie zuvor, und während sie abladen, rennen und gestikulieren, steht bereits eine Frau im weißen Kittel neben den gestapelten Paketen und inventarisiert jedes einzelne. Der Direktor führt uns durch das Waisenheim. Die Zimmer sind groß und hell. Die Betten so akkurat glatt gestrichen, die Kissen so genau gefaltet, die Grünpflanzen so sorgfältig verschnitten, der Fußboden so spiegelblank geglänzt, daß ich mich nicht über die Schwelle traue. Der Direktor öffnet Tür auf Tür. Der Ballett-Saal, das Musik-Zimmer, die Küche. Zu Mittag gibt es kleine Klopse und Kraut. Ich frage den Direktor, seit wann er weiß, daß wir kommen. »Seit heute morgen.« Er bemerkt meine Unsicherheit, ich schreibe nichts auf, ich fotografiere kaum noch, und sagt: »Wollten sie vielleicht mehr Elend sehen? Weshalb freuen Sie sich nicht, daß es den Kindern hier gut geht?«
Wir fahren zum Haus der Invaliden. Aus einem der schwarzen Wolgas steigt ein Mann, den ich vorher noch nicht bemerkt habe. Schwarzer Vollbart und langer schwarzer Man-

tel, dazu ein auffallend milchig weißes Gesicht. Er könnte 25 sein, aber auch schon 40. Er fragt die Invaliden nach dem täglichen Brot. Brot gibt es, mein Vater, sagt einer von ihnen und küßt ihm die Hand. Es ist einer der Geistlichen von Kaluga, Iljan Wostrakow. Ich sage dem Pater, daß ich mich freue, weil der Hunger hier noch nicht so groß sei, wie ich gedacht hatte. »Diese Heime erreicht der Hunger später, denn sie sind das Letzte, was übriggeblieben ist von der sozialistischen Idee. Der Staat muß sie am Leben erhalten, denn wenn man hier kollektiv hungert, dann sehen es alle. Den Hunger des einzelnen irgendwo in einer Holzhütte, den sieht man nicht, den sieht nur Gott.«

Laut Kommissionsplan müßten wir ins nächste Internat fahren, aber wir protestieren. Es sei unmöglich, durch diese engen Gassen hier zu kommen. Und ich schlage vor, alles an einer Stelle abzuladen und mit kleinen Autos zu verteilen. Die Kommission ist einverstanden. Neue Sitzung über den Ort, wo die Spende gelagert wird. Es wird entschieden, die Pakete in einem von der Armee bewachten Luftschutzraum zu lagern. Dort wären sie vor Mafia und Spekulanten sicher. Ein Häuflein von Soldaten, sie sehen aus wie Halbwüchsige, steht frierend neben dem Bunkereingang. Eine enge, spärlich beleuchtete Treppe führt hinunter zur schweren Stahltür. Dahinter der Luftschutzraum. Gasmasken und Atomschutzanzüge werden aus den Regalen geräumt. An den Wänden Anweisungen für den Ernstfall. Und Feuerlöscher, Luftventilatoren, Spaten, Äxte. Die Soldaten rennen treppauf und treppab. Bald werden sie langsamer. Der danebenstehende Kommandeur des Kalugaer Militärs, Nikolai Gerwasitschuk, schreit nicht. »Sie bekommen die Hälfte der Verpflegungsration wie im Invaliden-Haus«, erklärt er mir. Er hat sich in diesem Jahr von Moskau nach Kaluga versetzen lassen. »In Moskau war ich einer unter vielen. Hier bin ich Chef, und in dieser Zeit ist es wichtig, daß man nicht einer unter vielen ist.« Den Soldaten läuft der Schweiß, unser Lkw ist noch nicht einmal bis zur Hälfte leer. Der Kommandant sagt, es wäre besser, eine Kette zu bilden. Vielleicht könnten die Mitglieder der Kommission sich beteiligen. Ich stelle mich neben den Pater. Er fragt mich: »Ihr habt in eurem Land jetzt auch die Gewissens- und Meinungsfreiheit für alle erkämpft?« Ich nicke. »Und was macht ihr mit den Kommunisten, grenzt ihr sie aus?« Ohne meine Antwort abzuwarten, sagt er: »Wir werden in unserer Kirche alle aufnehmen, auch die Schuldigen.«

Nach drei Stunden ist der Lkw leer. Ich frage den Pater, ob wir uns noch einmal treffen könnten. Er sagt: »Ich komme morgen um 10 Uhr in den Stadtsowjet. Ich bin Deputierter.«

Gegen 20 Uhr, Andreas, Heinz und ich sind hundemüde, klopft es an der Hotelzimmertür. Der Vorsitzende des Exekutivrates des Stadtsowjets, Alexander Wisulin, und einer seiner Mitarbeiter bringen zwei Flaschen Wodka. Sie wollten uns endlich begrüßen, wie es sich gehört.

Als die erste Flasche leer ist, hole ich eine Flasche Gorbatschow-Wodka aus meinen Koffer. Alexander Wisulin staunt, er wisse zwar, daß Gorbatschow den Friedens-Nobel-Preis erhalten habe, aber daß man ihm zu Ehren sogar eine Wodka-Sorte …

Er liebt Gorbatschow. »Auch wenn er euch in die Hunger-Misere gewirtschaftet hat?« frage ich. Nein, das sei nicht er gewesen, sondern die Feinde der Perestroika. Alexander fragt, weshalb wir Deutschen ausgerechnet jetzt mit unseren Lebensmittelspenden gekommen wären: »Um zu zeigen, wie reich ihr seid, oder weil ihr gute Menschen seid?« Ich sage, daß Gorbatschow für diese Hilfsaktion die Schirmherrschaft übernommen und im *Stern* einen Brief an die Deutschen geschrieben habe. Das wissen sie nicht. »Das weiß hier keiner«, sagte Wisulin. Und dann: »Es ist nicht gut, wenn eine Supermacht zum Bettler wird. Bettler, die

vordem Könige waren, sind die gefährlichsten, ihnen fehlt die natürliche Demut.«
Wir trinken die drei Flaschen Wodka aus.
Mit schwerem Kopf sitze ich am nächsten Tag um 10 Uhr im Stadtsowjet und warte auf den Popen. Er kommt nicht. Dafür ein Anruf. Die russisch-orthodoxe Kirche von Kaluga bittet, daß ich mit einem anderen Geistlichen spreche. Iljan Wostrakow sei zur Zeit vom Kirchendienst suspendiert, er habe sich geweigert, als Bischof nach Tomsk zu gehen. Ich muß lächeln. Bei uns nannte man das: Er hat seinen Parteiauftrag nicht erfüllt.
Dafür Gespräch beim Bürgermeister Witali Tschernikow und beim Vorsitzenden des Exekutivkomitees Alexander Wisulin. Alexander sieht frisch aus, hat nicht einmal gerötete Augen – meine dagegen ähneln denen eines Angorakaninchens. Der Bürgermeister ist einer der jungen sportlichen neuen Leitertypen. Parteiloser Architekt. Er redet keine Phrasen, macht auch nicht auf Umarmung und Freundschaftsküsse. Sehr präzise erläutert er seine Meinung über die Versorgungskrise. Mit der Abschaffung der zentralen Planung sei das Verteilungssystem zusammengebrochen. Jedes Gebiet sorge nun nur noch für sich. Es gäbe keine Pflicht mehr, nach Moskau oder Leningrad zu liefern. Und weil der Staat nicht zentral verteile, hätten sich Spekulanten und Schieber die Waren unter die Nägel gerissen. Hier in Kaluga sei die Situation noch ein wenig besser als in Moskau, aber die meisten der Lebensmittelkarten könnten nicht eingelöst werden. Im Moment hätte jeder Anspruch auf monatlich 300 Gramm Makkaroni, 1500 Gramm Zucker, 300 Gramm Butter. Noch sei niemand verhungert. Aber es gäbe erste Todesfälle, weil Medikamente und moderne OP-Technik fehlen. Wenn ich wollte, könnte ich das Gebietskrankenhaus besuchen ...
Begleitet werde ich vom Leiter der Internationalen Abtei-

lung des Stadtsowjets, Wladislaw Abramenkow. Ledermantel und schwarzes Diplomatenköfferchen mit Zahlenschloß. Bis vor kurzem Absatzchef in einem großen Elektronikbetrieb. Aber weil die Bürokraten erneuert werden müßten, habe er umgesattelt.

Im Krankenhaus werden wir vom ärztlichen Direktor Isajew empfangen. Er zählt auf, was alles fehlt: moderne Diagnose- und OP-Technik für Gehirnchirurgie, Einwegspritzen, fiebersenkende Medikamente, Zangen. Rundgang auf der chirurgischen Station. Die Zimmer mit operierten Patienten. Nachttöpfe unter den Betten. Angehörige kochen Brei. Es ist mir peinlich zu fotografieren, ich halte erst große Reden, wer wir sind, was wir hier machen. Die Patienten aber zieren sich nicht. Ich solle ruhig fotografieren. Und wiederkommen – und Medikamente und Spritzen mitbringen. Einer wünscht gute deutsche Friedensweihnacht. Ein anderer sagt: »Hier liegt das einfache russische Volk, wir sterben so, wie wir gelebt haben – ohne Hoffnung!« Ich frage den Direktor, ob es Privilegien für hohe Funktionäre gäbe. »In Kaluga existierte bis vor kurzem ein Extra-Krankenhaus für Partei- und Staatsbeamte. Es wurde zwar beseitigt, aber sie finden trotzdem noch Schlupfwinkel.« Hier auch? »Nein. Bei uns gibt es für niemanden Privilegien – außer für die Kinder.«

Er stellt uns die Ärzte der Urologischen Abteilung vor. Ich frage, ob sie der Perestroika eine Chance geben. Das müßte ich besser wissen, ich käme doch aus einem ehemals sozialistischen Land, sagen sie. Drei der sechs Ärzte würden, wenn sie könnten, sofort in den Westen auswandern.

Auf der Rückfahrt sagt mir Wladislaw Abramenkow, daß immer mehr Russen weg wollten. Sie hätten im Fernsehen oder auf einer Touristenreise die vollen Regale in westeuropäischen Warenhäusern gesehen. Bis 10 000 Rubel Bestechungsgeld würden für ein Ausreisevisum gezahlt. Und er erzählt eine Anekdote dazu. »Ein einfacher Russe hat sich

sein Leben lang geschunden, um in den Himmel zu kommen. Man nimmt ihn dort auf, er bekommt täglich süßen Brei, Harfenmusik, Engel spielen mit ihm. Einmal im Jahr darf er auch einen Ausflug machen. Er bucht eine Touristenreise in die Hölle. Und dort empfängt man ihn mit Wein, nackten Frauen, gebratenem Fleisch. Und als er wieder im Himmel ist, schreibt er monatelang Ausreisegesuche, er will künftig in der Hölle leben. Schließlich erhält der Russe vom himmlischen Pförtner sein Visum. Er fährt in die Hölle. Das Tor wird geöffnet. Siedendes Pech und Marterpfähle. Er fragt nach Wein und Weibern und Braten. »Oh«, lachen die Teufel – »da warst du in der Touristenhölle, jetzt bist du in der Emigrantenhölle!«
Am Nachmittag wollen die Geistlichen der russisch-orthodoxen Kirche von Kaluga mit mir sprechen. Ich hole aus dem Luftschutzbunker das Paket mit der Aufschrift »Für den Priester von Kaluga«. Aber wir kommen ungelegen – der Bischof zelebriert den Gottesdienst. Einer seiner Stellvertreter, Anatoli Ryschkow, geht mit uns in das Kellergewölbe der Kirche des heiligen Georgi. Bis vor zwei Jahren wäre es der Kirche verboten gewesen, internationale Verbindungen zu knüpfen. Nun aber sei es fast schon zu spät, denn die Kirche hätte nicht nur den Hunger der Bäuche zu stillen, die Kirche müsse den Hunger der Seelen stillen.
»Wir hier werden beten müssen, daß die Armen bei uns nicht die Reichen bei euch überfallen. Und ihr werdet beten müssen, daß die Reichen bei euch den Armen bei uns und in anderen Ländern vom Reichtum abgeben.«
Er zeigt mir den Weg zu Vater Sergej, dem ältesten Priester von Kaluga. Der 76jährige ist schmächtig, er hat einen langen grauen Bart und gütige Augen. Schon zu Stalins Zeiten diente er hier in der Kirche. Ich frage ihn nach dem wichtigsten Rat, den er allen Menschen geben möchte. Er sagt: »Liebe. Liebe. Liebe.« Und segnet mich, als ich ihm das Pa-

ket überreiche. Er werde es mit Bedürftigen teilen. Er steht mit erhobener Hand in der Tür, bis ich ins Auto gestiegen bin.
Am Abend kommt der zweite Lkw mit Hilfsgütern aus Suhl in Kaluga an. Er war vier Stunden später losgefahren. Aber da brannte beim Konsul in Leipzig kein Licht mehr. Der Fahrer, Herbert M. aus Ilmenau, ist Fahrer und neuer Unternehmer in einer Person. Sein Beifahrer – ein junger freundlicher Russe. Herbert M., zwischen 40 und 50 Jahre alt, hat die Figur eines Catchers. Wladislaw Abramenkow kommt zur Begrüßung mit zwei Flaschen Wodka. Wahrscheinlich hätte Herbert M. sie nicht gebraucht, denn Herbert – und er schlägt mit der Faust auf den Tisch – sage immer die Wahrheit. »Also für euch Russen bin ich der Gerbert, verstanden, Gerbert, das H bringt ihr ja sowieso nicht raus. Ich will euch mal was sagen, damit ihr begreift, wie ihr aus der Scheiße hier rauskommt. Wenn der Gerbert hierher käme, der würde euch erst mal das Arbeiten lernen. Wißt ihr, was ihr braucht? Zuckerbrot und Peitsche! Sonst wird das nichts mit euch. Schaut mich an, ich schufte für zwei – und als ich die Fuhre hierher bekam, da hätte ich mir auch einen teuren Beifahrer nehmen können. Aber ich geh zum russischen Kommandanten, mein Freund in Ohrdruf, und sage: Ich brauche einen Soldaten für eine Transport nach Kaluga. Und der gibt mir den Olek hier, morgen kriegt er dafür in Moskau Mama und Papa zwei Stunden zu sehen. Los, Olek, zünd mir mal 'ne Zigarette an!«
Wir trinken nur eine Flasche Wodka aus.
Am nächsten Morgen versammeln sich die Frauen und Männer der Sozialkommission, um über die Verteilung der zweiten Lkw-Ladung zu entscheiden. Ich habe mir die Adresse von alleinwohnenden Invaliden geben lassen und fahre inzwischen mit Aljoscha, dem Dolmetscher, aufs Geratewohl zu einer der Frauen. »Jekatarina Michailowa Jegorowa«

steht am Türschild in einem dunklen, nach Abwässern riechenden Hausflur. Wir klingeln fünf- oder sechsmal. Einen Spaltbreit wird die Tür geöffnet. Mißtrauen – endlich löst die Frau die Vorhängekette. Sie humpelt auf Krücken voraus. Ein einziges Zimmer als Küche, Schlaf- und Wohnzimmer. Kein freier Stuhl. Ich lehne mich an die Nähmaschine. Mir ist es peinlich, das Paket zu überreichen. Die Frau, seit über 30 Jahren gelähmt, ist am ganzen Körper aufgeschwemmt. Sie weint, als sie das Paket öffnet und die Köstlichkeiten immer wieder ungläubig in die Hand nimmt. Am 26. Dezember habe sie Geburtstag.
Wir verabschieden uns schnell. Ich eigne mich weder als Samariter noch als Sensationsreporter. Am Nachmittag habe ich Freizeit, denn im Stadtsowjet kann sich niemand um mich kümmern. Die Bürokraten haben zu tun, denn die Lehrer streiken für mehr Gehalt.
Abends klingele ich an der Wohnungstür eines älteren Neubauwohnhauses. Ich hoffe, eine normale russische Durchschnittsfamilie zu finden. Es klappt, ich bekomme eine gewöhnliche Statistik von Einnahmen und Ausgaben. Sie – Shenja – arbeitet als Buchhalterin im Gebietssowjet. Verdienst 340 Rubel im Monat. Er – Jura – arbeitet als Musikmethodiker für 160 Rubel. Zusammen 500 Rubel. Ja, das sei überdurchschnittlich viel, bestätigen sie. 45 Rubel Miete. 11 Rubel für Maxims Kindergarten. Ein Lippenstift kostet 10 Rubel. In der Woche 1 kg Fleisch auf dem freien Markt, das mache im Monat 60 Rubel. Wöchentlich 1 kg Äpfel – 12 Rubel. Ein Paar Winterstiefel für Maxim 130 Rubel. Sie könnten leben, aber sie müsse alles selbst nähen. Sie koche Marmelade, lege saure Gurken, Pilze, Tomaten ein. Sie zeigt mir die volle Vorratskammer. »Wir haben gehamstert wie alle im Land. Ein halbes Jahr könnten wir überleben.« Jura sagt: »Es ist nicht der Hunger, der schmerzt, es ist die Entwürdigung, wenn man seit Jahren täglich vier oder fünf Stunden in

der Schlange steht, weil man ein Stück Rasierseife braucht. Man stumpft dabei ab wie ein Tier.«

Für Donnerstag habe ich mich mit meinem Freund, dem Schriftsteller Valentin Wolkow, in der Zeitungsredaktion *Snamja* verabredet.

Auf dem Weg zur *Snamja* hält mich ein vielleicht 10jähriger Junge auf. Er hat löchrige Hausschuhe an, seine dünne Jacke ist abgetragen, er sieht krank aus, friert. Er bittet mich, ein Los zu kaufen. Für nur einen Rubel könne ich eine Flasche Schnaps gewinnen. Ich lehne ab. Er läuft hinter mir her. Fragt wieder. Erzählt, daß seine Mutter allein mit fünf Kindern sei, als Holzfällerin arbeite, sie hätten nur noch Kraut und Kartoffeln zum Essen. Für jedes verkaufte Los bekäme er fünf Kopeken. Ich kaufe eins. »Kooperative Glückslotterie« steht auf dem Röllchen. Ich gewinne nichts. Ein zweiter und ein dritter Junge sprechen mich an. Ich frage nach ihrem Chef. Der steht 100 Meter entfernt hinter leeren Obststiegen unter einem zerfetzten Sonnenschirm. Er ist jung, hat eine lange Nappaleder-Jacke an. Einer der Loskäufer hat gewonnen. Eine Flasche Wodka. Er öffnet sie sofort, bietet mir einen Schluck aus der Flasche an. »Am Zahltag läuft das Glücksspiel am besten«, berichtet der Chef. Da brauche er nicht fünf, sondern zehn Kinder. Manche Männer würden ihren ganzen Lohn bei ihm verspielen. Ich sage: »Und die Familie zu Hause wird nicht einmal mehr Brot kaufen können.« Er läßt sich nicht beeindrucken. »Ich will leben, was mit anderen Menschen geschieht, interessiert mich nicht. Ich bin kein Pope. Jetzt spiele ich mein Spiel. 70 Jahre haben wir die Funktionäre ihr Sozialismus-Spiel mit uns spielen lassen. Meinen Sie etwa, die hat interessiert, ob andere hungern?«

Valentin Wolkow wartet schon in der Redaktion. Der Lyriker und Erzähler ist über 50 Jahre, ein ruhiger, schwer erregbarer Mensch. Ich erzähle ihm vom Glückslos-Kooperanten. Er sagt leise: »Weißt du, die Grenze der Leidensfähigkeit unseres Volkes ist erreicht. Die Alten, die würden zwar noch einmal wie im Krieg leiden und Opfer bringen – in der Hoffnung, daß es ihren Enkeln dafür später besser geht. Aber diese Enkel sind nicht mehr bereit, zu leiden und zu opfern. Sie wollen jetzt leben.«

Ich kenne Wolkow schon viele Jahre. Er sprach immer voller Stolz von seinem Volk. Seit Jahren schreibt er an einer dreiteiligen Geschichte. Erster Teil – die Erinnerung an seine Kindheit. Sechs Jahre war er alt, als die deutschen Soldaten in sein Heimatdorf im Gebiet Kaluga einfielen. Die Mutter riß die Kinder aus den Betten. Die Soldaten trieben die Kuh aus dem Stall, zündeten das Getreide an. Noch heute höre er deutlich den Schrei der Mutter: »Die Deutschen kommen!« Nicht ein Mann der großen Familie Wolkow überlebte den Krieg. Im zweiten Teil hat er über die anderen Deutschen geschrieben, die nach dem Krieg kamen und Kränze niederlegten. Er ging zu seiner Mutter und sagte ihr freundlich: »Mutter, die Deutschen sind wiedergekommen.« Der dritte Teil fehlt immer noch. In ihm will er beschreiben, wie die Russen nach Deutschland kommen, als Touristen oder Auswanderer. Er wisse nicht, auf welche Weise die deutschen Mütter heute ihren Kindern den Satz »Die Russen kommen!« sagen.

Ich lade ihn ein. Er schüttelt den Kopf. »Nein, ich würde bei euch jetzt nur mit gesenktem Kopf herumlaufen.«

Der *Snamja*-Abteilungsleiter für Parteileben (»unser Ressort ist auch für die Berichterstattung über die Kirchen verantwortlich«) lädt mich zum Essen ein. In der Redaktion gäbe es nichts, aber im Gebietsparteikomitee.

Wir laufen zu dem großen Haus, vor dem richtungsweisend Lenin steht. Neben Lenin haben sich vielleicht 10 Leute aufgestellt. Invaliden sind dabei und Kriegsveteranen. »Sie haben die Sozialdemokratische Partei Kaluga gegründet«, sagt der Redakteur. Sie halten Transparente in den Händen:

»Friede den Hütten und Krieg den Palästen«. Sie verteilen an die Umstehenden gebrochenes Schwarzbrot und erklären ihnen: »Unsere größte Not, das ist nicht das fehlende Brot, sondern die Partei-Bürokratie.« Ein Milizionär jagt einen Bettler zur Seite.

Die große Empfangshalle im Gebietsparteikomitee. Eine Parade wertvoller Zobelpelzmützen an der Garderobe. Weil der Speisesaal voll ist, telefoniert der Redakteur. Dann führt er mich über Treppen und Hintertüren in einen separaten Raum. Große Fenster. Blick auf die Oka. Weiße Tischdekken, Blumen, Gedecke, Teller mit Sülze, Fisch, Zunge. Schwarzes und weißes Brot. Saft. Mehrere Sorten Zigaretten. Speisekarte mit Suppen und Nachspeisen, drei Fleischgerichte. Keines kostet mehr als ein bis zwei Rubel. Freundliche junge Kellnerin. Und dann kommen Männer.

Schweigend. Nur Männer. Sie setzen sich, werden sofort bedient. Essen langsam, schweigend. Ich ahne es, frage leise, zweifelnd. Ja, das sei der Speiseraum für den 1. Sekretär der Partei und seine Getreuen, sagt der Redakteur. Meine Hände schwitzen. Ich frage leise, wer der Erste ist. »Dort, der Genosse Waleri Sudarenkow.«

Ein junger sympathischer Mann ... Sie schmatzen nicht. Sie essen immer noch schweigend. Da frage ich laut, ob sie den ehemaligen 1. Sekretär der SED im Bezirk Suhl, Hans Albrecht, kennen. Der Erste nickt: »Er war bei uns.« Ich sage: »Er sitzt im Gefängnis.« Und in die Totenstille hinein frage ich, Genossen Sudarenkow: »Welche Gedanken haben Sie bei dieser Nachricht?« Er weicht aus. »Ich habe zu wenig Informationen, um das beurteilen zu können.« An alle gewandt, frage ich, ob sie sich vorstellen können, daß das Volk sie wie in der DDR stürzt und zu Lagerarbeitern macht.

Der Erste sagt: »Ja, das ist möglich, wenn der Hunger noch größer wird.«

Das Eis wird serviert.

Abends sitze ich apathisch im Hotelzimmer. Morgen werde ich abreisen. Um 19 Uhr klopft es. Kinder und Lehrer stehen vor der Tür. Sie bringen selbstgebackene Torten und Kuchen, Äpfel, eingelegte Tomaten, Briefe und gebastelte Geschenke für ihre Freunde und Bekannten in Suhl. Hunderte Briefe und kleine Geschenke. Ein Tisch, wie zu einem Prasdnik, einem russischen Feiertag. Sie bleiben sehr lange. Wir brauchen keinen Wodka.

Am Morgen steht der schwarze Wolga des Stadtsowjets pünktlich vor der Tür. Er wird mich nach Moskau bringen. Während der Fahrt schlafe ich. Als ich aufwache, sind es nur noch Minuten bis zum Denkmal der gigantischen Panzersperre, den gekreuzten Stahlträgern am Straßenrand. Der Fahrer kurbelt das Fenster herunter.

»Bis hierher, bis kurz vor Moskau, sind die Deutschen damals gekommen«, sagt er.

Landolf Scherzer
Der Erste

Eine Reportage aus der DDR
KiWi 204

Vier Wochen lang hat der DDR-Autor Landolf Scherzer den ersten Kreissekretär der SED in Bad Salzungen bei seiner Arbeit begleitet. Herausgekommen ist dabei dieser erstaunliche Bericht, der mit einer Offenheit wie nie zuvor Einblick gibt in die Parteiarbeit vor Ort, da, wo die Ideologie und Beschlüsse der Partei mit den Nöten der Bevölkerung zusammentreffen.
»Der Erste«, ein Stück Glasnost an der Basis der Partei, wurde in kürzester Zeit zum meistdiskutierten Buch in der DDR.

Wolf Biermann
Über das Geld und andere Herzensdinge
KiWi 240

Wolf Biermanns berühmt gewordene Prosastücke aus der »Zeit«: Geschichten und Geschichte aus dem Jahr der deutschen Wiedervereinigung.

Biermanns Text *Duftmarke setzen* »enthält mehr Wahrheiten als 100 Leitartikel über die deutsche Einheit zusammengenommen.« *Peter Glotz*

»Wahrscheinlich das hellsichtigste literarisch-essayistische Werk zum Thema.« *Jochen Hieber*

Wolf Biermann
Klartexte im Getümmel
13 Jahre im Westen
Von der Ausbürgerung bis zur November-Revolution

KiWi 217

Neben Liedern und Gedichten schrieb Wolf Biermann in den dreizehn Westjahren gelegentlich auch Prosa, oft im Tagesstreit, scharfzüngige, ätzende und liebevoll begeisterte Texte, die aber über den Tag hinaus von Interesse sind.

Die meisten Biermann-Texte, die Hannes Stein in diesem Paperback gesammelt hat (und von denen er einige »aus dem Papierkorb fischte«), sind journalistische Schnellschüsse; rasche Kommentare, flüchtige Porträts, offene Briefe. Sie sind interessant, kontrovers, zuweilen giftig; in jedem Fall können sie Anlaß zu Streit geben. Am Schluß des Büchleins aber steht ein Essay (»Duftmarke setzen«), der mit all den anderen Arbeiten nicht zu vergleichen ist. Man übertreibt nicht, wenn man diesen Text als das bedeutendste (bisher bekannte) Stück deutscher Prosa aus den kritischen Monaten der mitteleuropäischen Revolution bezeichnet. *Peter Glotz, FAZ*

KiWi Paperbackreihe bei Kiepenheuer & Witsch

Günter Wallraff
Industriereportagen
Als Arbeiter in deutschen Großbetrieben

KiWi 250

Anfang zwanzig war Günter Wallraff, als er 3 Jahre lang, von 1963 bis 1965, in Fabriken arbeitete und dabei zum ersten Mal seine Methode anwandte: Er machte sich zum »Opfer«, »um über die Situation der Opfer in dieser Gesellschaft schreiben zu können«. Als die Reportagen erschienen, erregten sie wegen ihrer schonungslosen Genauigkeit, mit der sie die inhumanen Bedingungen der Fabrikarbeit beschrieben, im In- und Ausland Aufsehen. Mit einem Nachwort von Leo Kreutzer.

KiWi Paperbackreihe bei Kiepenheuer & Witsch

Helge Malchow / Hubert Winkels (Hrsg.)
Die Zeit danach
Neue deutsche Literatur

KiWi 253

Die Zeit danach ist die erste Sammlung von neuen Prosatexten, aber auch von Lyrik, Dramatik und Essayistik nach dem Ende der deutschen Teilung. Ein Überblick über die literarische Produktion vor allem jüngerer deutschsprachiger Autoren der Gegenwart.

KiWi Paperbackreihe bei Kiepenheuer & Witsch